普通高等教育“十一五”国家级规划教材

新编21世纪政治学系列教材

国际政治学概论

第四版

Introduction to International Politics

陈 岳 著

中国人民大学出版社
·北京·

作者简介

陈岳，中国人民大学国际关系学院教授、博士生导师，兼任中国高等教育学会国际政治研究专业委员会名誉理事长。主要研究领域包括：国际关系理论、当代国际关系、中国对外关系、中国海外安全等。已出版《中国的周边外交》《中国国际地位分析》《国际政治学概论》《国际政治经济学概论》《国际政治学学科地图》等多部著作和教材，在《世界经济与政治》《现代国际关系》《中国人民大学学报》《教学与研究》等刊物上发表学术论文数十篇。曾获教育部全国高校优秀青年教师奖、国家教学名师奖、北京市优秀教学成果奖、北京市哲学社会科学优秀成果奖等。

内容简介

国际政治学是研究国际体系中各种行为体之间的政治关系及其发展变化的一般规律的学科，“国际政治学概论”课程是高等学校政治学类专业的核心专业课程。本书主要面向国际政治、外交学和政治学与行政学等政治学类专业的本科生，各级党校、行政学院和干部学院相关专业课程的学员和研究生等，以及有兴趣学习和研究国际政治的各类读者。

本书介绍了国际政治学的研究对象和方法，论述了国际政治学的产生与发展，评析了国际政治学的各种思想理论，从国际政治的体系与格局、国际政治的行为体、国际政治的发展动力、国际政治的互动形式、国际政治的外部环境和内部制约、国际政治的发展趋势等方面阐述了国际政治学的基本范畴。通过本书的学习，读者能够初步掌握国际政治学的基本理论、基本观点和基本方法，并运用这些理论、观点和方法分析国际政治的历史和现实问题。

总　序

邓小平领导的改革是新中国成立以来的又一次革命。过去几十年的改革开放已经给中国带来革命性变化。这种革命性变化不仅体现在现实生活中的经济、政治等层面，而且还表现在因现实的变迁而带来的理论上的创新和发展以及由此而来的政治学学科建设上的成就方面。

在我国，计划经济体制已经让位于社会主义市场经济体制，同时由经济变革带来的政治体制上的变化也是有目共睹的。首先，在民主法制建设上，人治正在走向法治，政治的制度化正在加强，其中一个重要标志就是终身制的废除和退休制度的形成。其次，在国家结构上，过去计划经济时期简单的单一制已经转变为更加复杂的国家结构关系。中央与地方、地方政府与地方政府之间的关系有了更多的市场经济特征。再次，在国家与社会之间的关系上，过去是“大政府（国家），小社会”，现在正向“大政府（国家），大社会”的方向变化。社会在政治生活中的作用越来越大，社会自由越来越多。最后，在意识形态上，过去那种对待马克思主义、毛泽东思想的封闭、激进而又教条的态度已经转变为开放、理性而又灵活的态度，因而形成了引导改革开放事业的中国特色社会主义理论体系。所有这些变革，都是我们在几十年前所无法想象的。当然，在政治进步的同时，存在的问题也不容回避。那就是迫切需要建立一套约束政府权力、使人民群众的真实意愿和利益诉求能够得到顺畅表达的机制，以便从根本上保证社会的稳定与和谐。这些问题的解决，不仅需要实际工作者在体制创新方面的实践，更需要政治学学科的发展和政治学专业人才的智慧与理论贡献。

我国的政治变革既是对政治学研究工作的挑战，又是促使政治学发展的良好机遇。我国的政治学在这种压力与机遇并存的环境中正在快步前进。首先，在学科分类上，政治学已经从法学中独立出来而成为一级学科。其次，在学科分支上，政治学从马克思主义政治理论、制度史、思想史而发展成为学科门类更加丰富、更加有特色的一门学科，诸如新政治经济学、政治社会学、政治心理学、政治文化、政治学方法论等。再次，在研究方法上，从单一的阶级分析法发展成为以历史唯物主义为基础的多元化方法论，诸如行为主义、理性选择主义以及方兴未艾的新制度主义。最后，在问题研究上，无论是深度还是广度，我国政治学界都取得了可喜的成就，为中国的政治发展和政治改革做出了自己应有的贡献。当然，在看到成绩的同时，也不能无视发展中的不足。作为中国政治学学科建设和发展的见证人，我们不能不为政治学发展中的结构性缺失而忧心忡忡。比如，就专业刊物而言，不要说与经济学、法学和历史学比较，就是和政治学的二级学科国际关系比较，政治学专业刊物的数量也是少之又少。这种现象严重制约了我国政治学的发展，很多优秀的研究成果只能散见于综合性学术刊物和大学学报。

中国政治学学科发展的基础是高校政治学专业建设。自 1980 年恢复政治学专业以来，政治学系或政治与行政管理学系已经成为很多高校的普遍性建制。而且在各高校政治学专业竞相发展的过程中，我们很高兴地看到各个高校的政治学学科建设和教材建设，无不生机勃勃，成就斐然。中国人民大学出版社推出的“新编 21 世纪政治学系列教材”在全国享有很高的声誉，是我国很多高校政治学专业和行政管理学专业的必备教科书。从已经出版的教材来看，我认为，“新编 21 世纪政治学系列教材”具有如下特点：

第一，体系上的创新性与独特性。教科书固然应该有通用的内容，但是在教材林立的今天，千篇一律而了无特色的教材是难以立足的，也难以为社会所认可和接受。“新编 21 世纪政治学系列教材”中的每一本教材在体系上的创新性和独特性都是很突出的。

第二，内容上的研究性与新颖性。体系上的独特性应该由内容上的研究性与新颖性构成。教科书不但要介绍一般性的概念和理论，还应该容纳最新的理论研究成果以及对有关理论成果的看法与评价。该系列教材的一个重要特征是，这些教材都是作者们基于自己多年的教学与研究心得而撰写的具有新意的研究性作品。事实上，国外的大学教科书基本上是学术界享有名望的教授来撰写。一本好的教科书之所以享有盛名，就在于其因体系上的独特性和内容上的研究性而形成的权威性。

第三，观点上的全面性与选择性。教科书是一种通论性的著作，因而包容的学术观点、理论应该尽量全面。但是，在信息爆炸的时代，一本书企图容纳所有的观点是不可能也不必要的。因为有的观点不过是个别学者的偶发奇想而不具有普遍性。这就需要撰写者去伪存真，认真取舍。我很高兴地看到，本系列教材在追求观点的全面性时，也没有忘记选择性原则。

第四，方法论上的马克思主义原则性与包容性。我国的社会科学研究离不开马克思主义的基本方法论，尤其离不开历史唯物主义的指导，政治科学更是如此。但是马克思主义并不是凭空产生的，它是在吸纳人类精神文明优秀成果的基础上产生的，马克思主义的发展同样少不了与其他理论流派的碰撞以及对人类文明成果的借鉴与扬弃。封闭的马克思主义是没有生命力的，坚持马克思主义并不排除对其他理论流派的介绍与分析。正是基于这样的指导思想，本套教材在介绍马克思主义政治学的同时，能运用历史唯物主义的基本原理兼容并蓄地介绍和分析其他理论流派。

本套教材的上述特点决定了它们不但是有关专业的教师和学生必备的教学和学习用书，也是政治学研究者的重要参考书籍。虽然具有上述优点和特征，但是十全十美的社会科学著作是不存在的，因此，本套教材中的缺点与不足在所难免。衷心希望专家学者、广大读者积极批评、热情指正！

赵宝煦

目录

国际政治学的形成与发展

重点问题

- 国际政治学的研究对象
- 国际政治学形成的历史条件
- 国际政治学的思想理论渊源
- 国际政治学理论发展的历史阶段
- 传统主义的研究方法与科学行为主义的研究方法的区别
- 马克思主义在国际政治学研究中的指导地位
- 国际政治学研究中的政治经济学方法

第一节 国际政治学及其研究对象

一、什么是国际政治学

国际政治学是政治学的一个分支，是揭示国际社会中各种国际政治行为体之间的政治关系及其发展变化的一般规律的学科。

一般说来，政治学包括政治学理论、本国政治、比较政治和国际政治等分支学科，每个分支学科有其特定的内容，相互之间也有密不可分的联系。国际政治学的特定内容就是揭示国际社会中的各种国际政治行为体之间的政治关系及其发展变化的一般规律，而不是研究一国之内的各种政治力量之间的关系及其发展变化规律的学科。如果说，国际政治学和政治学是一种种属关系的话，那么，国际政治学和政治学的其他分支学科则是一种平行和并列的关系，它们之间既有领域划分的不同，又有相互之间的渗透。

在国内外学术界，人们通常把国际政治学等同于国际关系学，它既有国际政治关系是国际关系的主要内容或集中表现的含义，也确实反映了以往国际关系以政治关系为主的实际情况。随着世界经济国际化、一体化的发展，经济关系在国际关系中日益突出，占有重要的位置，具有丰富的内容，它有时通过政治关系表现出来，有时也不一定都表现为政治关系。由于国际关系包括政治、经济、军事、法律、文化等诸多关系，所以也有人把国际政治学和国际关系学区分开来。然而，在这众多的关系中，政治关系与经济关系是最基础的关系。经济是政治的基础，政治是经济的集中表现，经济关系总是要反映为政治关系，而军事、法律、文化等关系本身就是政治关系的一种延伸和补充。从一般意义上讲，国际关系都是政治关系，政治关系是其他关系的折射物，国际关系最终反映为政治关系。因此说，政治关系是国际关系中最积极、最活跃、最具代表性的关系。

在现实中，如果将国际关系视为国际所有现存关系与联系的总和，这一命题显然过于宽泛。结果国际关系成为由各种不同类型活动组成的杂乱无章的简单总和，很难形成一个统一的、完整的系统，更谈不上从理论上探索其内部变化的规律，建立起系统的国际关系学科。因此，人们一般以政治关系为核心，将国际关系串联成一个有机联系的、有规律可循的系统。这种反映了包括经济、军事、法律、文化等关系的国际政治关系本身既是国际政治学的研究对象，也是国际关系学的核心。同时，国际政治学也必须研究政治关系背后的或反映的经济、军事、法律、文化等关系。因此，从学科意义上讲，国际政治学就是国际关系学。

国际政治学作为一门学科，广义地理解，包含国际政治理论、国际关系史和国际政治问题三个基本组成部分。其中，国际政治理论有马克思列宁主义国际政治理论、西方国际政治理论和其他国家及地区的国际政治理论之分，国际关系史有近代、现代和当代之分，国际政治问题主要指当代全球的、地区与区域的、各个国家的国际政治问题。这三者既有各自特定的内容，相互之间又有密不可分的联系，综合起来就构成了国际政治学的基本内容。国际政治离不开各个国家的利益，各国的外交是实现各自国家利益的手段和保证。从这个意义上讲，各国的外交政策问题也成了国际政治学的重要组成部分。狭义地理解，国际政治学指有关国际政治的学说。我们把国际政治学看作揭示国际社会中各种国际政治行为体之间的政治关系及其发展变化的一般规律的学科，也正是从这个意义上说的。

当然，国际政治学和国际战略学、国际经济学、国际法学、外交学等学科有着非常密切的联系，具有很强的综合性、交叉性、联系性，这也是它的一个重要特点。

二、国际政治学的研究对象

关于国际政治学的研究对象问题，国内外有各种不同的观点：有的认为是世界体系，有的认为是国际社会或国际体系，有的认为是主权国家之间的关系（主要是政治关系），还有的认为是主权国家。我们认为，国际政治学的研究对象应该是国际社会中各种国际政治行为体之间的政治关系及其发展变化的一般规律。

国际社会是一定历史时期内各个人类共同体或国家间相互交往关系的总和，国际体系则是一定历史时期内各种国际行为体之间相互作用形成的有机整体，它是国际政治形成和发展的基础。作为国际政治学研究的重要内容之一的国际体系，主要是研究国际体系形成和发展的物质前提、国际体系的一般特征、国际体系的各构成要素之间相互关系的结构状态、国际体系运行和发展的一般规律等。这是从整体上认识和把握国际政治发展变化的基础。

国际政治行为体是国际体系中最主要的构成要素，包括国家行为体（主权国家）和非国家行为体（主要有国际组织、跨国公司等）。它们是国际政治学研究的基本点，是国际政治学研究的最主要对象。传统的国际政治学理论把主权国家视为唯一的国际政治行为体，只研究主权国家，忽视对非国家行为体的研究。国际政治发展的现实告诉我们，随着国家间关系的日益密切和国家间相互依赖关系的加深，非国家行为体不仅在数量上有了急剧的增加，而且在国际社会中扮演着越来越重要的角色，它理所当然地应该成为国际政治学的研究对象之一。国际政治学与一般政治学的主要区别在于，它对主权国家和各种非国家要素的研究，侧重于它们的对外政策、对外行为和对外关系而不是它们内部的运行和发展，侧重于它们与其他行为体之间的关系、它们之间的相互联系和相互作用，侧重于它们在国际体系中所处的地位和所起的作用，也就是说，把它们放在整个国际政治社会的大环境中，研究它们之间的相互关系对整个社会的运行和发展所起的作用。

国际政治行为体之间的相互关系错综复杂，包括政治关系、经济关系、军事关系、外交关系、法律关系、文化关系、历史关系等诸多方面。作为国际政治学研究的对象，我们强调的主要是行为体之间的政治关系，它主要涉及：各国的对外政策和对外行为，国家间的冲突与合作，各种政治力量对比的发展变化，国家集团的形成、分化和改组，世界秩序的形成、发展与变革，等等。当然，政治关系与其他各种关系之间有着密不可分的联系，彼此之间相互影响、相互作用，特别是经济关系对政治关系的影响和作用具有决定性意义，军事关系和外交关系在很大程度上就是政治关系的组成部分。但是，我们研究其他各种关系，并不是研究其他各种关系本身，而是围绕政治关系这个中心，研究其他各种关系对政治关系的影响和作用，以及它们受政治关系影响的方式、程度。

国际体系各构成要素之间政治关系发展变化的一般规律是一个很抽象又很具体的范畴。所谓抽象，是指国际政治学所要探寻的是“一般”发展规律，它应当具有普遍的适用性，不是只适用某个特定的国家、地区或国家类型，而是适用于整个国际政治社会；所谓具体，是因为一般规律总是各种具体的现象、各种特定的规律的抽象或理论化，是建立在对各种具体现象和问题的研究与概括的基础之上的。

恩格斯在 1890 年 9 月致约·布洛赫的信中指出：“历史是这样创造的：最终的结果总是从许多单个的意志的相互冲突中产生出来的，而其中每一个意志，又是由于许多特殊的生活条件，才成为它所成为的那样。这样就有无数互相交错的力量，有无数个力的平行四边形，由此就产生出一个合力，即历史结果，而这个结果又可以看作一个作为整体的、**不自觉地**和不自主地起着作用的力量的产物。因为任何一个人的愿望都会受到任何另一个人的妨碍，而最后出现的结果就是谁都没有希望过的事物。所以到目前为止的历史总是像一种自然过程一样地进行，而且实质上也是服从于同一运动规律的。但是，各个人的意志——其中的每一个都希望得到他的体质和外部的、归根到底是经济的情况（或是他个人的，或是一般社会性的）使他向往的东西——虽然都达不到自己的愿望，而是融合为一个总的平均数，一个总的合力，然而从这一事实中决不应作出结论说，这些意志等于零。相反地，每个意志都对合力有所贡献，因而是包括在这个合力里面的”①。我们研究国际政治的一般规律，必须首先把握不同历史时期及其不同发展阶段的时代特点，其次要全面分析国际政治行为体相互关系的结构状态，再次要了解各类国家相互关系的基本特征，最后要分析各种要素间的相互作用和相互影响。只有这样，才能总揽全局，分清主次，把握国际政治的发展动力，揭示国际政治的发展规律。

上述国际政治学研究对象的四层内容，即国际体系、行为体、政治关系和一般规律，彼此并不是孤立无关的，而是紧密相连的一个整体。国际体系是一个综合系统和总体环境，行为体是研究的基本单位，政治关系是研究的主要内容，探寻一般规律是研究的主要目的。

第二节　国际政治学的形成与发展

一、国际政治学形成的历史条件

国际政治学作为一门新兴的社会科学学科，是国际社会发展到一定历史时期的产物。

国际社会是随着资本主义生产方式的确立而逐渐形成的。在古代社会和中世纪，由于经济条件的限制，在以手工劳动为基础的自然经济基础上，各国家、各地区之间的相互交往因封建割据和封锁闭塞而表现为偶然的或单向的状态，并受到交通工具和信息传递手段的限制。古代中国曾经有过张骞通西域、郑和下西洋的伟大壮举，古代的海上和陆上“丝绸之路”也曾对东西方的经济、文化沟通起了重要的历史作用。但是在当时的历史条件下，这都不可能是普遍的和全球范围内的事情。在当时，并不存在现代意义上的“国际政治”，因而也不可能有国际政治学。

资本主义生产方式的形成、确立和发展，为现代民族国家的建立奠定了基础；国际分工的发展和世界市场的形成，把世界各国从经济上联结成一体，使得彼此间的联系日益密切，相互之间的依存关系不断加深，从而出现了现代意义上的国际政治，形成了当今世界的国际政治社会。在自由资本主义时期，这种国际政治既包括资产阶级国家之间的关系，也包括宗主国与殖民地之间的关系，还有资本主义国家与封建专制国家之间的关系。在这些关系中，有的是自由竞争、相互争夺的关系，有的是剥削与被剥削、压迫与被压迫的关系，有的是谁战胜谁、你死我活的尖锐斗争关系。它们主要表现为经济关系，同时也表现为政治关系，并时而表现为军事关系，即诉诸武力，进行战争。作为这个时期国际政治的理论表现，产生了最初的一些国际政治与国际政治学说。它们散见于哲学、历史学、法学、地理学和政治学的著述中，既不完整，也不成熟，当然更不可能成为一门独立的学科。但这绝不等于说这些学说不重要。无论是西方的政治思想家，还是马克思主义的经典作家，都对以后的国际政治学的形成和发展做出过积极的贡献，特别是马克思和恩格斯在19世纪中后期对国际政治问题所做的论述，至今仍闪烁着真理的光辉，是马克思主义理论宝库和国际政治理论中宝贵的精神财富。

---

① 马克思，恩格斯. 马克思恩格斯选集：第4卷. 2版. 北京：人民出版社，1995：697.

19 世纪末 20 世纪初，垄断逐渐取代自由竞争而占据统治地位，自由资本主义发展成为垄断资本主义。在这个阶段，帝国主义国家为攫取高额的垄断利润而在经济上和领土上将世界瓜分完毕，同时也使整个世界成为经济上和政治上的整体，形成了统一的资本主义全球国际政治体系。这个时期，国际政治的最主要特点就是资本主义对整个世界的统治与垄断，这种统治和垄断渗透到了世界的各个角落。几乎所有的国家和地区无不处在资本主义大国的势力范围之中。国际政治的发展，极大地推动了国际政治理论和国际政治学说的发展。继传统的均势理论之后，19 世纪末 20 世纪初的地缘政治学、战争与和平理论以及马克思主义的帝国主义理论都有了很大发展，并在第一次世界大战之后不久开始出现相对独立的国际政治学科。

国际政治学作为一门独立学科，形成于 20 世纪 20 年代，这是现在国际社会比较一致的看法。第一次世界大战结束以后，国际政治理论的教学与研究在西方国家迅速发展起来，并逐步形成了较为专门和系统的国际政治教科书和理论著作。国际政治学科在第一次世界大战后的形成和发展绝不是偶然的，而是与帝国主义时代的国际风云变幻和激烈斗争紧密相连的，特别是与第一次世界大战的爆发有着直接的关系。

第一次世界大战是人类历史上第一次全球性战争，先后有五大洲的 30 多个国家参战，7 400 万士兵投入战争；整个战争历时 4 年，死伤和失踪 3 500 万人，双方军费总额达 2 700 多亿美元。第一次世界大战不仅给整个世界带来了巨大的人员和财产损失，而且极大地冲击了近代史上长期形成的欧洲中心地位。同时，在大战期间爆发的俄国十月革命，在资本主义统治的世界体系中打开了一个大缺口。这一切都对国际社会的发展起了重要的推动作用，并且对各国政治家和思想理论界产生了重大影响，引起了人们的深刻反思：世界向何处去？如何避免人类再遭世界战争的浩劫？如何实现并维护世界的和平与稳定？也就是在这种历史条件下，逐步形成了当代的国际政治理论和国际政治学。

二、国际政治学的思想理论渊源

国际政治学形成于第一次世界大战以后，但是它的思想理论渊源可以追溯至近代，甚至是古代。在古代中国思想家的著述中，孔子的“己所不欲，勿施于人”“德不孤，必有邻”，孟子的“穷则独善其身，达则兼善天下”，以及古人“止戈为武”“和为贵”“天人合一”“世界大同”等思想至今对我们仍有重要的借鉴意义。在西方古代和中世纪的诸多思想家的论著中，也都曾经涉及国家对外关系问题。其中较为著名的有修昔底德的《伯罗奔尼撒战争史》、柏拉图的《理想国》、亚里士多德的《政治学》、西塞罗的《论共和国》等。中世纪是西方神权统治的黑暗时期，但有关国际政治特别是国际政治方面的思想及其著述仍到处可见。例如，神权政治论者托马斯·阿奎那的自然法理论、但丁·亚利基利的世界帝国论、马西略的《和平的保卫者》、《格拉提安教令集》等。当然，在古代和中世纪，由于政治学、外交学和国际法学本身尚不完整，因而对于国际政治的论述就显得更加零散，但其对后人的影响力不可低估。

15 世纪以后，随着资本主义的萌芽和发展，资产阶级的政治思想不断发展，在 17 世纪至 18 世纪的资产阶级革命时期出现了一个繁荣时期，并走向成熟。在各个相关的学科中，国家间关系问题变得越来越重要，并且在一些学科中出现了较为系统地论及国家间相互关系的学说，从而为第一次世界大战以后国际政治理论的形成和发展奠定了深厚的思想理论基础。从思想史的发展角度看，对国际政治理论和国际政治学的发展具有较大影响的，主要有以下几个学科：

1. 哲学

哲学是社会科学中最古老的学科之一，在东西方哲学史的发展过程中，“人性论”占有极其重要的地位。历代哲学家都从人性的“善”或“恶”的角度出发来分析人与人之间、人与国家、国家与国家之间的关系。历史上的政治思想家、法律思想家，同时也是著名的哲学家，他们的哲学思想，他们对人与自然的关系、对人性之“善”与“恶”的论述，不仅为以后的国际政治理论家提供了基本的方法论，而且直接影响到后人的一些基本的国际政治理论观点。例如，弗兰西斯·培根的唯物主义经验论、托马斯·霍布斯的机械唯物论、约翰·洛克的“自然权利”和“社会契约”理论、孟德斯鸠的“自然神论”、卢梭的“天赋人权”和“人类理性”论，以及康德的“道德法则”等。

2. 政治学

国际政治学作为政治学的一个分支学科，受政治学的影响最为直接。从思想史的发展轨迹看，对国际政治理论研究影响最深远的是尼科洛·马基雅维利最先提出、后来为托马斯·霍布斯加以系统化的“自然状态”理论。根据这一理论，与国内社会的有秩序状态不同，国际社会从未摆脱过自然状态，既没有秩序，也没有权威，相互猜疑、彼此竞争。在任何时候，国王和掌握主权的人由于是独立的，因而处于不断猜疑之中，常常摆出斗士的架势；他们的武器互相瞄准，眼睛盯着对方，总是想着如何在他们的王国的边界安设堡垒、武库和枪炮；他们还不断派遣特务到邻国。所有这一切都构成了战争状态。此外，政治学说中的国家主权理论，自由、平等和天赋人权理论，以及国家意志论、社会有机体论、功利主义和实证主义等，都对国际政治理论具有重要的影响。

3. 世界史学

世界史学对世界历史中具体史实的研究，大量涉及国际政治的一些基本理论问题，而且国际关系史的研究本身就是国际政治学研究的一个重要内容。均势理论最早就是由意大利史学家伯纳多·鲁塞莱在分析意大利北部的若干城邦国家的相互关系中首先提出来的，并为以后研究世界历史的学者们广泛应用，成为国际政治领域中的古典理论。在几乎所有国家，最早涉猎国际政治理论的学者，大多都是从研究国际关系史和外交史起步的。

4. 国际法学

国际法是调整国家间相互关系、规定国家权利与义务关系的原则和制度的总和，与国际政治直接相关。国际法学自近代以后逐步完善，先于国际政治学而形成了自己独立的学科体系。国际法学的一些基本原理和主要著述是国际政治学最直接的理论渊源之一。主权平等原则、互不侵犯原则、和平解决国际争端原则、互不干涉内政原则等国际法的基本准则，都是国际政治理论的重要内容。格劳秀斯的《战争与和平法》、普芬道夫的《自然法与万国法》、宾刻舒克的《海上主权论》、瓦泰勒的《国际法》以及边沁的《道德与立法原理导论》等著作，都对以后的国际政治学家产生深远的影响。

5. 地理学

地理学与政治学的结合，早在古代就已出现。近代以来，随着政治学的发展，出现了政治地理学和地缘政治学。其中最著名的有德国学者拉采尔，著有《人类地理学》《政治地理学》《美国政治地理研究》《生存空间论》；美国战略学家马汉，著有《海军战略》；英国学者麦金德，著有《历史的地理枢纽》和《地缘政治论》等。地缘政治学从国家的地理状况，以及不同的地理空间和位置的角度，论及了不同国家所应采取的国家战略和对外政策。在国际政治学形成以后，它实际上成了国际政治学的一个重要的分支。

6. 政治经济学

政治经济学起源于资本主义形成时期的重商主义，17 世纪后出现的古典政治经济学将其向前推进了一大步，而马克思主义政治经济学则使政治经济学发展到鼎盛阶段。但是到 19 世纪后期，资产阶级的政治经济学逐步走向衰亡，被纯粹经济学所取代，只有马克思主义政治经济学一直保持着旺盛的生命力。政治经济学所研究的是政治与经济、国家与市场的关系。早期的政治经济学家从一开始就将其应用于对国际问题的研究，重商主义、古典政治经济学和马克思主义政治经济学都从各自不同的角度论述了国际政治中的政治经济互动关系，并且为后来国际政治学中的现实主义理论、新现实主义理论和新自由主义理论，特别是国际政治经济学理论奠定了基础。

三、国际政治学的形成与发展

作为社会科学中的一门新兴学科，国际政治学形成于第一次世界大战以后，是“20 世纪风云的产儿”。自形成至今，国际政治学大体上经历了四个阶段：

1. 国际政治学的初创阶段（两次世界大战期间）

国际政治学产生于第一次世界大战以后，这已为大多数学者所公认，但对于什么是国际政治学创立的标志，学者们的看法尚不一致。德国学者把 1919 年 5 月 30 日视为国际政治学的诞生日。但在此之前已经有了专门的国际研究机构，如在美国成立的卡耐基宗教与国际事务委员会，也出版了一些国际政治与国际关系方面的著作，如美国学者保罗·莱因奇于 1900 年出版的《在东方形势影响下的 19 世纪末的世界政治》和 A. J. 格兰特于 1916 年出版的《国际关系研究导论》。当然，这个时期的研究还处于尝试阶段，尚未出现系统、完整的国际政治理论学说。第一次世界大战标志着人类社会进入了一个新的发展阶段。国际联盟的建立，促使人们开始对国际政治、国际法和国际经济进行系统的理论研究，从而开始了国际政治学的探索和初创阶段。

从第一次世界大战到第二次世界大战，国际政治学主要处于初创阶段。首先是组织机构的大发展，即各种类型的国际研究机构纷纷建立。其次是各国大学、学院中的国际政治教学研究机构大量涌现，国际政治学的课程有了明显的发展。最后是开始出版了一些国际政治的教科书和理论著作。

在两次世界大战期间，国际政治学的发展进入了一个相对繁荣时期，开始从无到有。但是，国际政治学的初创主要是在欧美，其理论学说以理想主义为主导，在学科体系上并不完备，刚刚开始从其他学科中分离出来，还未形成自己的独立学科地位。

2. 西方完整的国际政治学的确立时期（第二次世界大战后初期至 20 世纪 60 年代）

第二次世界大战及其胜利对整个世界的变化产生了极为深刻的影响，美国凭借其雄厚的经济军事实力一跃成为资本主义世界的霸主。战前已粗具规模的西方国际政治理论研究，在战后以美国为中心迅速发展起来，并逐步形成了自己独立的学科体系。

1948年，美国芝加哥大学教授汉斯·摩根索的著名的《国家间政治：寻求权力与和平的斗争》一书出版。该书是西方第一部最完整、最系统地论述国际政治理论的著作，它以权力和利益为核心，全面论及了国际政治的理论和实践问题：现实主义的六原则，国家间寻求权力的斗争，国家权力的构成及限制——均势、国际道德、国际法，国际安全，国际组织，外交等各个方面的基本理论问题及其彼此间的关系，以及它们同战争与和平的关系。该书的出版，标志着西方国际关系理论体系的基本形成，摩根索本人也因此在西方被誉为“国际关系理论的奠基人”。

1955年，美国哥伦比亚大学教授昆西·赖特的《国际关系理论研究》一书出版，是西方国际政治学作为一个独立学科形成的又一标志。该书是西方第一部全面论述国际政治学的形成发展、内容、方法的著作。昆西·赖特认为，国际关系是指历史上任何时期的重要集团间的关系，尤指当今按领土组织起来的主要民族国家间的关系。国际关系学研究的领域是多层面的，包括8个方面的内容（国际法、外交史、军事科学、国际政治、国际组织、国际贸易、殖民政治和对外关系行为）和16个分支学科。这16个分支学科又可按理论的、应用的或抽象的、具体的四种情况分类，可归纳为10个侧重于应用分析、6个侧重于理论分析，10个相对抽象和演绎性、6个相对具体和描述性；在研究方法上又可分为归类法和概念法。昆西·赖特的著作，标志着国际政治学作为一门新兴的、交叉性边缘学科，在社会科学领域中确立了其独立的地位。该书也被西方誉为“国际关系理论的经典，研究国际关系理论的入门书”。

20世纪50年代末60年代初，随着科技革命的发展及其对社会科学领域的渗透，在西方出现了行为主义革命，又称方法论革命，即强调国际政治理论的抽象化、系统化、一般化，广泛应用其他学科的研究成果，把系统论、控制论、博弈论引入国际政治理论研究，从而力求实现理论研究的现代化、数量化和科学化。例如：美国芝加哥大学教授莫顿·卡普兰于1957年创立了国际系统论，密歇根大学教授戴维·辛格于1961年提出了层次分析法，20世纪60年代后期哈佛大学教授卡尔·多伊奇创立了由一体化理论、博弈理论和相互依存理论组成的“沟通理论”，辛格和津尼斯等人创立了计量国际政治学，等等。行为主义方法的出现尽管在西方引起了诸多争议，但是它毕竟使西方国际政治学在研究方法上大大地前进了一步，使国际政治学不仅在理论研究的内容方面，而且在研究方法上实现了向多学科和边缘性新兴学科的发展。

在这一时期，国际政治学已经作为一门独立的学科，确立了它在社会科学中的地位，并得到了国际学术界大多数人的基本承认。但是，这个时期的国际政治学主要还是西方资产阶级的国际政治学，是以强权政治为其核心内容，并从根本上代表着垄断资本主义大国利益的理论，因而它并不能揭示国际社会中各个行为体之间相互关系的普遍规律，也不可能实现其所谓的“纯科学化”。

3. 国际政治学在全球范围内大发展的时期（20世纪70—80年代）

20世纪70年代以后，国际政治形势发生了剧烈变动，美国的国际地位相对衰落了，国际政治不断多元化发展，社会主义国家和第三世界国家的力量不断壮大，国际地位和政治作用也有了很大提高。与此相适应，国际政治学的发展进入了一个新的时期。

首先，西方国际政治学有了新的发展。在美国，政治现实主义在第二次世界大战后一直居主导地位，20世纪70年代开始又出现了新现实主义学派，即在传统现实主义的基础上，开始对国际政治问题进行更深入、更广泛的研究。所谓更深入，就是研究不仅仅停留在国家对外行为和对外关系的表层现象上，而且要深入分析国际社会的结构功能，分析国家间相互作用的内在原因，分析国际政治关系背后所隐含的内在动因。在此基础上，对国际政治学本身的各个分支领域的研究更加专门和深入。例如，在西方国际政治理论的总框架内，对外决策理论、冲突理论、合作理论、体系理论、相互依存理论、博弈理论、世界秩序理论、威慑理论、均势理论、地缘政治理论、危机处理理论等，都有了不同程度的发展。所谓更广泛，就是研究与国际政治所涉及的其他学科领域的结合更加紧密，研究的领域和视野进一步扩大。例如，西方国际政治理论在20世纪70年代以后，又相继出现了国际经济政治学、国际关系伦理学、国际关系心理学、国际关系社会学、国际关系未来学、跨国政治学、全球政治学等新的分支学科，使国际政治的理论研究领域涉及国际社会生活的各个方面。

在西欧，与西欧国际地位的提高和对外关系的实践相适应，西欧主要国家的国际政治理论也有了很大发展。例如，与西欧政治经济发展直接相关的国际一体化理论，在西欧各国的教育和研究机构中发展得极为迅速，成为西欧国际政治理论的重要特点。此外，西欧国际政治学研究中的批判理论的兴起，对美国在西方国际政治学界的垄断地位提出了挑战。西欧国际政治学中的批判理论（又称结构主义理论）是20世纪70年代以后发展起来的，80年代以来引起了国际学术界的普遍关注。批判理论受马克思主义和黑格尔政治哲学的影响较大，在对国际政治的分析中，力图摆脱西方传统国际政治学以国家为中心、以权力为基础的理论束缚；在国际政治行为体上，强调阶级、政党和社会集团的作用；在国际政治关系的动力问题研究上，强调经济的作用；在对整个国际社会的分析上，注重生产方式和世界政治经济秩序的结构状态，强调国家间关系是生产方式的表层形态①。

其次，社会主义国家的国际政治学相继建立起来。苏联、东欧国家从20世纪60年代末期以后开始注重对国际政治理论的研究，到70年代末期，基本确立了自己独立的国际政治学的学科体系。1976年，苏联出版了苏联科学院世界经济与国际关系研究所理论部主任甘特曼教授主编的《现代资产阶级国际关系理论》、帕兹涅维可夫的第一本专门著作《系统方法与国际关系》；1978年，波兰华沙大学库库尔卡教授出版了《国际关系理论问题》；1980年，莫斯科国际关系学院出版了《国际关系理论基本原理》；1984年，苏联出版了甘特曼的《现代国际关系的体系、结构和过程》，这标志着苏联、东欧国家的国际政治学科的创立和发展。

中国的国际政治学科起步较晚，又受到“文化大革命”的严重冲击。20世纪80年代以后，随着党的工作重点的转移以及改革开放政策的实施，建立中国的国际政治学理论的任务提上了日程，特别是80年代中期以后，中国学者开始从一般地评介西方和苏联、东欧的国际政治理论，走上探寻和建立中国自己的独立学科体系的道路。

---

① 关于批判理论可参见：GROOM J，LIGHT M，eds. Contemporary international relations：a guide to theory. London：Pinter Publishers，1994；王逸舟. 西方国际政治学：历史与理论. 上海：上海人民出版社，1998：647-678.

此外，在第三世界国家，国际政治理论和国际政治学科的建设也开始发展起来。拉丁美洲国家、印度、埃及和非洲一些国家的学者，也在国际政治经济关系、国际相互依存理论、世界体系理论以及国际政治的一般理论方面，取得了许多引人注目的成果，引起了国际政治学界的普遍关注。

4. 后冷战时代的新发展（20 世纪 90 年代以来）

20 世纪 90 年代以来，随着冷战的结束，国际形势的深刻变化给国际政治理论研究提出了一系列新的课题，国际政治学在一个新的基础上得到了进一步的发展。

首先，西方国际政治学理论的发展。进入 20 世纪 80 年代以后，西方国际政治学理论在理论体系、子学科的扩展和研究方法等方面均趋于完善。然而冷战的结束，特别是苏联的解体和两极体制的崩溃，使得西方发达资本主义国家不仅在世界政治经济中的垄断地位得以巩固，而且使得西方在社会科学理论和国际政治学理论中的霸权态势上升，其中明显地表现在一系列所谓的"历史的终结"理论、"文明冲突"理论、新"地缘政治经济"理论、"民主和平"理论、"国际规范"理论的提出，以及新自由主义国际政治理论的扩散和建构主义的兴起上。随着西方国际政治学理论研究的深化，无论是现实主义理论还是自由主义理论阵营内部都出现了新的分化。由古典现实主义发展至新现实主义后，现实主义又分化为进攻性现实主义、防御性现实主义以及新古典现实主义；自由主义理论家族则包括贸易和平理论（商业自由主义）、民主和平理论（共和自由主义）和强调多变量解释的"三角和平论"[①] 等复合自由主义，以及国际制度理论（新自由制度主义）。此外，20 世纪 90 年代中期以来，随着国际政治理论的"社会学转向"，美国国际政治研究中又出现了新的建构主义理论。

其次，马克思主义国际政治学理论的发展取得新进展。这种进展表现在两个方面：第一，在中国马克思主义国际政治学理论的建设上。20 世纪 90 年代以来，中国学者逐步超越了对马克思主义经典作家具体观点的讨论，而着重于研究他们的思想体系和科学方法论，研究他们与前人的承继关系、对后世学科发展的贡献和意义，并对毛泽东、周恩来、邓小平以及其他当代中国领导人的国际政治战略思想进行了深入研究。第二，当代西方马克思主义国际政治学理论和国际政治经济学理论也有了新的发展。国际政治学理论中的批判理论在 20 世纪 90 年代以后的一个突出特点就是所谓的"历史唯物主义的重建"和"新范式的选择"[②]。在一些英国左翼学者的努力下，国际政治经济学理论在 20 世纪 90 年代也出现了"回归马克思主义"的趋势[③]。2008 年国际金融危机发生后，西方马克思主义在国际政治学界的影响有所扩大。

最后，中国的国际政治学的理论框架基本形成。20 世纪 90 年代以来，中国学者已经从简单介绍西方理论中走出来，开始确立中国自己的国际政治学理论框架。一批国际政治学理论的教科书问世，并且具有与西方同类教科书不同的风格和框架结构。中国学者在 90

---

① RUSSET B，ONEAL J，Triangulating peace：democracy，interdependence，and international organizations. New York：W. W. Norton，2000.

② 王逸舟. 西方国际政治学：历史与理论. 上海：上海人民出版社，1998：647－671.

③ GROOM J，LIGHT M，eds. Contemporary international relations：a guide to theory. London：Pinter Publishers，1994.

年代后开始思考一系列国际政治学理论的新问题，如高科技的发展对国际政治的影响、相互依赖问题、国家主权及其限制、国际政治中的伦理道德问题、国际政治上中的文化因素、国家安全观念、国家的内部制度与对外行为的关系等①。

进入 21 世纪以来，中国的国际政治学研究有了长足的发展。无论是在西方理论的引进还是本土知识的生产上，都取得了显著的成就。随着学科专业的发展，对西方国际政治理论的介绍、阐释和评析不断加强，西方经典著作的引进力度空前、数量庞大。世界知识出版社的“国际关系学名著系列”丛书等集中翻译了大批国际政治学科的重要理论著作。近十几年来，中国的国际政治学研究在学术成果上取得了长足进步，一批颇具影响力的理论专著不断出版。在借鉴西方国际政治理论的基础上，一些学者已开始对国际政治的经验现象提供新的理论概括与解释，力图以“中国崛起”为中心的经验问题来建构国际政治理论的中国学派。

第三节　国际政治学的研究方法

方法论的问题对于一个学科来说，至关重要。西方的某些学者认为，国际政治研究算不上是一门完整科学，其主要理由就是它不具有科学的方法论。因此，建立科学的方法论是构建成熟的国际政治学理论的前提和基础。

一、西方国际政治学的研究方法

在方法论上，西方国际政治学者比较早地将其他学科，特别是自然科学、经济科学的方法和研究路径引入国际政治学研究，对我们具有重要的启示和借鉴作用。西方学者在国际政治研究中提出了许多新的方法，有所谓传统主义的研究方法、行为主义的研究方法、后行为主义的研究方法等，这些也被称为方法论上的革命。

第一，传统主义（traditionalism）的研究方法，即传统现实主义或传统主义的研究方法。从方法论上看，传统现实主义理论有四个基本特点：（1）“国家中心论”，即将主权国家、以主权国家为主体的国际体系作为研究的起点、主体、核心。现实主义最主要的三个基本理论假定，即“主权国家是唯一行为体”“主权国家是统一行为体”“主权国家的对外行为是理性行为”，无不与“国家中心论”的研究方法密切相关。（2）“权力-利益中心论”，即把权力和利益及其相互关系作为国际政治研究的中心议题之一，将主权国家之间的关系看作一种权力斗争、强权之争。（3）“对外政策中心论”，即国际政治学研究的“政策取向”，强调其与国家对外政策的密切关联性，强调个案研究和对策研究，注重国际政治研究的价值取向。（4）注重历史研究，包括对国际关系史、外交史、战争史、政治思想史、法律思想史的研究，以史为鉴、以史为证。

第二，行为主义（behaviourism）的研究方法。国际政治学中的“行为主义革命”形成于 20 世纪 50 年代后期，流行于 20 世纪 60 年代，并与传统主义方法进行了公开论战。行为主义的研究方法与传统主义的研究方法的主要区别在于：（1）强调国际政治学理论的

① 资中筠. 国际政治理论探索在中国. 上海：上海人民出版社，1998.

抽象化、系统化、一般化，即国际政治学理论的“纯理论化”和“价值中立”，主张以“理论取向”代替“政策取向”。(2) 注重将现代科学领域的新成果、新方法引入国际政治学研究，例如系统论、控制论、博弈论、数理统计、模拟分析等。(3) 强调国际政治学的分层研究，即打破“国家中心论”的束缚，注重研究各种非国家、超国家、跨国家的行为体，甚至是个人。(4) 强调国际政治理论的量化研究和计算机模拟，认为只有能够量化的，才可能是科学的，只有首先“定量”，才能正确地“定性”。行为主义最主要的代表人物包括理查德·施奈德、莫顿·卡普兰、卡尔·多伊奇、戴维·辛格、约翰·巴斯克斯等人。

第三，后行为主义（post-behaviourism）的研究方法。20 世纪 60 年代末 70 年代初在西方国际政治学研究中出现了所谓“第二次方法论革命”，即“后行为主义”。后行为主义反对行为主义的所谓“纯理论”和纯粹“价值中立”说，认为行为科学倡导的是一种“经验保守主义的意识形态”，强调国际政治学家既是社会科学家，又是政治行为者，其战斗口号是“关联性和行动”，而且应当是“未来取向”的，即对未来和社会负有责任感①。后行为主义主张将过去各种有用的研究方法兼容并蓄、相互补充。科学方法的“进步不在于传统方法还是科学方法，而在于传统方法和科学方法；不在于对一种方法褒而对另一种方法贬，而在于使一种方法为另一种方法服务”②。在后行为主义的推动下，西方国际政治学理论研究在 70 年代以后进入了一个“多元化”发展的时期，实证分析和规范分析、理论取向和政策取向、定量研究和定性研究、基础研究和应用研究日趋调和与合流，从而使这一新兴学科向着更加成熟、繁荣的方向发展。

对于西方国际政治研究方法论，我们既不能简单地加以否定，也不能盲目地全盘肯定，而要采取分析的态度，吸取其有用的方法。

二、马克思主义在国际政治学研究中的指导地位

除了借鉴西方国际政治学理论的方法外，中国学者在努力建构中国风格、中国特色的国际政治学理论时，在方法论上也必须坚持自己的特色。

国际政治学是一门学科，我们过去的研究还不充分，西方的研究则起步较早、影响较大，有些西方学者还有意无意地否定马克思列宁主义理论中关于国际政治的丰富内容，这就需要我们更自觉地坚持马克思主义的指导地位。这门学科涉及面广，问题复杂尖锐，直接关系到国家利益和人类进步。对我国来说，这一学科直接关系到社会主义事业的巩固和发展以及和平与发展的对外政策总目标的实现；从国际范围来说，这一学科直接关系到维护世界正义和实现持久和平、建立国际政治经济新秩序。在这个既充满矛盾斗争又离不开相互依存的历史进程中，我们更不能离开马克思主义的指导。当然，坚持马克思主义为指导，绝不是搞教条主义，简单地背诵和搬用现成的结论，而是要紧密地结合国际社会的实际，运用马克思主义的立场、观点、方法去研究新情况，分析新问题，得出新见解。也就是说，我们既要坚持马克思主义，又要发展马克思主义。

---

① EASTON D. The new revolution in political science. American political science review，1969，63 (4)：1051-1052.

② KNOR K，ROSENAU J，eds. Contending approach to international politics. Princeton：Princeton University Press，1969：3.

坚持以马克思主义为指导，就是坚持以辩证唯物主义和历史唯物主义为指导。辩证唯物主义和历史唯物主义的重要理论贡献在于："消除了以往的历史理论的两个主要缺点。第一，以往的历史理论至多只是考察了人们历史活动的思想动机，而没有研究产生这些动机的原因，没有探索社会关系体系发展的客观规律性，没有把物质生产的发展程度看作这些关系的根源；第二，以往的理论从来忽视居民**群众**的活动。只有历史唯物主义才第一次使我们能以自然科学的精确性去研究群众生活的社会条件以及这些条件的变更。马克思以前的'社会学'和历史学，**至多**是积累了零星收集来的未加分析的事实，描述了历史过程的个别方面。马克思主义则指出了对各种社会经济形态的产生、发展和衰落过程进行全面而周密的研究的途径，因为它考察了所有各种矛盾的趋向的**总和**，把这些趋向归结为可以准确测定的、社会**各阶级**的生活和生产的条件，排除了选择某种'主导'思想或解释这种思想时的主观主义和武断态度，揭示了物质生产力的状况是所有一切思想和各种不同趋向的**根源**。"①

马克思主义社会科学方法论中的一个重要内容是系统论的方法，这在目前已经普遍地为人们所接受和采用，它包括：(1) 整体性原则，即要求把研究的对象纳入它所属的整体，从整体来认识和对待；(2) 相互联系性原则，即强调整体内的各部分、各要素相互之间的密切联系；(3) 有序性原则，即整体内部各部分、各要素的联系是有一定的结构和规律的；(4) 动态性原则，即整体、部分、要素都处在运动变化之中，绝非静止不变的；(5) 定量化原则，即它们的运动变化都可以用一定的数量表现出来。这种方法对研究国际问题确实是适用的，是很有价值的。但归根到底，我们还是要坚持唯物辩证法，即从国际社会的实际出发，去研究它的发展变化，也就是既要弄清国际社会的构成、各种力量的对比以及它们之间的相互关系，也要分析引起变化的动因、发生变化的条件、具体变化的表现以及变化的趋势和规律等。系统论的方法和唯物辩证法是一致的，或者说是唯物辩证法的具体化。

在国际政治学研究中坚持唯物辩证法，尤其要注意两点。一是正确地运用阶级分析的方法。在国际政治学研究中，阶级分析的方法并未完全过时，这是由无产阶级和资产阶级两大阶级的对立、社会主义和资本主义两种制度的对立所决定的。但是又不能把阶级分析简单化、绝对化。这是因为国际政治关系并不完全等同于阶级关系。一般来说，作为国际政治行为体，国家在国际舞台上的活动，除了代表本国统治阶级的利益外，也代表整个国家、全民族的利益。同时，还要把阶级分析和历史分析很好地结合起来，因为某个阶级或它的代表人物在不同时期、不同问题上还会有不同的表现，绝不能只看到阶级属性这一点，就简单地下结论，那是注定要脱离实际，甚至闹出笑话的。二是要正确地运用经济分析的方法。既要坚持归根到底经济因素是"历史过程中的决定性因素"这一科学论点，又不能忽视"上层建筑各种因素"的反作用，这两方面本来就是有机地联结在一起的，我们应该如实地把它们统一起来，这也就是辩证法讲的对立统一。只要真正坚持辩证唯物主义和历史唯物主义，我们就一定能得出正确的结论。

三、国际政治学的基本研究方法

在国际政治学研究中坚持以马克思主义为指导，需要我们善于将马克思主义方法论的

---

① 列宁. 列宁选集：第2卷. 3版. 北京：人民出版社，1995：425.

精髓应用于具体的研究工作中。我们认为，政治与经济相互作用的方法、历史分析法、比较分析法和定性/定量分析法，不仅反映了马克思主义经典作家在其研究工作中所贯彻的方法和途径，而且集中了国际政治知识体系建构的基本经验和智慧遗产，应该成为国际政治学研究的基本方法。

1. 政治与经济相互作用的方法

虽然国际政治学研究的主要是国际政治关系，但是政治与经济、国际政治与国际经济总是紧密联系在一起的，政治经济学的方法在国际问题研究中始终具有重要地位。

重商主义是最早运用政治经济学方法研究国际问题的理论学派，在政治哲学上，重商主义者信奉的是修昔底德、马基雅维利、霍布斯等人的“自然状态”理论和霸权理论，即认为国际社会处于一种彼此争夺权力与财富的无政府状态，国家间的相互关系是一种“一方之所失必为另一方之所得”的零和博弈。在一个资源有限的世界里，一个国家要想改变或改善自己的权力地位，就只有掠夺别国的财富。正是在这个意义上，重商主义又被称为“经济民族主义”“经济现实主义”“现实主义-重商主义”。重商主义盛行的时期，正是欧洲各个新兴国家加紧扩张财富、人口和领土的时代，这就决定了重商主义的基本特征是要将一切经济活动从属于国家对权力的追求，即在重商主义者看来，政治与经济之间的互动就在于政治决定经济。

古典政治经济学对重商主义学说进行了批判，认为一个国家相对于其他国家的权力十分重要，但是国家乃至国际的经济条件和经济制度，特别是市场则更为重要。在经济生活中，起决定作用的并非国家的政治权力，而是市场这只“看不见的手”。古典政治经济学与重商主义政治经济学的主要区别在于：（1）在政治哲学上信奉约翰·洛克的政治自由主义，即在自然状态下，人人都是平等的；为了保障社会秩序和个人之天赋权利，人们根据某种契约而设立了政府，并赋予政府制定法律的权力，但是政府的作用仅限于保障人们的生命、自由和财产。（2）政治经济学研究的主体不是国家，而是个人，即代表的是工业资产阶级的利益。（3）政治经济学研究的基本出发点或理论基础是“自由放任”，即在政治与经济的关系上，强调经济因素，特别是市场对国家政治行为的决定性作用，国家之政治职能是为个人的经济利益服务的。（4）国家间的关系并不一定都是一种零和博弈，而可能是一种非零和博弈，即所有有关国家都可能从相互交往中获得收益。

马克思主义政治经济学说是马克思主义哲学、经济学和政治学有机结合的产物。重商主义强调政治决定经济，古典政治经济学强调经济决定政治，而马克思主义政治经济学则将两者有机地结合在一起，并在此基础上将其贯彻于对国际政治经济相互作用的分析，对现代国际政治学理论的发展具有不可磨灭的贡献。

马克思和恩格斯从辩证唯物主义和历史唯物主义的基本方法出发，把政治经济学既视为一门对社会关系进行抽象的理论学科，又视为“一门**历史的**科学”[①]。他们从资本主义时代最一般的经济范畴——商品入手，以劳动价值论为基础，以剩余价值论为核心，揭示了资本主义经济现象背后所隐含的各种政治、经济及社会关系。正如马克思所指出的那

① 马克思，恩格斯．马克思恩格斯选集：第3卷．2版．北京：人民出版社，1995：489.

样："经济范畴只不过是生产方面社会关系的理论表现，即其抽象。……人们按照自己的物质生产的发展建立相应的社会关系，正是这些人又按照自己的社会关系创造了相应的原理、观念和范畴。"① 政治经济学的任务就是"研究人类各种社会进行生产和交换并相应地进行产品分配的条件和形式"②。马克思和恩格斯运用政治经济学理论研究国际政治问题，为我们留下了许多宝贵的理论财富。同时，马克思主义政治经济学也为我们研究国际政治学理论提供了重要指导。

2. 历史分析法

历史分析法是马克思主义的基本研究方法。这种方法要求我们把社会现象置于特定的历史背景中加以考察，并从历史的发展中把握社会现象的本质。恩格斯在《卡尔·马克思〈政治经济学批判。第一分册〉》一文中指出，"历史从哪里开始，思想进程也应当从哪里开始，而思想进程的进一步发展不过是历史过程在抽象的、理论上前后一贯的形式上的反映"③。列宁也指出："马克思的方法首先是考虑具体时间、具体环境里的历史过程的**客观**内容……"④

在国际政治学研究中贯彻历史分析法，不仅符合马克思主义方法论的内在要求，而且具有学科发展史上的渊源关系。在国际政治学成为一门独立的学科前，大量关于国际政治问题的论述和国际政治思想的提炼都是由历史学家完成的。例如，政治现实主义的理论渊源可以追溯到古希腊历史学家修昔底德的《伯罗奔尼撒战争史》。在对一系列历史事件的描述后，这位历史学家指出，正是雅典力量的增长及其引起的斯巴达的恐惧，使得战争不可避免。修昔底德对伯罗奔尼撒战争根源的认识就是当代国际政治学理论中"安全困境"的古典表述形式。由于历史学与国际政治学的这种学科渊源关系，历史分析法成为国际政治研究者所普遍采用的一种研究方法。传统现实主义者的基本方法就是历史归纳法，重视从历史教益、历史遗训、历史经验中汲取营养。当代国际政治理论界中影响颇大的"英国学派"也极其重视历史考察，主张从历史中提炼理论，而不是以理论剪裁历史。

3. 比较分析法

比较研究是与"方法论"比较贴近的一个领域，因为它所涉及的是"如何"进行分析，而不在乎分析的"具体内容"。根据利普哈特的观点，比较方法是一种建立普遍经验命题的基本方法（其他的方法还有实验方法、统计方法和个案研究方法）。首先，它是一种"方法"；其次，它是一种"基本科学的方法"；再次，它是一种"在变量之间发现经验性联系的方法"；最后，它是一种"宽泛的、一般的方法，而不是狭窄的、专门化的技术"⑤。

事实上，马克思和恩格斯一向特别注意采用比较方法，尤其是在深入研究人类社会的历史发展和社会形态的更替演变时，他们广泛使用了多种类型的比较，包括宏观比较和微

---

① 马克思，恩格斯．马克思恩格斯全集：第4卷．北京：人民出版社，1958：143-144.
② 马克思，恩格斯．马克思恩格斯选集：第3卷．2版．北京：人民出版社，1995：492.
③ 马克思，恩格斯．马克思恩格斯选集：第2卷．2版．北京：人民出版社，1995：43.
④ 列宁．列宁全集：第26卷．2版．北京：人民出版社，1988：140-141.
⑤ LIJPHART A. Comparative politics and comparative method. American political science review，1971，65（3）.

观比较、横向比较和纵向比较等。他们在探讨欧洲政治现实时，也总是对比研究英国、法国、德国和俄国的状况①。马克思自己对这种比较方法有过精辟的概括：“极为相似的事情，但在不同的历史环境中出现就引起了完全不同的结果。如果把这些发展过程中的每一个都分别加以研究，然后再把它们加以比较，我们就会很容易地找到理解这种现象的钥匙；但是，使用一般历史哲学理论这一把万能钥匙，那是永远达不到这种目的的，这种历史哲学理论的最大长处就在于它是超历史的”②。

在现代政治科学中，比较政治是众所周知的，从事这类研究的主要是政治学家。比较经济在西方也很流行，不同的是在从事比较经济研究的学者中，除了经济学家外，还有许多政治学家。20 世纪 70 年代以后，随着“新政治经济学”的盛行，一些学者开始进行比较政治经济的研究，其中的先驱人物就是美国芝加哥大学教授查尔斯·林德布洛姆。他从政治（权威、国家）-交换（市场）-民主-说服（意识形态）几个层面及其相互作用入手，在世界上的各种不同政治经济制度内部和相互之间进行比较研究，从中探究政治-经济之间的互动关系。林德布洛姆的研究范式被国际政治学家广泛接受，运用其来对国际政治经济进行比较研究。其研究的重点是各种不同的政治经济制度的运行对国际政治经济关系的影响。在国际政治经济关系中，人们经常谈论东西、南北、南南、北北以及社会主义国家之间的政治经济关系问题。比较政治经济分析认为这还远远不够，还不能完全说明国际冲突与合作的全部问题。发达国家资本主义发展的不同类型、社会主义的不同模式、发展中国家错综复杂的差异对各个国家的对外政治经济行为都是具有重要影响的。

4. 定性/定量分析法

根据马克思主义唯物辩证法的基本观点，任何事物都具有一定的质和量。质是一事物成为它自身并区别于其他事物的内部所固有的规定性。量是事物的规模、程度、速度，以及它的构成成分在空间上的排列组合等可以用数量表示的规定性③。在社会科学研究中，确定事物及其状态的性质，就是定性研究；对事物进行数量分析，就是定量研究。定性研究是定量研究的基础，只有对事物发展做出性质上的判断，我们才能确定哪些数量关系需要进行观察和分析。而定量研究常常使我们的观察更加明确，也比较容易将资料整合或总结，而且为统计分析提供了可能性④。

由于国际政治学最早脱胎于哲学、历史学和法学等，定性方法在国际政治学研究的早期发展阶段居于绝对统治地位。直到 20 世纪 50 年代后期“行为主义革命”发生后，定量分析才在国际政治学研究中得到广泛的应用。学者们大量收集国际武装冲突、国际组织、跨国社会交流等领域的资料数据，建立了一些数据库和数学模型。戴维·辛格的《计量国际政治》、卡尔·多伊奇的《政治学的数学研究方法》等著作就反映了国际政治学者为定量化所付出的学术努力。但是这种以定量分析为主的研究也受到了许多传统主义者的批评。他们认为数理化把国际政治研究搞得过于晦涩难懂，变成了只有少数人才能懂得的

---

① 关于马克思主义学说与比较方法，参见：张小劲，景跃进. 比较政治学导论. 北京：中国人民大学出版社，2008：2-3.

② 马克思，恩格斯. 马克思恩格斯全集：第 19 卷. 北京：人民出版社，1963：131.

③ 李秀林，等. 辩证唯物主义和历史唯物主义原理. 北京：中国人民大学出版社，1990：137-139.

④ 巴比. 社会研究方法. 北京：华夏出版社，2000：50.

“学术领地和禁区”。20 世纪 70 年代以后，学术界开始更加辩证地看待定性分析与定量分析的关系，将两者看成是互补的而非竞争的。不过与定性研究相比，由于软指标难以量化、定义模糊、统计资料不一致等原因，定量研究在国际政治研究中往往面临着更大的困难①。

① 关于国际政治研究的量化方法，可参见：周方银. 国际问题数量化分析：理论·方法·模型. 北京：时事出版社，2001.

第一章

国际政治学的思想理论

重点问题

- 马克思主义经典作家对国际政治学的理论贡献
- 理想主义和现实主义的主要区别
- 新现实主义对传统现实主义理论的修正
- 新现实主义和新自由制度主义的联系与区别
- 建构主义的核心命题
- 中国传统文化中的国际政治学内容

国际政治学作为一门独立的学科是在第一次世界大战后才逐步确立起来的，真正形成系统的国际政治学理论体系则是在第二次世界大战之后。作为一门较为年轻的社会科学学科，国际政治学理论在二战后的发展十分迅速，各种不同的理论流派和学说之间相互争鸣，在学科发展史上曾发生了多次学术论战。正是在这种学术争鸣的过程中，国际政治学的理论逐渐完善，学科日益成熟。我们在坚持马克思主义的立场与方法的同时，也要善于吸收和借鉴西方及世界其他国家与地区各具特色的理论成果，并从中国传统政治思想中汲取营养，以推动中国国际政治学的理论建设。

第一节　马克思主义经典作家的国际政治学思想理论

马克思主义的经典作家，即马克思、恩格斯、列宁等外国无产阶级思想家、理论家和革命家，他们的理论宝库中包含了丰富的关于国际政治的思想和理论。无论是马克思、恩格斯还是列宁，他们作为国际无产阶级革命家，其毕生的活动、工作和斗争，都是在当时的国际条件下进行的，他们活动的主要基地是欧洲，是当时国际斗争的中心和重点，他们或者处在自由资本主义时期，或者处在垄断资本主义时期，都经历了当时惊心动魄的斗争和面临错综复杂的关系。因此，他们研究和思考的问题，写下的大量著作，以至于直接参加的斗争实践，都不能不包含丰富的国际政治的内容。一方面，无产阶级革命是国际性的事业，是国际政治的重要组成部分；另一方面，马克思、恩格斯、列宁对当时欧洲列强的争夺及其相互关系的剖析，对宗主国与殖民地矛盾的揭露与论述，以及一些处理国家关系的原则的设想和主张，也给后人留下了宝贵的精神财富。当然，我们也要看到，他们在国际政治方面的思想、理论与学说，并不像其在哲学、政治经济学、科学社会主义诸方面的理论那样丰富、系统和完整。这是受当时国际政治发展尚不成熟的历史条件和他们主要面临的是夺取和巩固无产阶级政权的历史使命的制约，但在他们的众多著作中，仍然有大量的关于国际政治的思想、学说、观点和方法，对当今的国际政治研究产生了重要的影响。

马克思主义哲学中的辩证唯物主义和历史唯物主义对西方国际政治学的发展也产生了重要的影响。英国学者巴勒克拉夫就曾指出，“马克思主义提供了合理地排列人类历史复杂事件的使人满意的唯一基础”，是“今天仍保留着生命力和内在潜力的唯一的历史科学”。“当代著名历史学家，甚至包括对马克思的分析抱有不同见解的历史学家，无一例外地交口称赞马克思主义历史哲学对他们产生的巨大影响，启发了他们的创造力。”① 马克思主义提供的科学的世界观和方法论，尤其是辩证唯物主义和历史唯物主义，对我们研究国际政治无疑有普遍的指导意义，其中诸如经济与政治辩证统一的观点、阶级和阶级斗争的观点、对民族与民族主义的分析、对人民群众和个人在历史上的作用的评价，以及关于历史发展前进的“合力论”的观点，都是大家所熟悉的。概括起来，马克思主义经典作家的国际政治学思想理论主要包括以下内容：

一、马克思主义的时代观

马克思列宁主义国际政治理论研究的一个重要前提是对历史发展的时代特征的基本认识。马克思和恩格斯最先提出了考察人类社会时代发展的基本方法，列宁运用这一马克思主义的方法对一个新时代的到来进行了详尽的分析。

1. 马克思和恩格斯的时代观

马克思和恩格斯运用唯物史观，科学地研究了人类社会的发展进程。他们对时代及其变迁的考察是按照生产力决定生产关系、经济基础决定上层建筑的原理，以生产方式的变更为依据的，即将人类社会发展进程中的不同生产方式看作不同的社会时代。马克思说过：“大体说来，亚细亚的、古代的、封建的和现代资产阶级的生产方式可以看作是社会经济形态演进的几个时代。”②

马克思主义时代观的基础是对不同历史时期生产方式和由此产生的阶级关系的分析，正是基于这种分析，马克思和恩格斯在《共产党宣言》中明确提出：“在过去的各个历史时代，我们几乎到处都可以看到社会完全划分为各个不同的等级，看到社会地位分成多种多样的层次……我们的时代，资产阶级时代，却有一个特点：它使阶级对立简单化了。整个社会日益分裂为两大敌对的阵营，分裂为两大相互直接对立的阶级：资产阶级和无产阶

---

① 巴勒克拉夫．当代史学的主要趋势．上海：上海译文出版社，1987：26，261.

② 马克思，恩格斯．马克思恩格斯全集：第13卷．北京：人民出版社，1962：9.

级。”① 恩格斯在《共产党宣言》1883 年德文版序言中回顾了马克思和他所始终贯彻的一个基本思想，这就是“每一历史时代的经济生产以及必然由此产生的社会结构，是该时代政治的和精神的历史的基础”②。他们在这里提出了国际政治理论中的一个根本性问题，即研究国际政治的基本前提，是把握生产方式变更的基本历史线索。正如列宁后来所指出的那样，只有“首先考虑到各个‘时代’的不同的基本特征（而不是个别国家的个别历史事件），我们才能够正确地制定自己的策略；只有了解了某一时代的基本特征，才能在这一基础上去考虑这个国家或那个国家的更具体的特点”③。

马克思和恩格斯正是基于对他们所处时代特征，即自由资本主义生产方式的分析，在《共产党宣言》和其他一系列著作中对资本主义和资产阶级的历史作用给予了充分肯定，对资本主义时代国际政治的基本特点做了精辟分析。“现代资产阶级本身是一个长期发展过程的产物，是生产方式和交换方式的一系列变革的产物。资产阶级的这种发展的每一个阶段，都伴随着相应的政治上的进展。”④ “生产的不断变革，一切社会状况不停的动荡，永远的不安定和变动，这就是资产阶级时代不同于过去一切时代的地方。”⑤ 正是由于资本主义的发展，“过去那种地方的和民族的自给自足和闭关自守状态，被各民族的各方面的互相往来和各方面的互相依赖所代替了”⑥。

2. 列宁的时代思想学说

列宁所处的时代是资本主义由自由竞争逐步发展到垄断的新的历史阶段，他对时代的分析和论述基本上遵循了马克思和恩格斯以生产方式的变更作为划分时代依据的方法，并在此基础上有所发展。

（1）生产方式与世界革命形势相结合的时代划分方法。列宁在他的时代学说中贯彻了马克思主义以生产方式的变更作为划分时代基本依据的观点，无论是对 19 世纪“资产阶级革命运动的时代”还是对 20 世纪“帝国主义时代”的分析，都着眼于生产方式的变化。与马克思和恩格斯不同的是，列宁从其自身革命运动的实践出发，更加强调将时代与世界资本主义发展和世界无产阶级革命运动的形势联系在一起，突出了两大阶级之间在世界范围内的斗争作为时代特征的意义。同时，列宁也十分明确地强调，时代是世界性的，对时代发展产生影响的是整个世界的变化，而不是单个国家。“时代之所以称为时代，就是因为它包括所有的各种各样的现象和战争，这些现象和战争既有典型的也有不典型的，既有大的也有小的，既有先进国家所特有的也有落后国家所特有的。”⑦

（2）时代发展阶段性。早在 1899 年，列宁就曾对资本主义发展中的一些新现象进行过研究。1903 年，他在《我们纲领中的民族问题》中提出了新旧两个时代的区分，即 19 世纪后期的“最后的资产阶级革命运动的时代”和 20 世纪“在无产阶级革命前夕反动派

① 马克思，恩格斯．马克思恩格斯选集：第 1 卷．2 版．北京：人民出版社，1995：272-273.
② 同①252.
③ 列宁．列宁全集：第 26 卷．2 版．北京：人民出版社，1988：143.
④ 同①274.
⑤ 同①275.
⑥ 同①276.
⑦ 列宁．列宁全集：第 28 卷．2 版．北京：人民出版社，1990：127.

十分猖獗、各方面力量极其紧张的时代”，并指出“这两个时代的区别是极其明显的”①。1905年后，列宁开始使用“帝国主义”的概念。1913年，列宁在《马克思学说的历史命运》中将马克思主义出现后的世界历史分为“三个主要时期”②，即世界历史三大时代。1914年，列宁在《论民族自决权》中又强调，按照马克思主义理论的绝对要求，必须把“根本不同的两个资本主义时代严格区别开来”。“一个时代是封建制度和专制制度崩溃的时代，是资产阶级民主制的社会和国家形成的时代……另一个时代，就是我们所处的各资本主义国家已经完全形成、宪制早已确立、无产阶级同资产阶级的对抗大大发展的时代，这个时代可以叫作资本主义崩溃的前夜。”③ 1915年，列宁在《打着别人的旗帜》中对时代问题进行了较为系统的阐述，第一次提出了“帝国主义时代”的概念。以后，他在《帝国主义是资本主义的最高阶段》中对帝国主义做了更为全面的分析。很显然，列宁强调资本主义的“两个时代”虽然有着严格区别，但它们不过是资本主义发展过程中的不同阶段，即自由资本主义阶段和垄断资本主义阶段，“帝国主义是资本主义的垄断阶段”④。在列宁看来，两者之间的最根本区别在于处于时代中心地位的阶级不同，前者是资产阶级，后者是无产阶级。

（3）帝国主义和帝国主义时代特征。列宁在《帝国主义是资本主义的最高阶段》中系统阐述了帝国主义的五大基本特征，即：生产和资本的集中造成的在经济生活中起决定作用的垄断组织，银行资本和工业资本的融合所导致的金融资本和金融寡头的统治，比商品输出更为重要的资本输出，从经济上分割世界的资本家国际垄断同盟，最大的资本主义列强对世界领土的瓜分和重新瓜分⑤。

列宁从对帝国主义的基本特征和世界革命形势的分析出发，进一步提出了帝国主义时代的三大特征。第一，帝国主义战争。它是指帝国主义国家为瓜分和重新瓜分世界所进行的争夺霸权的战争。“‘世界霸权’是帝国主义政治的内容，而帝国主义政治的继续便是帝国主义战争”⑥。帝国主义不仅通过战争来争霸，同时也用战争来延缓资本主义的崩溃。在列宁看来，只要帝国主义存在，帝国主义战争的危险就始终不会消除。第二，世界区分为压迫民族与被压迫民族。资本主义从自由竞争发展到垄断后，“资本主义已成为极少数‘先进’国对世界上绝大多数居民实行殖民压迫和金融扼杀的世界体系”⑦，世界被区分为两大对立民族，即拥有巨额财富和雄厚军事实力的压迫民族和人数众多、处于附属地位、没有平等权利的被压迫民族。第三，无产阶级革命。马克思曾提出，资本主义时代的出现造成了资产阶级与无产阶级之间的对立。列宁进一步指出，资本主义进入垄断阶段后，它的腐朽性和垂死性日益明显，并且“把跨民族联合起来的资本同跨民族的工人运动的对抗提到第一位”⑧。帝国主义战争、两大对立的民族和两大对立的阶级之间的矛盾在世界范

① 列宁．列宁全集：第7卷．2版．北京：人民出版社，1986：222.
② 列宁．列宁全集：第23卷．2版．北京：人民出版社，1990：1.
③ 列宁．列宁选集：第2卷．3版．北京：人民出版社，1995：375.
④ 同③650.
⑤ 同③651.
⑥ 列宁．列宁全集：第28卷，2版．北京：人民出版社，1990：125.
⑦ 同③578-579.
⑧ 同③.

围内的展开，就使得世界无产阶级革命成为不可避免。

（4）时代发展的曲折性。虽然列宁论证了世界进入帝国主义时代后无产阶级革命、资本主义必然灭亡和社会主义最终胜利的历史必然性，但是他同时也清楚地指出了时代发展的复杂性和曲折性。一方面，列宁分析了帝国主义特征本身所具有的延缓资本主义崩溃的作用；另一方面，列宁还特别指出了社会主义革命的复杂性和曲折性，以及社会主义国家在对内对外政策上犯错误的可能性。

二、马克思主义世界体系思想理论

马克思和恩格斯对世界体系的分析是建立在其对国际分工、世界市场、资本主义生产方式的发展、资产阶级及其历史地位的分析的基础上的。

1. 马克思恩格斯关于自由资本主义世界体系的思想观点

在马克思和恩格斯看来，社会分工是人类社会各个历史时期所共有的，但是在不同的历史时期，分工的具体内容和社会作用是不同的。在资本主义时期，“由于机器和蒸汽的应用，分工的规模已使脱离了本国基地的大工业完全依赖于世界市场、国际交换和国际分工”①。大机器工业因其规模大大超过工场手工业而对原料的需求急剧增加；同时，机器产品因其便宜的价格而成为夺取国外市场的有力武器。“单是大工业建立了世界市场这一点，就把全球各国人民，尤其是各文明国家的人民，彼此紧紧地联系起来，以致每一国家的人民都受到另一国家发生的事情的影响。”② “大工业建立了由美洲的发现所准备好的世界市场。世界市场使商业、航海业和陆路交通得到了巨大的发展。这种发展又反过来促进了工业的扩展，同时，随着工业、商业、航海业和铁路的扩展，资产阶级也在同一程度上得到发展，增加自己的资本，把中世纪遗留下来的一切阶级排挤到后面去。”③ “资产阶级，由于开拓了世界市场，使一切国家的生产和消费都成为世界性的了。”④ “它使地球的一部分转变为主要从事农业的生产地区，以服务于另一部分主要从事工业的生产地区。”⑤

资本主义经济发展的变化，必然带来其政治结构的变化。“资产阶级日甚一日地消灭生产资料、财产和人口的分散状态。它使人口密集起来，使生产资料集中起来，使财产聚集在少数人的手里。由此必然产生的结果就是政治的集中。各自独立的、几乎只有同盟关系的、各有不同利益、不同法律、不同政府、不同关税的各个地区，现在已经结合为一个拥有**统一的**政府、**统一的**法律、**统一的**民族阶级利益和**统一的**关税的**统一的**民族。”⑥ 也就是说，资本主义政治制度和民族国家体系，是以资本主义经济的发展为基础的。正是从这个意义上讲，民族国家“在经济上处在‘世界市场的范围内’，在政治上‘处在国家体

① 马克思，恩格斯. 马克思恩格斯选集：第 1 卷. 2 版. 北京：人民出版社，1995：166.

② 同①241.

③ 同①273-274.

④ 同①276.

⑤ 马克思. 资本论：第 1 卷. 2 版. 北京：人民出版社，2004：520.

⑥ 同①277.

系的范围内’”①。

资本主义的发展把整个世界联结成为一个有机的整体，使各个国家不仅在经济上，而且在政治、文化等各个领域相互联系、相互作用、相互依存。“事情已经发展到这样的地步：今天英国发明的新机器，一年之内就会夺去中国千百万工人的饭碗。这样，大工业便把世界各国人民互相联系起来，把所有地方性的小市场联合成为一个世界市场，到处为文明和进步作好了准备，使各文明国家里发生的一切必然影响到其余各国。”② “过去那种地方的和民族的自给自足和闭关自守状态，被各民族的各方面的互相往来和各方面的互相依赖所代替了。物质的生产是如此，精神的生产也是如此。各民族的精神产品成了公共的财产。民族的片面性和局限性日益成为不可能，于是由许多种民族的和地方的文学形成了一种世界的文学。”③

2. 列宁关于垄断资本主义世界体系的思想观点

列宁所处的是资本主义从自由竞争向垄断发展和垄断资本主义在世界范围内确立其政治经济地位的时期，他依据马克思主义的基本原理，对垄断资本主义条件下的世界体系进行了系统的阐述。

第一，垄断资本主义的世界市场。帝国主义的最本质特征是垄断，它不仅垄断国内市场，还要垄断国际市场，以便从世界上将一切竞争者排除掉，达到垄断一切的目的。“生产和资本的集中发展到这样高的程度，以致造成了在经济生活中起决定作用的垄断组织”④。这种垄断组织不仅是在某个民族国家（如德国和美国）范围内的，而且已经发展到了世界范围。“集中已经达到了这样的程度，可以对本国的，甚至……对许多国家以至全世界所有的原料来源（例如蕴藏铁矿的土地）作出大致的估计。现在不但进行这样的估计，而且这些来源完全操纵在一些大垄断同盟的手里。这些同盟对市场的容量也进行大致的估计，并且根据协议‘瓜分’这些市场。”⑤ 垄断的形成和垄断组织的建立和发展使得国际竞争更加激烈、更有组织，因而也更加残酷。

第二，金融资本和金融寡头对世界的统治。伴随生产的集中和垄断，银行的作用发生了变化，出现了银行的集中和垄断以及在此基础上出现的金融资本和金融寡头的统治。“金融资本对其他一切形式的资本的优势，意味着食利者和金融寡头占统治地位，意味着少数拥有金融‘实力’的国家处于和其余一切国家不同的特殊地位。”⑥ 在1910年，英、美、法、德四个国家就拥有了全世界金融资本的80%，“世界上其他各国，差不多都是这样或那样地成为这4个国家、这4个国际银行家、这4个世界金融资本的‘台柱’的债务人和进贡者了”⑦。正是从这个意义上说，“资本主义已成为极少数‘先进’国对世界上绝大多数居民实行殖民压迫和金融扼杀的世界体系”⑧。

---

① 马克思，恩格斯．马克思恩格斯选集：第3卷．2版．北京：人民出版社，1995：308.

② 马克思，恩格斯．马克思恩格斯选集：第1卷．2版．北京：人民出版社，1995：234.

③ 同②276.

④ 列宁．列宁选集：第2卷．3版．北京：人民出版社，1995：651.

⑤ 同④592-593.

⑥ 同④624.

⑦ 同④626.

⑧ 同④578-579.

第三，“资本输出在形成金融资本的依附和联系的国际网方面所起的作用”①。自由资本主义的特征是商品输出，随着生产的集中和垄断的形成，资本输出成了垄断资本主义的主要特征。“其所以有输出资本的可能，是因为许多落后的国家已经卷入世界资本主义的流转……其所以有输出资本的必要，是因为在少数国家中资本主义‘已经过度成熟’，‘有利可图的’投资场所已经不够了（在农业不发达和群众贫困的条件下）。”② 在列宁看来，资本输出的对象国所反映的不仅仅是一个对外投资在各国间如何分配和究竟投在什么地方的问题，而是反映了“现代帝国主义的某些一般的相互关系和联系”③，即垄断资本主义国家与其殖民地之间的关系，以及不同的垄断资本主义国家间的相互关系特点。资本输出的后果是多重的，“资本输出在那些输入资本的国家中对资本主义的发展发生影响，大大加速这种发展……扩大和加深资本主义在全世界的进一步发展”④。资本输出的最本质意义就在于它“是帝国主义压迫和剥削世界上大多数民族和国家的坚实基础……是极少数最富国家的资本主义寄生性的坚实基础”⑤。通过输出资本，“金融资本的密网可以说确实是布满了全世界……输出资本的国家已经把世界瓜分了”⑥。

第四，垄断资本对世界的分割。列宁分析了垄断资本和垄断同盟分割世界的两种形式：第一种形式是资本家同盟分割世界，即各主要资本主义国家最大的垄断组织之间通过协议瓜分世界市场、制定垄断价格、控制生产规模、垄断原料来源和分配投资场所。“资本主义早已造成了世界市场。所以随着资本输出的增加，随着最大垄断同盟的国外联系、殖民地联系和‘势力范围’的极力扩大，这些垄断同盟就‘自然地’走向达成世界性的协议，形成国际卡特尔。”⑦ “资本家同盟之间在从经济上瓜分世界的**基础上**形成了一定的关系”⑧，这种关系一方面是共同瓜分世界市场，对殖民地和落后国家进行剥削和掠夺，另一方面则是各垄断同盟间殊死的相互斗争。

第二种形式是列强分割世界，即帝国主义国家对世界领土的瓜分。“资本主义向垄断资本主义阶段的过渡，即向金融资本的过渡，**是**同瓜分世界的斗争的尖锐化**联系着的**”⑨。列强分割世界的形式多种多样，但是最基本的形式就是抢占殖民地。在自由资本主义时期，抢占殖民地和瓜分世界领土的动机在于“争夺原料产地、争夺资本输出、争夺‘势力范围’（即进行有利的交易、取得租让、取得垄断利润等等的范围）直到争夺一般经济领土”⑩，进入垄断资本主义阶段后，“只有占领殖民地，才能充分保证垄断组织自如地应付同竞争者的斗争中的各种意外事件，包括对方打算用国家垄断法来实行自卫这样的意外事件。资本主义愈发达，原料愈感缺乏，竞争和追逐全世界原料产地的斗争愈尖锐，抢占殖

① 列宁．列宁选集：第 2 卷．3 版．北京：人民出版社，1995：626.
② 同①627.
③ 同①628.
④ 同①629.
⑤ 同①628.
⑥ 同①630－631.
⑦ 同①631.
⑧ 同①639.
⑨ 同①641.
⑩ 同①684.

民地的斗争也就愈激烈”①。列强对世界的分割和抢占殖民地的手段包括暴力（战争）、兼并以及“纯粹经济”的各种方法，因此“各个政治同盟、各个国家之间在从领土上瓜分世界、争夺殖民地、‘争夺经济领土’的基础上也形成了一定的关系”②，这就使得“这个时代的典型的国家形式不仅有两大类国家，即殖民地占有国和殖民地，而且有各种形式的附属国，它们在政治上、形式上是独立的，实际上却被金融和外交方面的依附关系的罗网缠绕着”③。“金融资本是一种存在于一切经济关系和一切国际关系中的巨大力量，可以说是起决定作用的力量，它甚至能够支配而且实际上已经支配着一些政治上完全独立的国家”④。

三、马克思主义民族殖民地思想理论

民族殖民地问题是资本主义上升时期国际政治中一个十分重要而又尖锐的问题，也是资产阶级有意造成混乱的一个问题。资本主义进入垄断阶段以后，民族殖民地问题有了新的特点。列宁依据新的形势，进一步丰富和发展了马克思主义民族殖民地理论。

1. 马克思、恩格斯的民族殖民地思想理论

殖民主义、殖民体系是一个历史范畴。虽然在奴隶制时代的古希腊和古罗马帝国都曾推行过殖民政策，但是作为一种世界范围的社会结构体系（殖民体系），则是资本主义的产物，随着资本主义的形成而出现，随着资本主义的发展而变化。马克思和恩格斯对于资本原始积累时期殖民主义的特点及对资本主义形成和发展的作用进行了详尽论述，“美洲金银产地的发现，土著居民的被剿灭、被奴役和被埋葬于矿井，对东印度开始进行的征服和掠夺，非洲变成商业性地猎获黑人的场所——这一切标志着资本主义生产时代的曙光。这些田园诗式的过程是原始积累的主要因素”⑤，是促使封建生产方式向资本主义生产方式过渡的一个主要因素。

随着资本主义的不断发展，殖民地作为资本主义国家原料产地、商品市场、投资场所的地位越来越重要，殖民主义者越来越要求殖民地的发展与宗主国的政治经济的需要相适应。“资产阶级，由于一切生产工具的迅速改进，由于交通的极其便利，把一切民族甚至最野蛮的民族都卷到文明中来了。它的商品的低廉价格，是它用来摧毁一切万里长城、征服野蛮人最顽强的仇外心理的重炮。它迫使一切民族——如果它们不想灭亡的话——采用资产阶级的生产方式；它迫使它们在自己那里推行所谓的文明，即变成资产者。一句话，它按照自己的面貌为自己创造出一个世界。”⑥

马克思和恩格斯在论证了殖民主义与资本主义之间关系的同时，科学地阐述了殖民主义对殖民地、半殖民地国家和地区发展的双重作用。首先，殖民主义给殖民地、半殖民地带来了深重灾难，包括：（1）严重破坏了殖民地、半殖民地生产力的发展。殖民主义者

① 列宁. 列宁选集：第2卷. 3版. 北京：人民出版社，1995：645.
② 同①639.
③ 同①648.
④ 同①644.
⑤ 马克思. 资本论：第1卷. 2版. 北京：人民出版社，2004：860-861.
⑥ 马克思，恩格斯. 马克思恩格斯选集：第1卷. 2版. 北京：人民出版社，1995：276.

"走到哪里，那里就变得一片荒芜，人烟稀少"①。(2) 破坏了生产关系的正常发展，即摧毁了原有的生产方式，但是却没有建立起新的生产方式。英国"摧毁了印度社会的整个结构，而且至今还没有任何重新改建的迹象。印度人失掉了他们的旧世界而没有获得一个新世界，这就使他们现在所遭受的灾难具有一种特殊的悲惨色彩"②。(3) 严重阻碍了殖民地经济的发展。殖民主义者在殖民地和半殖民地所做的一切，完全是被极卑鄙的利益驱使的。殖民统治的结果，在绝大多数殖民地、半殖民地造成了经济的畸形发展，不仅阻碍了当时的经济发展，而且对这些国家造成了长期的消极影响。

其次，殖民主义在客观上对殖民地、半殖民地的发展具有积极意义。马克思指出："资产阶级历史时期负有为新世界创造物质基础的使命：一方面要造成以全人类互相依赖为基础的普遍交往，以及进行这种交往的工具，另一方面要发展人的生产力，把物质生产变成对自然力的科学统治。"③ 殖民主义在这方面的作用主要表现在三个方面：(1) 在经济上，破坏了原有的经济基础，为新的生产方式的建立开辟了道路。就如资本主义的发展造就了其自身的掘墓人一样，殖民主义在殖民地、半殖民地造就了民族资本主义、民族资产阶级和工业无产阶级，为殖民主义自身的灭亡奠定了物质基础。(2) 在政治上，殖民主义者以武力实现了一些国家的政治统一，组建土著军队，这就为殖民地今后的解放准备了条件。马克思在论及英国在印度的统治时指出："使印度达到比从前在大莫卧儿人统治下更加牢固和更加扩大的政治统一，是重建印度的首要条件……由不列颠的教官组织和训练出来的印度人军队，是印度自己解放自己和不再一遇到外国入侵者就成为战利品的必要条件。"④ (3) 在思想意识上，殖民地开始出现的民族资产阶级和小资产阶级知识分子接触、了解和认识越来越多西方资产阶级革命时代的先进思想，从而逐步"崛起一个具有管理国家的必要知识并且熟悉欧洲科学的新的阶级"⑤。

正如马克思在 1853 年所指出的那样，"英国资产阶级将被迫在印度实行的一切，既不会使人民群众得到解放，也不会根本改善他们的社会状况，因为这两者不仅仅决定于生产力的发展，而且还决定于生产力是否归人民所有……在大不列颠本国现在的统治阶级还没有被工业无产阶级取代以前，或者在印度人自己还没有强大到能够完全摆脱英国的枷锁以前，印度人是不会收获到不列颠资产阶级在他们中间播下的新的社会因素所结的果实的"⑥，但是，"不管干了多少罪行，它造成这个革命毕竟是充当了历史的不自觉的工具"⑦。

2. 列宁的民族殖民地思想理论

列宁的民族殖民地思想理论，是对马克思主义理论宝库的丰富和发展，也是马克思列宁主义国际政治思想理论的重要内容。特别是在进入帝国主义时代以后，列宁关于民族殖民地思想理论具有更为重要的意义。列宁的民族殖民地思想理论的内容主要包括：

---

① 马克思．资本论：第 1 卷．2 版．北京：人民出版社，2004：862.

② 马克思，恩格斯．马克思恩格斯选集：第 1 卷．2 版．北京：人民出版社，1995：762.

③ 同②773.

④⑤ 同②768.

⑥ 同②771-772.

⑦ 同②766.

（1）压迫民族与被压迫民族的区分。早在 1915 年，列宁就提出：“在社会民主党的纲领中居中心地位的，应当是把民族区分为压迫民族和被压迫民族。”① 1916 年，他在《社会主义革命和民族自决权》一文中对此做了进一步阐述。1920 年，他在《民族和殖民地问题提纲初稿》中更加详细地论证了这个问题。列宁指出，造成压迫民族和被压迫民族区分的根源是帝国主义，“这正是帝国主义的**本质**所在”②，是“帝国主义时代基本的、最本质的和必然的现象”③。在此基础上，列宁还对两大民族进行了进一步区分，即：压迫民族和被压迫民族的资产阶级有区别，压迫民族中的无产阶级有分化，压迫民族和被压迫民族的工人的实际地位有区分。列宁的区分，使民族问题从一个局部问题扩大为世界性殖民地问题，使无产阶级革命与被压迫民族的解放斗争联系在了一起，使民族殖民地问题成为无产阶级社会主义运动的组成部分。

（2）殖民地对帝国主义国家的生存和发展的决定性意义。马克思和恩格斯论证了殖民主义对资本原始积累和自由资本主义的重要意义，列宁则进一步论证了殖民制度对垄断资本主义的特殊意义。首先，殖民地、半殖民地作为帝国主义国家廉价原料产地的作用更加重要了。“当这种垄断组织独自霸占了**所有**原料产地的时候，它们就巩固无比了。”④ “资本主义愈发达，原料愈感缺乏，竞争和追逐全世界原料产地的斗争愈尖锐，抢占殖民地的斗争也就愈激烈。”⑤ 其次，殖民地、半殖民地是帝国主义国家输出资本，获取垄断高额利润的最有利场所，“资本输出的利益也同样地在推动人们去夺取殖民地”⑥。再次，殖民地作为帝国主义国家商品销售市场的作用也更加重要了。因为“在殖民地市场上，更容易（有时甚至只有在那里才可能）用垄断的手段排除竞争者，保证由自己来供应，巩固相应的‘联系’等等”⑦。最后，殖民地是帝国主义国家转嫁国内危机的重要场所。“在金融资本的基础上生长起来的非经济的上层建筑，即金融资本的政策和意识形态，加强了夺取殖民地的趋向。”⑧

（3）民族自决权原则。列宁认为，“建立最能满足现代资本主义这些要求的**民族国家**，是一切民族运动的趋势（趋向）。最深刻的经济因素推动人们来实现这一点，因此民族国家对于整个西欧，甚至对于整个文明世界，都是资本主义时期**典型的**正常的国家形式”⑨。马克思主义在民族问题上的基本原则之一就是强调：“压迫其他民族的民族是不能获得解放的。它用来压迫其他民族的力量，最后总是要反过来反对它自己的。”⑩ 列宁则进一步强调，压迫民族的无产阶级只有承认弱小民族的自决权，才能获得自身的解放。民族自决原则就是“承认一切民族都有分离权”，但是我们要从“消除任何不平等、任何特权和任何特殊地位着眼，来评价每一个关于分离的具体问题”⑪。同时，列宁在《革命的无产阶级和民族自决权》等文章中反复强调，民族自决权并不是主张民族分离，而是为了使各民

①② 列宁．列宁全集：第 27 卷．2 版．北京：人民出版社，1990：81.

③ 同①259.

④⑤ 列宁．列宁选集：第 2 卷．3 版．北京：人民出版社，1995：645.

⑥⑦⑧ 同④647.

⑨ 同④371.

⑩ 马克思，恩格斯．马克思恩格斯选集：第 3 卷．2 版．北京：人民出版社，1995：242.

⑪ 同④386.

族更好地融合，进而在新的基础上建立国家。

(4) 帝国主义时代的民族战争。列宁指出，在帝国主义时代，由于帝国主义宗主国与殖民地和半殖民地国家之间矛盾的不断加深，“殖民地和半殖民地方面进行的民族战争不仅很有可能，而且是**不可避免的**。在殖民地和半殖民地（中国、土耳其、波斯），有将近10亿人口，即世界人口**一半以上**。那里的民族解放运动或者已经很强大，或者正在发展和成熟。任何战争都是政治通过另一种手段的继续。殖民地**反对**帝国主义的民族战争**必然**是它们的民族解放政治的继续”①。这种战争从军事意义上讲无论是防御性的还是进攻性的，都是合理的、进步的、革命的。

四、马克思主义国际政治经济学思想理论

国际政治经济学是当代国际政治学理论的重要内容之一，其理论渊源有三，即重商主义政治经济学、古典政治经济学、马克思主义政治经济学。马克思主义不仅是国际政治经济学的重要理论渊源，而且其本身就包含一系列国际政治经济学的理论学说，是国际政治经济学理论的组成部分之一。

顾名思义，国际政治经济学就是将政治经济学的方法应用于国际政治学研究，重点研究国际政治与国际经济之间的相互关系和相互作用。

马克思、恩格斯、列宁、布哈林等人在其理论著述中，为我们提供了许多国际政治经济学的宝贵理论遗产，也为国际政治经济学理论的发展做出了重要贡献。

1. 马克思恩格斯的国际政治经济学

马克思主义政治经济学是马克思主义政治学、哲学和经济学结合的产物。重商主义学说强调政治决定经济，古典政治经济学强调经济决定政治，而马克思主义政治经济学则将两者有机地结合在一起，并在此基础上将其贯彻于对国际政治经济相互作用的分析。马克思和恩格斯从辩证唯物主义和历史唯物主义的基本方法出发，把政治经济学视为一门对社会关系进行抽象的理论学科的同时，也把它视为“一门**历史的**科学”②。他们从资本主义时代最一般的经济范畴——商品入手，以劳动价值论为基础，以剩余价值论为核心，揭示了资本主义经济现象背后所隐含的各种政治、经济及社会关系。正如马克思所指出的那样：“经济范畴只不过是生产方面社会关系的理论表现，即其抽象……人们按照自己的物质生产的发展建立相应的社会关系，正是这些人又按照自己的社会关系创造了相应的原理、观念和范畴。”③ 政治经济学的任务就是“研究人类各种社会进行生产和交换并相应地进行产品分配的条件和形式”④。

由于历史的原因，马克思和恩格斯未能给我们留下系统的国际政治经济学论著，特别是马克思原来计划写作的《政治经济学批判》第二册至第六册未能完成，其中包括国家（如人口、殖民地、外国移民等）、生产的国际关系（如国际分工、国际交换、输出和输入、汇率等）、世界市场和危机等内容。尽管如此，他们仍在这一领域为后人留下了宝贵

① 列宁．列宁选集：第2卷．3版．北京：人民出版社，1995：694.
② 马克思，恩格斯．马克思恩格斯选集：第3卷．2版．北京：人民出版社，1995：489.
③ 马克思，恩格斯．马克思恩格斯全集：第4卷．北京：人民出版社，1958：143-144.
④ 同②492.

的理论财富，主要包括：

（1）资本主义作为一个完整的世界体系。这是马克思之前的政治经济学家所从来没有论及的一个问题。早在19世纪40年代至50年代，马克思和恩格斯就曾经指出，资本主义的发展已经把整个世界联结成为一个有机的整体，使各个国家不仅在经济上，而且在政治、文化等各个领域相互联系、相互作用、相互依存。

（2）资本主义政治经济之间的相互作用和相互影响。生产力决定生产关系、经济基础决定上层建筑是马克思主义分析社会政治经济现象的基本出发点，由此出发，马克思和恩格斯的结论是：资本主义经济发展的变化，必然带来其政治结构的变化，资本主义政治制度的确立，是以资本主义经济的发展为基础的。与此同时，资本主义国家对外经济政策的制定，也是由其国内政治经济结构所决定的。

（3）世界资本主义的发展对落后国家政治经济发展的作用和影响。马克思和恩格斯所处的时代，正是西方资本主义国家大举进行殖民扩张的时期。因而，关于殖民主义对殖民地国家政治经济的双重影响，是马克思主义国际政治经济理论的重要内容。

（4）国际贸易的政治经济。马克思、恩格斯从对社会分工与世界市场的分析入手，将劳动价值论和剩余价值学说应用于对国际贸易的分析，提出了资本主义的发展，“使地球的一部分转变为主要从事农业的生产地区，以服务于另一部分主要从事工业的生产地区”①。国际贸易不仅是资本主义原始积累的主要因素，而且是资本主义再生产的重要条件。“一个国家的资本主义生产越发达，那里的国民劳动的强度和生产率，就越超过国际水平。”② 从中可以得出结论：尽管参加国际贸易的国家均可获得贸易利益，但经济发达的国家比落后国家可获得更大的利益。国际贸易对落后国家来说，固然可以使其获得贸易利益，但更多的则令其因国际交换中自然存在的不公平而受经济发达国家的剥削。“在这种情况下，比较富有的国家剥削比较贫穷的国家”③。马克思从国际贸易的社会作用角度分析了自由贸易和保护贸易。“在现在的社会条件下，到底什么是自由贸易呢？这就是资本的自由。排除一些仍然阻碍着资本前进的民族障碍，只不过是让资本能充分地自由活动罢了。”④ “自由贸易引起过去民族的瓦解，使无产阶级和资产阶级间的对立达到了顶点。”⑤ “保护关税制度不过是为了在某个国家建立大工业的手段……在资产阶级开始以一个阶级自居的那些国家里（例如在德国），资产阶级便竭力争取保护关税。保护关税成了它反对封建主义和专制政权的武器，是它聚集自己的力量和实现国内自由贸易的手段。”⑥

2. 列宁和布哈林的国际政治经济学思想理论

列宁和布哈林的帝国主义理论是当时国际政治经济理论中最为系统、全面的马克思主义理论著述。他们的帝国主义理论并不仅仅是对垄断资本主义经济本质本身的研究，而且

---

① 马克思．资本论：第1卷．2版．北京：人民出版社，2004：520.

② 同①645.

③ 马克思，恩格斯．马克思恩格斯全集：第26卷：第3册．北京：人民出版社，1974：112.

④ 马克思，恩格斯．马克思恩格斯选集：第1卷．2版．北京：人民出版社，1995：227.

⑤⑥ 同④229.

是要说明“全世界资本主义经济在其国际相互关系上的**总的情况**”[①]。

尼古拉·伊万诺维奇·布哈林的《世界经济和帝国主义》一书可谓20世纪初期马克思主义国际政治经济学理论的杰作。在该书中，布哈林研究了世界经济和资本的国际化过程、世界经济和资本的民族化过程、帝国主义的经济特征、帝国主义和世界经济的未来等重大理论问题，同时具体分析了世界经济的含义、世界经济的发展、世界经济的组织形式、国民经济的内部结构和关税政策、世界销售市场和原料市场、资本的世界流动和国际经济联系、国家资本主义、竞争、军国主义、战争等问题。他从国际分工出发，揭示了建立在国际分工基础上的国际交换关系背后所隐藏的生产关系和阶级关系。他在考察和研究垄断和金融资本的基础上，对金融资本的国际竞争进行了详尽的分析，指出每个民族资本主义总是表现了扩张的趋势，即扩大它的势力范围，越出国家疆界的趋势[②]。他比较早地研究了国际垄断组织问题，指出了国际垄断组织与大银行和金融资本联系在一起，从而“把它们的触角伸到全世界……在国际上有组织地进行统治”[③]。布哈林还分析了“经济生活国际化”和“资本家利益的国际化”，这种“国际化”的意义是使垄断资本可以通过“参与制”和“金融支持”来强化其对整个世界的统治[④]。

列宁从资本主义由自由竞争发展到垄断后的基本特征出发，论述了与国际政治经济相关的四个基本问题：（1）生产和资本的集中发展为垄断，产生了在经济、政治生活中起决定作用的垄断组织。（2）伴随生产的集中和垄断，出现了银行的集中和垄断以及在此基础上出现的金融资本和金融寡头的统治，构成“一种存在于一切经济关系和一切国际关系中的巨大力量，可以说是起决定作用的力量，它甚至能够支配而且实际上已经支配着一些政治上完全独立的国家”[⑤]。（3）“资本输出在形成金融资本的依附和联系的国际网方面所起的作用”[⑥]。资本输出的最本质意义就在于它“是帝国主义压迫和剥削世界上大多数民族和国家的坚实基础……是极少数最富国家的资本主义寄生性的坚实基础”[⑦]。（4）垄断资本和金融资本从经济上和领土上对世界的直接分割，并且由于这种分割而造成帝国主义国家之间矛盾的日趋尖锐化，并最终导致帝国主义战争的不可避免性。列宁的帝国主义理论及其所涉及的国际政治经济学中的理论问题，对后人的理论研究产生了重大影响，其作用不仅表现在对以后的马克思主义政治经济学和科学社会主义理论的影响上，还表现在对西方及第三世界国家国际政治经济学理论和西方马克思主义的政治经济理论的发展上。

马克思主义关于经济与政治的相互关系的学说，以及世界各国相互依赖的学说，对后来的国际政治理论也具有重要影响。美国的国际政治经济学学者琼·斯佩罗在其《国际经济关系的政治学》中指出：“关于国际政治经济问题，从17世纪的重商主义者到20世纪的马克思主义者，在研究国家间关系时都曾涉及过，但是在20世纪，这方面的研究却被

① 列宁．列宁选集：第2卷．3版．北京：人民出版社，1995：577.
② 布哈林．世界经济和帝国主义．北京：中国社会科学出版社，1983：58.
③ 同②39.
④ 同②40.
⑤ 同①644.
⑥ 同①626.
⑦ 同①628.

忽视了。政治与经济彼此割裂，即使不是在实际上，至少是在国际关系的分析和研究中被孤立了起来。"①

五、马克思主义战争与和平思想理论

众所周知，战争问题是国际政治的基本问题之一。前人或者是从神学的观点，或者是从人性善恶的观点来说明战争，但都不能提供正确的答案。马克思、恩格斯创立的辩证唯物主义与历史唯物主义提供了观察和研究战争问题的科学的观点和方法。他们一生经历的战争不少，恩格斯本人还亲自参加和指挥过德国西南地区的起义和战争，正因为如此，他们也给我们留下了一系列的关于军事和战备问题的理论著作。在这些著作中，他们系统地阐述了关于战争的产生与消灭、战争与经济的关系、战争与政治的关系、无产阶级对待战争的态度等问题。

列宁的战争与和平理论在整个国际政治学理论的发展中具有重要作用，它主要包括：(1) 战争的根源问题。战争同私有制基础并不矛盾，而是这些基础的直接的和必然的发展。在资本主义制度下，除了工业中的危机和政治中的战争以外，没有别的办法可以恢复经常遭到破坏的均势。进入帝国主义阶段以后，资本家不仅要用战争来争夺资源和市场，而且为了自己的利益，他们非打仗不可，因为新兴的帝国主义国家不用暴力手段来重新瓜分殖民地，就不能得到比较老的（又比较弱的）帝国主义列强现在享有的那些特权。因此，现代战争产生于帝国主义。(2) 战争的性质问题。列宁认为，一切战争都不过是用暴力手段来继续推行各交战国及其统治阶级在战前几年内，有时是几十年内所实行的政策；结束任何战争的和约，也只能是计算和记载这次战争进程和结果所达到的力量的实际变化。因此，战争是政治通过另一种手段（暴力）的继续。(3) 正义战争与非正义战争问题。区分战争的正义和非正义性，"不取决于是谁进攻，'敌人'在谁的国境内，而**取决于是哪一个阶级**进行战争，这场战争是哪一种政治的继续"②。因此，我们并不是反对一切战争，而是反对帝国主义的、反动的战争，支持革命的、进步的、解放的战争。(4) 争取和平的斗争问题。列宁认为，只有无产阶级革命才能结束并且一定能结束一切战争，如果以为无产阶级革命只要在一个国家取得胜利，就立即并且一定会消灭一切战争，那就是和平主义的幻想了。因此，争取和平的斗争必须同无产阶级的革命斗争结合起来，进行争取社会主义的革命斗争。(5) 只有消灭私有制，才能根除产生战争的土壤。

马克思主义关于战争与和平的理论，在国际政治理论中占据重要地位。对此，大多数西方学者都予以肯定。美国著名的国际政治学家肯尼思·沃尔兹（又译"华尔兹"）认为，马克思和马克思主义关于战争与和平的观点代表了关于战争的第二种基本概念（解决战争问题的一个办法，就是要对国家进行改造）的"最成熟的发展阶段"，沃尔兹还充分肯定了列宁对马克思主义的发展，并认为"列宁的观点是正确的"③。列宁关于帝国主义的理论，对世界各国的国际政治理论都有十分重要的影响，至今不衰。

---

① SPERO J. Politics of international economic relations. New York: St Martins Press, 1986: 1.

② 列宁. 列宁全集：第35卷. 2版. 北京：人民出版社，1985：288.

③ 华尔兹. 人、国家与战争：一种理论分析. 上海：上海人民出版社，2012：100-101，110.

第二节　西方国际政治学思想理论的主要流派

一、理想主义（idealism）

理想主义学派，是西方国际政治学理论中最早出现的一个学派，其思想渊源可追溯到近代思想家格劳秀斯、孟德斯鸠、狄德罗、康德、边沁和圣西门等。

理想主义学派在哲学观点上主张的是人性善的学说，认为人类的自然状态应有的性质是和谐的，个人利益与社会利益是协调的，只是由于某些人的良知误入歧途才导致国家间的冲突和战争，良知一旦被唤醒，误解一旦被消除，人类社会仍旧会恢复到和谐、友善的美好社会。在政治观点上，理想主义崇尚国家和世界的民主化和法制化，主张恢复国际规范，建立国际普遍安全机构，完善国际法及其职能，加强国家间的相互合作，用理性战胜邪恶，最终实现一种和平稳定的世界秩序，避免世界战争的悲剧重演。理想主义学派从世界应该怎样出发，设计了一整套实现这一目标的路径。

理想主义学派最初的代表人物是美国第 28 任总统伍德罗·威尔逊。早在 20 世纪初，他在《论国家》一书及其他文章、讲演中，就强调国家间相互关系应遵守道德要求和民主原则。他在 1918 年提出的“十四点计划”，被称为“理想主义的政治纲领”。理想主义学派也因此而被称为“威尔逊学派”。威尔逊的理论观点主要包括：公开外交、集体安全、民族自决、国际邦联、世界政府、裁军非战、贸易平等、公理正义等。其核心是所谓的民主、正义和法律，其实质则是要建立一种以美国为领导的世界秩序。

两次世界大战之间的 20 余年，理想主义学派在西方国际政治学理论中一直占据着主导地位。理想主义学派并没有从哲学、伦理学等其他学科中独立出来，形成一个相对成熟的理论体系，而是尚处于萌芽状态的国际政治理论思想。第二次世界大战的爆发，使理想主义学说受到沉重打击，在战后初期的大论战中败给了现实主义学派，从此一蹶不振。

20 世纪 60 年代后期，理想主义学派开始重新抬头。这一方面是美国在越南战争中越陷越深，美国对外政策在道德和国际法方面的合法性遭到质疑。美国的国际法学家 R. A. 福克尔（以及 M. S. 麦克杜格尔等人）再次打出了国际法和人权的旗帜，但是仍无法与主流派的现实主义学派相抗衡。与此同时，在 20 世纪 60 年代围绕国际政治学研究方法论的论战中，强调国际政治学理论的“理论取向”而非“实证-政策取向”，道德、伦理、人权、正义等问题成为一些国际政治理论家著述的主题。20 世纪 90 年代以后，随着美国新干涉主义对外政策的实行，理想主义的理论研究有所发展。

二、现实主义（realism）

现实主义学派是在对理想主义学派的批判和对第二次世界大战的反思中逐步形成的。其思想渊源可追溯至修昔底德、尼科洛·马基雅维利、托马斯·霍布斯等古代和近代政治思想家。

现实主义学派与理想主义学派的主要分歧在于：（1）在政治哲学观上，现实主义承认人性恶，认为自私和贪权作为人的本性是不可能从根本上改变的。政治家的任务不是改造它、教育人，而是建立一定的政治机制去限制它，把人的好斗倾向减少到最低程度。(2) 在伦理观点上，现实主义认为，抽象的道德原则并不适用于政治行为，国际社会的无政府状态（自然状态），使作为国家利益代表的政治家的行为准则与文明政体内的个人行为准则根本不同。前者为保护本国利益，抵御外侮，完全可以采取对后者来说是不合乎道德的政策。(3) 在看待国际组织和国际法的作用上，现实主义认为，它们与政治权力和利益相比，是微不足道的，因为后者是国家间关系的核心问题，各国利益冲突的不可避免性和不可调和性，使得国际政治只能用权力和实力来说话，道义和说教是行不通的。(4) 在对国际社会及其发展前景的看法上，现实主义认为，国际政治学理论的任务是要说明世界的客观现状，而不是未来的行为准则，应当面对现实，为谋求本国的权力和利益而斗争。

现实主义学派最早的代表人物是英国威尔士大学教授爱德华·H.卡尔。他的《20年危机（1919—1939)：国际关系研究导论》(1939) 是第一部较为系统的现实主义理论著作。第二次世界大战期间，美国学者莱因霍尔德·尼布尔和尼古拉斯·斯拜克曼也较为系统地提出了他们的现实主义理论。战后，西方最著名的现实主义理论的代表是美国的汉斯·摩根索及其《国家间政治：寻求权力与和平的斗争》，法国学者雷蒙·阿隆及其《和平与战争：国际关系理论》，以及乔治·凯南、昆西·赖特等人。

在现实主义的理论中，权力和利益是两个最核心的概念。汉斯·摩根索的“以权力界定利益”的公式以及“现实主义六原则”是其最典型的代表。摩根索的观点认为：政治是受根植于人性的客观法则所支配的；以权力界定利益是普遍适用的，利益直接支配着人的行动，而权力是利益得以实现的保证，一个国家能够在多大程度上实现自己的国家利益，取决于自身在国际政治中的权力地位；政策的好坏不在于它是否合乎道德，而在于它是否能转换为成功的政治行动；道德和政治行为之间不可避免地存在着相互对立，普遍的道德准则并不能以其抽象的公式运用于国家行为，政治家也没有权利因不符合道德义务而放弃能够成功的政治行动；普遍的道义法则与特定的国家道义不能混为一谈，后者是与权力和利益紧密联系在一起的；政治现实主义同其他学说的区别，就在于它强调政治领域的独立性，强调权力政治的作用。在现实主义看来，权力就是一种控制和支配他人的能力，国际政治就是一种“增强权力、维持权力、显示权力”的斗争。

三、新现实主义（neorealism）

新现实主义产生于20世纪70年代，正值美国的霸权地位衰落和第三世界异军突起之际。1973年的石油斗争震撼了整个西方世界，经济危机、能源短缺、人口爆炸，一系列全球性重大问题困扰着世界各个国家。第二次世界大战后一直在西方国际政治学理论中占据统治地位的现实主义权力政治理论，已经无法充分解释和说明国际社会的现实。此外，在国际政治研究方法论上的传统主义与行为主义之间的论战也接近尾声，传统主义显然不能适应新形势的需要，而行为主义过于复杂玄妙、晦涩难懂，也不能有效解释现实问题。在这种背景下，西方一批学者开始对传统的现实主义理论进行修正、改造和补救，并在此基础上形成了新现实主义学派。肯尼思·沃尔兹的《国际政治理论》(1979) 是新现实主义理论的巅峰之作，因其强调国际体系的结构对国家行为的制约作用，新现实主义因此也被称为“结构现实主义”。

沃尔兹对以摩根索为代表的传统现实主义理论做了三个重大修正。(1) 摩根索把国际政治的第一推动归为人性，即“政治法则的根源是人性”。沃尔兹认为，按照科学哲学的要求，人性是难以验证的东西。传统现实主义的“性恶论”将国际冲突追根溯源到人性，虽然看到了人性中“恶”的一面引发了冲突，却忽视了人性中“善”的一面在相反的方向上遏制了冲突。此外，将国际冲突追根溯源到人性的观点不能说明战争随着时间和空间的变化而发生的变化：如果人性一成不变，那么战争为什么不能同样一成不变呢？沃尔兹认为，国际冲突的根本原因不是人性，而是国际社会的无政府状态。(2) 摩根索认为“理性”的政治家就是孜孜不倦地致力于积累越来越多的权力，权力被视为目的本身。而沃尔兹把权力看作一种有可能使用的手段，国家拥有的权力太小或太大都会有风险，力量软弱会招致攻击，力量强大则会使对手不敢发动进攻，而力量过于强大则可能刺激其他国家，使它们增加军备并联合起来对付它，因此明智的政治家总是力图拥有适度的权力。沃尔兹认为，在重要关头，国家所最终关心的并不是权力，而是安全。(3) 传统现实主义将因果关系看作单向的，即主要从处于相互作用的个人或国家那里寻找原因。沃尔兹承认，某些国际后果的原因存在于相互作用的单位层次上，但是还有某些原因存在于结构层次上，存在于单位层次上的原因与存在于结构层次上的原因是相互作用的，因此仅仅从单位层次上进行解释会误入歧途，如果人们在研究方法上既注重单位层次，又注意结构层次，就能够全面地把握国际体系内的变化与延续。

结构是新现实主义国际政治理论的核心概念。沃尔兹确定了由三部分组成的结构定义：排列原则、单元的特点和能力的分配。按照这一定义，国际政治体系具有以下结构特征：(1) 国际系统的无政府状态；(2) 单元在功能上的相似性；(3) 单元间的能力分配。在他看来，前两个特征是不变的，否则国际政治体系与国内政治体系的区别也就消失了。这样，结构的变化是由第三个特征——各单位实力对比的变化所造成的，或者更简单地说，是由大国数量的变化造成的。结构通过社会化过程和竞争过程给行为体设定了一系列限制条件，来“鼓励国家的某些行为，惩罚那些不响应鼓励的行为”①，因此结构的变化会引起国家行为的变化。

沃尔兹的《国际政治理论》借鉴了科学哲学、结构-功能主义以及微观经济学的理论成果，为新现实主义建立了高度简约的“理论模型”，差不多具备了国际政治理论的“最好外壳”。除了沃尔兹以外，新现实主义的代表人物还有罗伯特·吉尔平、A. F. K. 奥根斯基和布诺伊·德·梅斯奎塔等。

四、新自由主义 (neoliberalism)

20 世纪 70 年代，长期居于主流地位的传统现实主义理论陷入了严重的危机，肯尼思·沃尔兹等新现实主义者在保留了“现实政治”(realpolitik) 主要内容的同时，对传统现实主义进行了“科学的修正和补救”，而其他一些学者则从各种不同的角度对现实主义

---

① 沃尔兹．国际政治理论．北京：中国人民公安大学出版社，1992：126．

和新现实主义发起了强有力的挑战，其中新自由主义国际政治理论尤其突出①。

1977年，罗伯特·基欧汉和约瑟夫·奈的《权力与相互依赖：转变中的世界政治》一书出版，标志着新自由主义国际政治理论的兴起。20世纪80年代以后，国际政治理论中出现了各式各样的自由主义，如商业自由主义、共和自由主义、社会自由主义和制度自由主义等。商业自由主义继承亚当·斯密、约翰·密尔和理查德·科布登等人的思想，认为自由贸易能够促进国际和平，代表著作为理查德·罗斯克兰斯的《贸易国的兴起》等。共和自由主义也可以称为"民主和平论"，其思想可以追溯到康德的《永久和平论》，认为民主体制是和平的基本原因，代表人物包括迈克尔·多伊尔、布鲁斯·拉西特等。社会自由主义则把跨国的社会交往与国际一体化联系起来，卡尔·多伊奇的"沟通理论"（communication theory）是其早期形式。在各种自由主义流派中，制度自由主义，即新自由制度主义由于其严谨的研究议程而成为理论化程度最高的新自由主义国际政治理论。新现实主义及其批评者之间的论战很快就集中在新现实主义与新自由制度主义之间。

新自由制度主义与新现实主义的争论主要集中在以下六个方面：（1）无政府状态的性质和结果。新现实主义和新自由制度主义都承认国际社会处于无政府状态，但新现实主义更强调无政府状态对国家行为的制约作用，而新自由制度主义则没有把无政府状态的程度和结果看得太严重。（2）国际合作。新现实主义和新自由制度主义都承认国际合作是可能的，但是在合作发生的条件和合作的可靠性上存在分歧。新现实主义认为，国际合作很难成功，即使成功了也很难维持；新自由制度主义则认为，国际合作是正常的、经常发生的现象，国际制度和理性选择能保障合作的成功。（3）相对收益和绝对收益。新现实主义关注相对收益，计算自己所得是否多于别人；新自由制度主义则认为国家应以绝对收益为目的，即考虑在合作中能否获得收益。（4）国家的优先目标。新现实主义和新自由制度主义都认为国家安全与经济福利是国家的主要目标，但分歧在于何者更重要。新现实主义强调国家安全，而新自由制度主义强调经济福利。（5）意图和实力。新现实主义更为注重国家的实力而不是意图，而新自由制度主义则强调国家意图的重要性。（6）制度和机制。新现实主义和新自由制度主义都承认国际制度和机制发挥作用，但是在制度安排的重要性上存在分歧。新现实主义坚持无政府状态是国际社会的基本特征，国际制度和机制无法有效地发挥作用，而新自由制度主义则认为，国际制度和机制可以缓和无政府状态对国家间合作的限制，能够独立地发挥作用②。

新自由制度主义的核心概念是国际机制（international regimes）。最早提出这一概念的是约翰·鲁杰，他把国际机制定义为"已经被一部分国家所接受的一系列相互期望、规则和规定、计划、组织的能量和财政义务"③。1983年，斯蒂芬·克拉斯纳主编的《国际机制》一书由康奈尔大学出版社出版，国际机制理论由此走上了系统化发展的轨道。在该书中，克拉斯纳提出了国际机制的经典定义，即国际机制是"隐含的或明确的原则、规

---

① 除了新自由主义以外，新现实主义的挑战者还有批判理论、后现代主义等。参见：基欧汉. 新现实主义及其批判. 北京：北京大学出版社，2002.

② 鲍德温. 新现实主义和新自由主义. 杭州：浙江人民出版社，2001：4-8.

③ RUGGIE J. International responses to technology：concepts and trends. Internantional organization，1975，29(3)：557-583.

范、规则和决策程序，行为体对某个特定国际关系领域的预期围绕着它们而聚合起来”[1]。1984 年，罗伯特·基欧汉的《霸权之后：世界政治经济中的合作与纷争》一书出版。作为新自由制度主义的代表作，该书从理性的利己主义模型出发，借助集体行动理论、囚徒困境博弈模型、市场失灵理论和新制度经济学理论，深刻论证了国际机制基于其功能而产生的独立作用和重大价值，从而发展出了一套国际机制的功能理论，以此确立了新自由制度主义的研究纲领。在基欧汉所确立的研究议程下，阿瑟·斯坦、邓肯·斯奈德尔、肯尼思·奥伊、莉萨·马丁等学者进一步推进了新自由制度主义的理论建设和实证研究。

五、建构主义（constructivism）

新现实主义和新自由制度主义之间的论战构成了 20 世纪 80 年代至 90 年代国际政治理论争论的重心，由于它们各自的代表人物沃尔兹和基欧汉都致力于将国际政治理论建成高度科学化的理论，两者在方法论个体主义、物质主义世界观和理性主义认识论等方面朝着趋同的方向发展，产生了所谓的“新-新合成”（neo-neo synthesis）。随着论战的深入开展，新现实主义和新自由制度主义争论的范围越来越集中于相当狭窄的范围内，甚至局限于对个别命题的经验检验。面对这种“新-新合成”，国际政治理论中的非主流学派向新现实主义和新自由制度主义的主流地位继续发起挑战。在挑战的过程中，建构主义国际政治理论迅速崛起。

建构主义理论的古典根基可以追溯到格劳秀斯、康德、黑格尔的理论以及涂尔干和马克斯·韦伯的社会学著作中。在 20 世纪 80 年代，国际政治研究中已经涌现了三种建构主义学派：以约翰·鲁杰和弗雷德里克·克拉托奇维尔为代表的现代主义学派，以理查德·阿什利和罗布·沃克为代表的后现代主义学派，以斯派克·彼德森和安·蒂克纳为代表的女性主义学派。这三个学派之间和内部都存在很大的分歧，但是它们都认为新现实主义和新自由主义是“不注重社会”的理论，因为这两大派理论没有足够重视世界政治中的行为体是社会建构而成的事实[2]。1989 年，尼古拉斯·奥努弗在《我们造就的世界》一书中，把“建构主义”这一术语正式引入国际政治研究中。但是，此时建构主义仍处于非主流的边缘地位。

冷战的结束加快了建构主义的兴起。冷战的结束是国际政治理论各派学者都始料未及的，尤其使主流国际政治理论处于尴尬的地位，许多学者认为主流国际政治理论的问题来自其物质主义和个体主义倾向，重视理念和整体主义的国际政治理论可能更具解释力。1992 年，亚历山大·温特在《国际组织》上发表了《无政府状态是国家造就的：权力政治的社会建构》一文，质疑的目标直指新现实主义与新自由制度主义的共同前提——国际无政府状态，建构主义开始得到国际政治理论界的广泛关注。在 1999 年出版的《国际政治的社会理论》中，温特更加系统地提出和阐述了建构主义国际政治理论，使建构主义与新现实主义、新自由制度主义开始形成三足鼎立之势。

建构主义的核心命题包括：（1）国际体系的结构包括物质结构和社会结构两个方面。

---

① KRASNER S，ed. International regimes. Ithaca：Cornell University Press，1983：2.

② 温特. 国际政治的社会理论. 上海：上海人民出版社，2000：4.

物质结构是行为体的实力分配及其相对位置，社会结构则是指行为体占支配地位的信仰、规范、观念和认识等文化因素。国际体系的物质结构只有在观念结构的框架中才能具有意义。(2) 认同是利益的基础，认同构成利益和行为。决定和改变国家行为、认同和利益不是体系的物质结构，而是在国际政治互动过程中不断产生的社会结构，它们影响着行为体的认同和利益，导致相互关系的合作或冲突。(3) 国际政治行为体和结构之间存在着相互构成关系。社会结构不仅确定单个行为体的含义及认同，而且确定这些单个行为体所从事的经济、政治及文化活动的模式。同时，社会结构又是行为体实践的结果①。

除了上述以美国为中心的国际政治主流理论外，国外国际政治学还包括批判理论、世界体系理论、英国学派的国际社会理论，以及发展中国家的“中心-外围”理论等所谓非主流理论。

第三节 中国的国际政治学思想理论

中国的国际政治学理论研究尽管起步较晚，但并不是从来没有。在中国古代思想家们的哲学、政治和法律思想宝库中，存在着许多与现代国际政治学理论相通的内容。近现代以来，中国的政治家和外交家也对国际政治事务提出了许多真知灼见。新中国成立后的外交实践中，中国领导人提出和倡导的一系列原则、方针、战略，也包含了丰富的国际政治学思想理论内容。改革开放以后，中国国际政治学者经过40多年的理论努力，中国特色和中国风格的国际政治理论也取得了阶段性的成果。

一、中国传统文化中的国际政治思想

1. 中国古代传统文化中的国际政治思想

古代中国作为一个封闭式的中央大帝国，与外部世界特别是周边国家和地区形成的是一种以“天朝礼治”为核心的朝贡关系，即周边国家定期或不定期地向中国的中央王朝派遣朝贡使以表示其恭顺之意。中央王朝则对外派驻封疆官吏以实行对该地区的实际治理，或者以册封、赏赐和施惠来保持某种象征性的统治。根据某些学者的观点，这种体制在隋唐时期就已经形成了②。其中最明显地表现在中国与东亚国家间的关系之中，因而就有“亚洲的华夏秩序”、中国的“华夷秩序”之说③。这种中国的对外关系体系是以一元论的国际社会等级观念作为其思想基础的。根据中国古代的传统观念，人类社会本身就是一种等级制结构，最高层次是“天”，其次为“天子”，中国则是天子治下的“天下”，一般百姓为“子民”，管理百姓之百官为“父母官”。这种传统观念反映在中国对世界的看法中，就有所谓的“华夏中心主义”，即“中国”（central kingdom）乃人类社会和世界文明之中心，中国之君王即“天子”乃天下万物之统治者，所有其他国家的统

---

① 倪世雄，等．当代西方国际关系理论．上海：复旦大学出版社，2001：224-225.

② 山本吉宣．国际政治理论．上海：上海三联书店，1993：46.

③ FAIRBANK J，REISCHAUER E O，CRAIG A M. East Asia：the modern transformation：a history of East Asian civilization. Boston：Houghton Mifflin Company，1965；黄枝连．亚洲的华夏秩序：中国与亚洲国家关系形态论．北京：中国人民大学出版社，1992.

治者均隶属于中华帝国之君主的统治。这种统治与西方诸国所实行的统治的最主要的区别就在于它强调的是德治教化，即所谓“礼治主义”。这种“礼治主义”与中国人所尊崇的儒家传统密切相关。

“仁、义、礼、智、信”是儒家传统的精髓所在。他们所追求的是“修身、养性、齐家、治国、平天下”，主张“保民、行德、服民心”，崇尚“仁政”“王道”，反对“以力服人”的“霸道”。这一整套治国原则不仅体现在对本国臣民的治理上，还体现在与外邦“蛮夷”间的关系上。最早有史记载的朝贡是公元 57 年（东汉光武帝建武中元二年），日本邪马台国大倭王正式遣使者到洛阳“奉贡朝贺”，汉光武帝“赐以印绶”（《后汉书·东夷列传》），印文为“汉委奴国王”。公元 238 年（三国曹魏明帝景初二年）倭国女王卑弥呼派大夫难升米来华朝贡，大概是有史记载最早的赐大于贡的典型事例。倭国“献男生口四人，女生口六人，班布二匹二丈”，魏明帝封卑弥呼为“亲魏倭王，假金印紫绶”，并赐锦绢、铜镜、宝刀、珍珠等物（《三国志·魏书·乌丸鲜卑东夷传》）。

明太祖朱元璋是中国历史上力主并贯彻“礼治”治国的皇帝之一。他在夺取政权之前就提出：“礼法，国之纪纲；礼法立则人志定、上下安。”（《明太祖实录》，卷 14）他在登基之后，除了在国内努力恢复和确立礼治统治之外，也将其运用到对“外夷”的关系之中。“天地之间，帝王酋长，因地立国，不可悉数。雄山大川，天造地设，各不相犯；为主宰者果能保境恤民，顺天之道，其国必昌；若怠政祸人，逆天之道，其国必亡。”（《明太祖实录》，卷 90）即位之初，他即遣使至周边各地，要求各国向中国朝贡、称臣。当时与中国有朝贡关系的有数十个国家，“西域大小诸国莫不稽颡称臣，献琛恐后。又北穷沙漠，南极溟海，东西抵日出没之处，凡舟车可至者，无所不届”（《明史·列传第二百二十·西域四（坤城）》）。中央王朝对它们的朝贡均赞许有佳，赐以厚物。1405 年至 1433 年郑和七下西洋，可谓明朝中国人的一大壮举。明成祖遣使下西洋与忽必烈海洋远征的最大区别就在于他力图以和平的方式向海外传播“王化”和“声教”与所谓“抚外夷以礼，导人以善”，以天朝之德政治普世之天下①。

在中国古代思想史中，除了“仁、义、礼、智、信”之外，与其相联系的“和”也是一个十分重要的概念，并被人们称为是东方和平智慧的本质②。它所包含的既有和谐，也有和平；既有人与自然的和谐，也有人与人、国家与国家之间的和平状态，即所谓“天时、地利、人和”乃至达到“天人合一”的最高境界。可以说，天时、地利与人和相协调是产生“天人合一”观念的现实历史基础③。与“和”相对应（而不是相对立）的“武”在中国传统文化观念中也是与西方不同的。战争并不为古人视为人类的自然现象，而仅仅是一种迫不得已的行为。西周时期祭公谋父就不断宣扬“耀德不观兵”。春秋时期的楚庄王所说之“止戈为武”，意在说明战争的目的在于制止战争。儒家崇尚“仁政”和“王道”，反对“以力服人”的“霸道”，但并不绝对地否定战争，主张战争在于“以至仁伐至不仁”；战争目的在于“诛其君而吊其民”，即诛杀暴君而拯救人民。

---

① 黄枝连．亚洲的华夏秩序：中国与亚洲国家关系形态论．北京：中国人民大学出版社，1992.

② 刘志光．东方和平主义源起、流变及走向．长沙：湖南出版社，1992：3.

③ 李泽厚．中国古代思想史论．北京：人民出版社，1985：318.

评判战争的标准也不在胜负，而在是否能使天下达到真正的和平和恢复人的德性。所以，中国自古就有所谓“一张一弛文武之道也”“不战而屈人之兵，善之善者也”等诸多说法。当然，中国古代诸子百家对和平主义的论说和解析并不完全一样，即所谓的“有秩序”的和平主义（儒家）、“行动”的和平主义（墨家）和“法自然”的和平主义（道家），等等①。

中国古代思想家们的和平主义也好，“天人合一”也好，“止戈为武”也好，都是与一定的秩序联系在一起或结合在一起的。这种秩序的含义是多重的：一为伦理秩序，即所谓争战的“义”与“不义”，“有道”或“无道”；二是文化秩序，即是否“仁德”和符合“礼”；三是政治秩序，即是否合乎“王道”和“仁政”。正是在这些传统思想的影响和指导下，中国从古代就逐步与其邻国形成了所谓的华夏“天朝礼治”体系②。这一体系的核心就是“通问结好，以相亲睦”“抚外夷以礼，导人以善”。到以后确立起来的天朝朝贡体制更体现出华夏中央王朝的“义”“礼”“王道”秩序观，即维护天朝的尊严胜于领土和其他物质的得失，对外更多的是采取怀柔和安抚政策，而不是动用武力，即使被迫使用武力，也不在战后割地索赔。那些向天朝进贡的“番邦夷族”从中央王朝所得到的物质利益往往远远多于他们所朝贡的。然而，这种体制在资本主义发展起来之后的西方列强面前却显得苍白无力了。

2. 中国近现代的国际政治思想

中国古代传统中的国际政治思想，不仅影响到中国古代的国际秩序观念，也影响到中国与周边国家的关系，同时还影响到中国对自身安全及战争与和平问题的看法。对近现代及后人的影响也是深远的。

19 世纪以后，随着西方资本主义的发展和向海外的扩展，中国天朝的朝贡制与西方的自由贸易发生了激烈的对抗，天朝的礼仪和尊严在西方“蛮夷”的坚船利炮面前一败涂地，丧权辱国、割地赔款。清王朝的统治者所感到痛心疾首的还只是丢了面子，“不成事体”，而中国的知识分子则感受到民族生存的危机，从而也就有了从“师夷长技以制夷”到“中学为体，西学为用”的思维变式。

中国古代传统的和平主义观念对 19 世纪末 20 世纪初中国的士大夫乃至革命者的影响都是根深蒂固的。维新派和洋务派之“师夷”并不在于师其坚船利炮，而是兴教育、办实业、改政制。康有为仍确信，世界大同之理想乃是保持人类世界和平的基础。孙中山先生是一位伟大的革命家，也是一个民族主义者，民族主义即为其三民主义的第一要义。但是在他看来，民族主义不过是实现世界大同之理想的一个必要阶段而已，人类达到大同之路并不在于竞争，而在于互助。“社会国家者，互助之体也，道德仁义者，互助之用也；人类顺此原则则昌，不顺此原则则亡。”③ 中国人有一种极好的道德，就是爱好和平，各国共同去讲和平，是因为怕战争，出于勉强而然之，不是一般国民的天性。

中国早期的马克思主义者陈独秀、李大钊等人对中国传统文化中的“和”“静”之本

---

① 刘志光. 东方和平主义源起、流变及走向. 长沙：湖南出版社，1992：25-55.

② 黄枝连. 亚洲的华夏秩序：中国与亚洲国家关系形态论. 北京：中国人民大学出版社，1992.

③ 孙中山. 心理建设//中国科学院哲学研究所，中国哲学史组. 中国哲学史资料选辑：近代之部：下. 北京：中华书局，1984：634.

性进行了批判，认为这正是中国积弱的病根所在。然而，尽管陈独秀反对儒家的和平主义和调和论，但是他对墨、庄学说却极为推崇①。李大钊把“调和”视为人类的本性所在，强调互助和合作的作用，主张世界的统一和秩序，以后因巴黎和会和中国政府的软弱，他开始倚重“阶级竞争”，但仍强调“阶级竞争”的工具性作用，“阶级竞争，是改造社会组织的手段，这互助的原理，是改造人类精神的信条”②。第一次世界大战之后，中国曾经兴起过一阵和平主义的热潮，胡适、蔡元培等人发挥了积极的作用。但是，公理并没有战胜强权，20世纪30年代以后日本帝国主义的入侵使中国真正面临了亡国的危险。毛泽东是马克思主义阶级斗争理论的信奉者，同时也是中国传统文化和政治思想的承继人。他在早年就曾强调：世界文明分东西两流，东方文明在世界文明内，要占个半壁的地位，然东方文明可以说就是中国文明，吾人似应先研究过吾国古今学说制度的大要，再到西洋留学才有可资比较的东西。在中国面临亡国的危险时刻，以毛泽东为主要代表的中国共产党人“出乎意料地”没有“报复情绪”，他们将“复仇心理让位于根深蒂固的和平愿望和得到一次拟定出他的纲领的机会（任何一个人都得出强烈的印象，这些人不愿意发动一次内战）”③。以蒋介石为首的国民党政府一直将共产党人视为其首要敌人，奉行“攘外必先安内”的政策，但是在“西安事变”后再次与中国共产党携手，投入了武装抗战。一向酷爱和平、崇尚温良恭俭让的中华民族，为了自身的生存而与日本帝国主义展开了殊死的血战，并最终赢得了胜利。

中国的近现代历史在很大程度上是中华民族的一部屈辱史。华夏天朝自成一体的结构被西方资本主义所打破，使中国从“天下”的中心成为世界的一员，但却是不平等的一员。中国在对外关系中处于被动挨打的地位，本身并无安全可言，其基本目标实际上只是争取和维护自身的生存。同时，为了维护和巩固统治阶级的政权，统治阶级和主要的政治力量又都求助于外国的势力，周旋于列强之间。直到第二次世界大战结束后，中国作为主要的战胜国和联合国的创始成员国及联合国安理会常任理事国才在某种程度上恢复了大国的地位。但由于没有清除外国殖民主义的势力，中国的主权独立和领土完整并未得到保障，中国仍然是一个弱国。

二、中国共产党领导集体的国际政治学思想理论

中华人民共和国成立以后，随着外交工作进展，中国的国际政治研究开始了新的起步。在一些重点大学设立了国际问题研究的教学研究机构，在北京和上海以及全国其他城市先后建立了一批外国问题研究机构，创办了一批国际问题研究刊物，编辑和翻译出版了一批国内外学术及政治著作和教科书。但是，“文化大革命”使中国刚刚开始的国际问题研究受到严重损害。直到党的十一届三中全会以后，由于国家实行对外开放的基本国策，中国的国际问题研究才重新出现了生机，并开始朝着建立中国自己的国际政治学科体系和国际政治学理论体系的方向前进。

---

① 陈独秀. 陈独秀文章选编. 北京：生活·读书·新知三联书店，1986.

② 李大钊. 李大钊文集：上. 北京：人民出版社，1984.

③ 埃谢里克. 在小国失掉的机会. 北京：国际文化出版公司，1989：201.

中国对国际政治学理论的系统研究起步较晚，并经过了曲折的磨难。尽管如此，中华人民共和国成立 70 年来，中国的国际问题研究仍取得了很多重要的成果，中国共产党领导集体在下述几个研究领域和理论问题上做出了重要贡献：

1. 和平共处五项原则

和平共处原则是列宁最先提出来的。新中国成立以后，中国领导人根据国际政治的实践，将其进一步加以理论化和系统化，提出了互相尊重主权和领土完整、互不侵犯、互不干涉内政、平等互利、和平共处的和平共处五项原则，并将其扩大到所有国家间的相互关系之中，成为被国际社会广泛接受的国际关系普遍准则。

2. "三个世界"的战略划分

这是中国领导人依据 20 世纪 60 年代以后世界力量对比情况的变化和主要国家间相互关系的变化而提出来的，是对世界经济与国际政治相互作用的综合考察的结果。尽管国际上对此存在争议，但是它对国际政治学理论研究的重大影响却是不容否认的。

3. 和平与发展的两大主题

中华人民共和国自成立以来，一直高举和平的旗帜，为维护世界和平与进步做出了积极贡献。20 世纪 80 年代以后，中国又把维护世界和平和促进共同发展作为当代世界面临的两大主题，无论是在理论上，还是在实践中，都对此做出了积极努力，在外交上争得了主动，在理论研究上实现了一定的突破。

4. 国际政治新秩序

世界秩序问题一直是东西方国际政治学理论研究的重要内容之一。但是长期以来，对秩序的研究一直没有突破强权政治、集团政治和均势政治的框架。中国领导人和学者在 20 世纪 80 年代中期以后提出的建立国际政治新秩序的主张，揭示了旧秩序的实质，提出了建立新秩序的目标、基础及准则，这无疑是在理论上和政治上的重大发展，并且在国际上引起了高度重视和热烈讨论。

5. 建设和谐世界

进入 21 世纪以来，面对复杂多变的国际形势和国内艰巨繁重的建设任务，中国的对外政策和国际战略有了新的发展。2004 年，中国政府明确提出致力于走"和平发展道路"，其核心是充分利用世界和平的大好时机，努力发展和壮大自己，同时又以自己的发展，维护世界和平。2005 年，中国政府进一步提出推动建设持久和平、共同繁荣的和谐世界，表明了中国对于国际秩序的美好愿望和追求。"和谐世界"理念反映了中国与国际社会关系的新变化，是对中国一贯秉持的和平外交理念的继承和发展，丰富了马克思主义的国际政治理论，向国际社会传达了一个负责任大国的意愿和抱负。

6. 推动构建人类命运共同体

21 世纪进入第二个十年后，中共领导集体认识到，人类面临诸多难题和挑战，维护世界和平、促进共同发展任重道远，面对国际形势的深刻变化和世界各国同舟共济的客观要求，各国应该共同推动建立以相互尊重、公平正义、合作共赢为核心的新型国际关系，同时强调与各国在利益汇合点的基础上开展合作，与各国建立和发展利益共同体、责任共同体、命运共同体，推动构建人类命运共同体。党的十九大报告呼吁，世界命运握在各国人民手中，人类前途系于各国人民的抉择。中国人民愿同各国人民一道，推动人类命运共同体建设，共同创造人类的美好未来[①]。这是以习近平同志为核心的党中央在洞察国际形势和世界格局演变大趋势的基础上，对人类社会发展进步大潮流的前瞻性思考，与构建新型国际关系的主张一脉相承、互为补充[②]。

三、中国国际政治学理论的新发展

中国的国际政治学理论研究在经历了20世纪80年代的发展之后，90年代以来进入了一个新的发展阶段，其主要特点表现为：

（1）国际政治学的理论框架基本形成。20世纪80年代，中国的国际政治学理论研究重点在引进，即将国外包括西方和苏联东欧的国际政治学理论介绍到中国[③]。90年代以来，中国学者已经从简单介绍西方理论中走出来，开始确立中国自己的国际政治学理论框架。一批国际政治学理论的教科书问世，并且具有与西方同类教科书不同的风格和框架结构。一大批更加全面、及时、深入和系统评介国际政治学的主流理论和非主流理论的学术著作也相继问世。更为引人注目的是，中国国际政治学者已经开始从经验问题出发来进行理论上的尝试性回答，以期建立具有中国风格和中国特色的国际政治理论。此外，90年代之后，中国学者开始思考一系列国际政治学理论的新问题，诸如高科技的发展对国际政治的影响问题、相互依赖问题、国家主权及其限制问题、国际政治中的伦理道德问题、国际政治中的文化因素问题、国家安全的观念问题、国家内部的制度与对外行为的关系问题等等。

（2）马克思主义国际政治学理论的研究进一步深入。早在中华人民共和国成立初期，中国学者就非常重视对马克思主义国际政治理论的研究，先后编辑出版了关于马克思、恩格斯、列宁、斯大林、毛泽东论国际问题的书籍。20世纪80年代以后，系统研究马克思列宁主义国际政治理论成为中国国际政治学研究的重点。90年代以来，中国学者对马克思列宁主义国际政治学理论的研究继续发展，并逐步走向深入，其特点在于：不仅仅停留在对马克思主义经典作家某部著作、某篇文章具体内容或某个具体观点、结论的分析讨论，而着重于研究他们的思想体系和科学方法论，研究他们与前人的承继关系，对后世学科发展的贡献和意义；不仅研究经典马克思列宁主义的国际政治学理论，而且研究现代和当代马克思主义，包括西方马克思主义的国际政治学理论。90年代中期以来，中国学者对当代中国伟大的马克思主义者毛泽东、周恩来、邓小平的国际政治战略学说给予了特殊的关注。

---

① 习近平．决胜全面建成小康社会　夺取新时代中国特色社会主义伟大胜利：在中国共产党第十九次全国代表大会上的报告．北京：人民出版社，2017：25，60.

② 王毅．中国特色大国外交的全面推进之年．国际问题研究，2016（1）.

③ 20世纪80年代后期至90年代初，我国翻译出版了一大批西方和苏联东欧的国际政治学理论著作，包括：摩根索的《国家间政治：寻求权力与和平的斗争》，莫顿·卡普兰的《国际政治的系统与过程》，肯尼思·沃尔兹的《人、国家与战争》《国际政治理论》，斯坦利·霍夫曼的《当代国际关系理论》，库库尔卡的《国际关系理论问题》，山本吉宣的《国际政治理论》《国际相互依存》，多尔蒂等的《争论中的国际关系理论》，吉尔平的《世界政治中的战争与变革》《国际关系政治经济学》，斯特兰奇的《国际政治经济学导论：国家与市场》，约翰·伯顿的《全球冲突：国际危机的国内根源》，基欧汉、奈的《权力与相互依赖：转变中的世界政治》，奥尔森等的《国际关系的理论与实践》，哥伦比斯等的《权力与正义》，多伊奇的《国际关系分析》，等等。

（3）在一些国际政治学理论前沿形成了中国人的声音，与世界国际政治学理论的学术接轨正在形成。冷战结束后，整个世界面临的挑战和问题是共同的，人们对国际政治学理论的关注点也是一致的，尽管得出的结论可能不尽相同。中国学者在 20 世纪 80 年代主要是走出去学习、求教，90 年代以来则更多是走出去或请进来交流甚至论辩。中国人不仅在自己的国家用自己的语言讨论着中国和世界所关注的国际政治问题，而且在世界各地用国际通行的外交和学术语言向世界表明中国人对世界事务的看法。秦亚青、阎学通、唐世平等学者在国际政治学宏观理论层次已经初步形成系统的理论，更多的学者在国际政治理论的中观和微观领域也取得了突出的成果。现在，越来越多的中国学者在国外著名学术刊物上发表论文，著书立说，在各种类型的国际学术会议上阐发自己的观点，与国外一流学者进行交流。这种中外国际政治学界的良性互动，不仅对中国国际政治学理论，而且对世界范围内的国际政治学理论的未来发展，都将具有积极的促进作用。

中国的国际政治学科和国际政治学理论的建设尚处在探索和创建阶段，面临的主要问题有：一是如何坚持和发展马克思列宁主义的国际政治理论，丰富马克思主义的理论宝库；二是如何正确地吸收和借鉴国外国际政治学理论中的科学成分，去粗取精、去伪存真，继承和发扬人类文化遗产中的精华，剔除资产阶级的及一切错误理论中的糟粕；三是如何在坚持与发展、借鉴与扬弃的基础上，结合中国的实际，建立具有中国特色和中国风格的国际政治学理论体系。

第二章

国际政治的体系与格局

重点问题

- 国际体系的基本特征
- 国际体系产生的历史条件
- 国际体系发展演变的历史阶段
- 国际政治格局的主要形式
- 国际政治格局与世界经济格局之间的关系
- 国际政治格局与国际政治秩序之间的关系
- 国际政治系统与单元之间的相互作用

国际社会是一个错综复杂的大系统，各种因素相互联系、相互作用，构成了当今色彩斑斓的世界。其中，国际体系和国际系统的发展演变、国际政治力量对比的结构状态也即国际政治格局在国际政治的变化发展中具有极其重要的地位。认识和把握国际体系和国际格局的变化规律是从宏观上和整体上认识国际政治的必然要求，也是国际政治学理论的重要内容。

第一节　国际体系及其特征

国际体系，也称世界体系，包括世界经济体系和世界政治体系，是国际范围内由各行为体（主要是国家）之间的相互政治经济联系与作用形成的有机整体。国际体系是一个历史范畴，是我们从宏观上认识和研究国际政治学的另一个十分重要的视角。

一、国际体系的形成

国际体系是人类社会发展到一定历史阶段的产物，是资本主义生产方式的产物。它开始于资本主义的产生和发展，最终形成于帝国主义列强把世界瓜分完毕之时。其中，世界政治体系与世界经济体系基本上是同步形成的。

国际体系是随着人类进入国际社会后逐步形成的，包括世界政治体系和世界经济体系在内的国际体系是国际社会的基本表现形式。所谓国际社会，是指各个人类政治共同体或国家及其成员间相互交往关系的总和，或指因共同的物质条件而相互联系在一起的世界共同体。国际社会是社会发展到一定阶段时人类社会关系的特殊表现形式。

人类社会产生后并没有立即形成国际社会。在古代和中世纪，世界各个不同的地区曾经出现过一定范围内的“国际社会”，如中国古代的春秋战国时期，古代中国与西域诸国之间的经济、文化交往，古希腊、罗马时期城邦国家之间形成的相互联系等。但由于生产力水平低下，交通落后，部落、民族和国家之间的交往仅限于毗邻的局部地区，更为重要的是，交往和联系的主体并不是现代意义上的民族主权国家。这些局部的交往和联系是不稳定的和不经常的，而且内容有限，整个世界还基本处于相互隔绝的状态，并未形成真正意义上的“国际社会”，充其量只是“区域社会”。真正意义上的国际社会是在近代资本主义生产方式出现以后才最终形成的。

一般说来，在资本主义生产方式产生以前，还不存在任何现代意义上的国际社会和世界政治经济体系。随着资本主义的兴起，尤其是国际分工和世界市场的形成，整个世界的相互依赖关系日益增强。15 世纪前后，随着商品生产的发展，欧洲出现了资本主义的萌芽，形成了早期的欧洲贸易中心。到 19 世纪，欧美各主要国家基本上完成了资产阶级革命，相继实现了以机器大工业代替工场手工业。由于商品和资本流通的需要，欧洲资本主义国家建立了全国性的劳动分工和全国性的市场，形成了单一的民族经济。正像马克思、恩格斯所说的：“资产阶级日甚一日地消灭生产资料、财产和人口的分散状态。它使人口密集起来，使生产资料集中起来，使财产聚集在少数人的手里。由此必然产生的结果就是政治的集中。各自独立的、几乎只有同盟关系的、各有不同利益、不同法律、不同政府、不同关税的各个地区，现在已经结合为一个拥有**统一的**政府、**统一的**法律、**统一的**民族阶级利益和**统一的**关税的**统一的**民族。”[①] 随着大机器工业的发展，商品的增多需要扩大市场。“不断扩大产品销路的需要，驱使资产阶级奔走于全球各地。它必须到处落户，到处开发，到处建立联系。”[②] 冲破封建的闭关自守的障碍，把越来越多的国家纳入国际分工和世界市场中来。资产阶级积极扩大横向发展，即向亚非拉及其他新地区扩张，开荒移民，建立殖民地，从而把落后地区和未开化民族卷入世界资本主义的旋涡。从此，资本主义国家的生产方式打破了那些自给自足和闭关自守的地区和国家的大门，向那里大批倾销自己的产品，从那里廉价购买所需的原料，抢夺富饶的土地，进行强制性的国际分工，扩

---

① 马克思，恩格斯．马克思恩格斯选集：第1卷．2版．北京：人民出版社，1995：277.

② 同①276.

大世界市场，建立起压迫与被压迫、剥削与被剥削的关系。于是，资本主义政治经济开始在世界范围内形成一个整体。正如马克思、恩格斯所说，大工业“首次开创了世界历史，因为它使每个文明国家以及这些国家中的每一个人的需要的满足都依赖于整个世界，因为它消灭了以往自然形成的各国的孤立状态”①。“过去那种地方的和民族的自给自足和闭关自守状态，被各民族的各方面的互相往来和各方面的互相依赖所代替了。”②

19 世纪末 20 世纪初，垄断逐渐取代自由竞争，在资本主义经济生活中占据了统治地位。生产社会化的规模已达到这样的高度，以至于人类的整个经济、政治和精神生活在资本主义制度下已经愈来愈国际化了。帝国主义为了攫取高额垄断利润，加紧瓜分世界。经过几次区域性战争和第一次世界大战，英、法、俄、德、日、美等帝国主义大国主要通过资本输出，逐渐从经济上和领土上把世界彻底瓜分完毕，使整个世界资本主义化，最终出现了全球范围的世界经济与世界政治体系。

资本主义的产生和发展的历史，是一部资产阶级残酷剥削本国劳动人民和疯狂掠夺殖民地、半殖民地人民的血腥历史。这就决定了作为资本主义生产方式产物的国际体系的形成过程是个不断征战的过程，是欧洲强国灭亡众多弱小国家与民族的过程，也是欧洲统治全世界，致使广大亚非拉和其他落后地区逐步沦为殖民地半殖民地的过程。从 15 世纪到 20 世纪初，殖民主义和帝国主义的海外扩张，不是粗暴的侵略和掠夺，就是残忍的杀戮和奴役。在美洲，他们惨绝人寰地屠杀土著居民印第安人，同时，大批金银财宝不断流入他们的腰包。在非洲，他们对早已垂涎三尺的黄金、象牙等珍宝进行疯狂抢劫之后，便开始了猎获、贩卖黑人奴隶的罪行。在亚洲，他们把亚洲式与欧洲式的专制统治相结合，使殖民压迫和殖民掠夺更为残忍，他们发明的“盗人制度”和“苦力贸易”，造成了亚洲人民的极端贫困和大量死亡。总之，随着资本主义制度的建立，特别是进入帝国主义阶段后，欧美列强通过军事、政治、经济和文化等手段，使亚非拉地区绝大多数的国家和民族丧失了独立与主权，变成了他们的商品市场、原料产地和投资场所。重新瓜分殖民地的帝国主义战争，更给亚非拉人民带来了深重的灾难。正是欧美列强所推行的这种集军事、政治和经济于一体的殖民政策最终促成了统一的、不可分割的、等级制的国际体系的形成。

二、国际体系的基本特征

国际体系是一个既抽象又具体的范畴，它具有以下几方面的基本特征：

1. 整体性

从国际体系本身的概念来讲，它强调其世界性，既指全球体系和地区体系，又分为两大社会体系，以及三类国家体系；它包括世界上各种类型的国家、国家集团和国际组织，涉及世界上所有领域及一切现象；同时，它又突出其体系性。它既不是世界政府、世界集团，也不是世界性国际组织。作为国际体系，它是一个统一的整体，但又并非实体，它没有法律权力，没有系统的组织结构，也无法对其组成部分行使权力。构成体系的基本条件在于其组成部分不可分割的相互联系与相互作用。

---

① 马克思，恩格斯．马克思恩格斯全集：第 3 卷．北京，人民出版社，1960：68.

② 马克思，恩格斯．马克思恩格斯选集：第 1 卷．2 版．北京：人民出版社，1995：276.

国际体系作为一个统一的整体，并不是各国政治、经济的简单相加，也不是各国政治、经济运动规律的简单延伸，它有着自己的特殊运动规律。在当今世界上，每一个国家都与世界发生关系，每一类现象都是整体的一个部分，每一种冲突都会相互制约，从而对全局产生影响。

国际体系作为一个整体，要求局部从属于全局，把世界上发生的重大事件纳入整体的范畴之中，同时要求站在整体的高度去观察和研究局部，特别是要注重那些对全局产生重大影响的关键性的局部事件。

国际体系的整体性在于它所表现出来的是各行为体单个力量相互作用而融合成的整体力量，这不是各行为体意志和愿望的直接表现，而是这些意志与愿望相互冲突、相互制约的集中表现。这种整体合力不是人为的，不以某个行为体的意志和愿望为转移。

国际体系的整体性表明，各行为体不仅离不开世界，而且都为世界的发展提供了一定的前提和条件，或者说，做出了自己的贡献，这就完全否定了绝对的主要和绝对的次要的形而上学观点。帝国主义列强和争夺霸权的超级大国妄图主宰世界的梦想是不能实现的；社会主义强于一切、唯我独尊的观念也是行不通的，那种认为两种制度绝对对立的看法也是不符合国际体系整体性的现实的。

2. 相互联系性

从国际体系的主要构成要素——世界经济体系和世界政治体系来看，二者是相互联系、相互作用的。世界经济主要包括经济制度、经济实力与规模，以及经济关系，是国际范围内生产、分配、交换、消费等经济活动的总称。世界政治主要包括政治制度、政治实力与规模，以及政治关系，是国际范围内战争、和平、强权、民主等政治现象的总称。世界经济与世界政治既密切相关，又相对独立。它们之间的基本关系是：世界经济是世界政治的基础，世界政治是世界经济的集中表现。这主要体现在：（1）世界经济是世界政治形成的基础和条件，因而对其起决定作用。世界政治舞台上的所有现象都可从世界经济中发现动因，而世界经济领域内的重大变化，也势必会影响世界政治的发展。当然，经济决定政治，有时是直接的，有时是间接的，而世界政治对世界经济变化的反映也是快慢不一的。（2）世界政治对世界经济也有反作用，二者往往互为因果、彼此制约。世界政治本身的相对独立性和它独特的内在规律性，决定了在特定条件下，世界政治也能反过来作用于世界经济。这主要表现在，世界政治能促进世界经济的繁荣，也能阻碍或破坏世界经济的发展。尤其是当战争与军事实力成为世界政治的重要因素时，这种反作用就特别明显。（3）世界政治与世界经济之间是相互渗透的。世界政治与世界经济虽然可以划分为两个领域，但是在人类社会关系中它们却总是交织在一起，相互联系，相互作用。特别是在世界经济一体化不断发展、相互依存日益加深的条件下，世界经济本身就包含了世界政治的基本要素，世界政治本身也包含了世界经济的基本要素。

随着国际形势的不断变化发展，当今世界出现了一系列综合世界政治与世界经济因素在内的全球性问题，如和平与发展问题、裁减核军备问题、外层空间和海洋的和平利用问题，以及全球生态平衡问题等。另外，区域一体化的发展、各种联合组织的兴起，使世界上更多国家处在“你中有我，我中有你”的共同利害关系之中，而这种利害关系就是以其共同的政治、经济利益为基础的。现代科技的飞速发展，交通设施和通信手段的不断改善，缩短了世界各国居民的距离，使每一国家的繁荣都离不开世界，世界政治日益经济化，世界经济也日益政治化，二者相互结合在国际舞台上发挥重要作用的趋势已愈发明显。

除了世界经济与世界政治的相互联系之外，国际体系各行为体也是相互联系的，表现为彼此相互制约、相互渗透和相互依存。第二次世界大战后以来，各行为体之间的相互依存日益加深，这也是当前制止战争、维护和平的一个重要因素，有利于解决人类所面临的共同问题，推动世界政治民主化进程和世界经济的发展。相互依存主要突出作为个体的各行为体都离不开世界整体，强调彼此间相互合作，谋求共同发展。相互依存并非均衡和平等，它总是偏重一方，对一方更有利。它的方式既有合作式的，也有冲突式的，或者二者兼而有之。国际体系的相互联系性，揭示出了世界上种种纷繁复杂的国际政治，其中包括国家间的关系、国际组织之间的关系、国际性团体之间的关系等，尤以国家间的关系最为重要。从不同的角度着眼，国际关系可以有多种划分方法，如从内容上区分，有政治关系、经济关系、文化关系、军事关系等；从范围上区分，有全球关系、区域关系、多边关系、双边关系等；从性质上区分，有不同社会制度国家内部的关系与相互之间的关系，具体表现为结盟关系与集团关系、势力范围关系与相互争霸关系等。弄清这些关系的主要内容及其规律，就能够正确把握国际体系相互联系性的基本特征。

3. 不平等性

国际体系从形式上看似乎是由平等的行为体所组成，然而我们知道它从诞生之日起就充满了不平等和不合理性，因为它是建立在垄断资本对全世界的剥削和压迫基础之上的，与帝国主义的殖民扩张和争霸战争是紧密相连的。国际体系的不平等性最充分地体现在不合理的世界政治经济旧秩序上。在漫长的历史过程中，西方资本主义国家与广大亚非拉地区之间的关系，表现为帝国主义与殖民地之间统治与从属、掠夺与被掠夺、剥削与被剥削的关系，使被压迫民族在政治上和经济上完全处于任人宰割的附庸地位。第二次世界大战以后，随着亚非拉地区一系列国家的独立和第三世界的崛起，殖民体系分崩离析，形势发生了很大变化，但不平等的世界政治经济旧秩序依然存在，其核心就是发达国家居于垄断地位，控制和剥削发展中国家。国际体系的不平等性，构成了国际体系内部各种矛盾和冲突的根源，同时也揭示了建立世界政治经济新秩序的历史必然性和合理性。

三、国际体系产生的历史条件与形成的标志

1. 国际体系产生的历史条件

国际体系的形成绝非偶然，而是具有一定的客观历史条件。首先是两次科技革命的推动作用。18世纪中期到19世纪中期，以蒸汽机的发明和应用为主要标志的第一次科技革命在英、法、德、美等国相继发生了，机器大工业取代了工场手工业。这次科技革命使人类社会发生了深刻变化，而且引起生产力突飞猛进地向前发展，在不到一个世纪内，创造出比过去一切时代的总和还要多的物质财富。由于蒸汽机的使用，使大工业得以脱离本国基地，开始面向世界，使社会分工具备了超越国界发展成为国际分工的条件，世界上许多落后国家和地区也被卷入国际分工，进入了世界市场的竞争轨道，为全球范围的国际分工和世界市场的形成奠定了物质基础。19世纪后期开始的，以电力、钢铁工业、铁路交通为代表的第二次科技革命，最先在美国发生。它更进一步推动了社会生产力的极大发展，

更新了工业结构，使重工业比重急剧增加，引起了生产关系的巨大变化，加速了资本主义垄断组织的形成和发展，促进了垄断统治的确立。它加快了领土瓜分，彻底消除了民族壁垒，加深和扩大了各国间的经济联系，使世界各国和各民族从此成为世界政治经济整个体系中的各个环节。“科学是一种在历史上起推动作用的、革命的力量。”① 科技的发展，的确给世界经济和政治带来了巨大的影响。

其次，垄断的产生和发展是又一重要因素。19 世纪末 20 世纪初，垄断取代自由竞争成为全部经济生活的主要现象，构成了新时期最深厚的经济基础。垄断的发展，必然使帝国主义走上瓜分世界以获取超额利润的道路。垄断资本的扩张遍及全球，而且随着资本的输出，资本主义的生产方式也扩展到了全世界。垄断统治以资本输出为手段，既可把输入国变为债务国，又能实现对输入国在政治、经济上的控制，使其相互间的政治经济联系不仅扩大，而且更加深刻。

最后，殖民政策的出现是国际体系形成的决定性条件。因为资本从一开始就是国际化的，其本性就是剥削，伴随着资本主义产生的殖民政策就是剥削全世界的政策。西方列强的所谓“文明”与“繁荣”的真实背景，就是残酷奴役和盘剥殖民地、半殖民地的被压迫民族。然而，不能否认，这种殖民政策同时也给殖民地带来了一些新的变化，即瓦解了旧的社会经济结构，移植了新的生产方式，刺激了当地民族资本主义的发展，把广大亚非拉地区卷入世界资本主义的旋涡，为进一步加强各民族之间的相互联系提供了物质基础。这不能不说是个具有重大历史意义的变化。也正是这一变化，加快了世界资本主义化的进程，促进了国际体系的最终形成。

2. 国际体系形成的标志

国际体系形成的主要标志是：国际分工的完成、世界市场的出现以及殖民体系的建立。首先，国际分工始于地理大发现，于 19 世纪末 20 世纪初完成，它是世界经济全部发展过程的基础，它与殖民扩张相配合，在经济上和政治上把世界各国联结成一个无法分割的国际体系。其次，世界市场，包括商品市场和资本市场，以世界货币为前提，是世界范围内的交换场所。世界市场使货币发展为世界性的，并形成了世界货币体系。世界货币的出现，不仅促进了世界经济联系的扩大与发展，而且广泛服务于资本输出和瓜分殖民地的战争。最后，帝国主义殖民体系是帝国主义统治、控制和掠夺殖民地、半殖民地的总体，既是帝国主义赖以生存的重要基础，也是国际体系形成时期的生命线。

由此可见，国际体系主要由以国际分工为基础的世界生产体系、以不平等交换为基础的世界贸易体系、以垄断资本为基础的世界金融体系和以统治剥削为基础的世界殖民体系所组成，它使世界上各民族国家“在经济上处在‘世界市场的范围内’，在政治上‘处在国家体系的范围内’”②，它打破了民族壁垒，完全把世界联结成一体。

四、国际体系的发展演变及原因

1. 国际体系的发展演变

国际体系自形成之后，迄今为止经历了四个发展时期。

---

① 马克思，恩格斯. 马克思恩格斯全集：第 19 卷. 北京：人民出版社，1963：375.

② 马克思，恩格斯. 马克思恩格斯选集：第 3 卷. 2 版. 北京：人民出版社，1995：308.

一是单一的资本主义国际体系时期——从 19 世纪末到 1917 年俄国十月革命。在这一时期，垄断资本主义在世界经济和国际政治中占据支配地位，资本主义制度及其政治经济规律成为世界现象。这个时期的资本主义国际体系，以私有制为核心，以垄断资本主义国家为行为体，使整个世界处在垄断资本主义国家相互之间、垄断资本主义国家与殖民地半殖民地国家之间以及资本主义生产方式与前资本主义生产方式之间的矛盾运动中。这突出地表现为资本主义生产方式的全球扩张、强权政治日益盛行、集团政治不断加强、国际冲突日益尖锐和扩大，反映了统治与从属以及互相争夺霸权的实质性关系。

二是两种政治经济体系并存、斗争的时期——从 1917 年俄国十月革命胜利到 1945 年第二次世界大战结束。第一个社会主义国家的建立，打破了资本主义一统天下的局面，纯粹的资本主义国际体系开始动摇。社会主义性质的苏维埃共和国成了国际舞台上举足轻重的因素，成为被压迫民族和人民的热情支持者和鼓舞者，推动殖民地半殖民地被压迫民族的解放运动蓬勃发展，资本主义国家无产阶级革命运动持续不断，帝国主义大国左右国际局势的能力遭到削弱。在这一时期，帝国主义列强同殖民地半殖民地国家之间压迫与被压迫、剥削与被剥削的关系，以及帝国主义大国之间的相互争夺依然存在，但又增加了社会主义国家同帝国主义国家之间的对抗，资本主义和社会主义两大体系的政治经济关系成为这一时期的重要特征。当然，从宏观来看，资本主义国际体系此时仍然占有绝对优势，整个世界也还是一个不可分割的矛盾统一体，但战争与革命、强权与民主的对抗贯穿始终。

三是两大社会体系、多种类型的经济制度在一个统一的国际体系中并存、竞争、共处的时期——从 1945 年第二次世界大战结束到 20 世纪 90 年代初。第二次世界大战后，社会主义由一国发展为多国，形成了社会主义国际体系；亚非地区逐渐摆脱了殖民统治，实现了民族独立，诞生了一系列主权国家。帝国主义殖民体系的土崩瓦解使国际体系发生了根本性的变化，两种体系的并存开始演变为三类国家体系的统一体。三类国家体系、多种经济制度之间都在相互渗透、相互开放，相互依存的趋势不断加强，表现出明显的区域化和一体化倾向。两大社会体系、三类国家体系内外都在寻求并存、共处，竞争的方式逐渐从军事方面转到了经济与科技领域。

四是多极化与多元化发展时期。20 世纪 80 年代末 90 年代初，冷战结束，东欧剧变、苏联解体，社会主义国际体系出现严重问题，两极格局不复存在。以美国为首的西方垄断资本主义国家在冷战中的胜利，使其在国际政治经济体系中的地位得到巩固，维护国际政治经济旧秩序的意志和能力加强。第三世界在国际政治经济体系中的地位受到显著削弱。然而，冷战的结束并没有使国际政治经济体系“单一化”或“垄断资本主义化”，而是使世界变得更加多元化和多极化。20 世纪 90 年代以来，国际政治经济体系中全球化和区域化两大趋势齐头并进、相互作用。一方面是世界经济全球化、一体化、市场化日益加强；另一方面是区域合作，特别是发达资本主义国家、社会主义国家和第三世界发展中国家均参与其中的区域合作不断取得进展。进入 21 世纪之后，以中国为代表的新兴发展中国家群体经济迅速发展，在国际舞台上的地位不断提高。而发达资本主义国家却频遭经济和金融危机的冲击，经济发展乏力。一球多制、多元共存是当今国际体系的最显著特征。

2. 国际体系发展变化的原因

国际体系自形成之日起就处在不断的运动之中，但它在第二次世界大战后的演变速度更快，范围更广，内容也更加深刻，这主要有以下几个方面的原因：

（1）新科技革命的发展。第二次世界大战后出现的以核能、电子计算机和空间技术为代表的新科技革命，是人类历史上规模最大、影响最深远的一次革命，席卷了几乎所有发达资本主义国家、某些社会主义国家和新兴工业国家。它使科技成果迅速转化为直接生产力，从而大大提高了劳动生产率，加深了各国生产的国际化，扩大了各国经济联系的规模与范围。它更新了国际分工的内容，加强了世界市场的作用，促进了世界贸易的发展。它加强了各国经济的相互依赖，导致了地区性共同体的建立与壮大，加速了一体化趋势。同时，它也加剧了资本主义经济政治发展的不平衡，扩大了资本主义国家相互之间的差距，使世界产生新的动荡与不安。

（2）社会主义国家的建立与影响。两次世界大战的硝烟散尽，在欧洲、亚洲、拉丁美洲的土地上诞生了众多的社会主义国家。作为第一个社会主义国家的苏联，以其自身的发展和在第二次世界大战中的重大贡献，向世界显示出了社会主义制度的优越性；其他的社会主义国家也在不断地显示其自身的特色。冷战结束后，虽然在苏东地区出现了社会主义发展逆转的状况，但是 1978 年以来，坚持走中国特色社会主义道路的中国在改革开放的基本国策指引下，以经济建设为中心，综合国力快速发展，已经走到了世界的前列，在国际事务中的影响力日益增强，这无疑表明了社会主义的强大生命力。

（3）第三世界的崛起。第三世界是在第二次世界大战后民族解放运动取得重大胜利的基础上形成的，是由亚非拉地区新独立的主权国家组成的联合力量。第三世界的崛起首先是亚非拉地区民族资产阶级的崛起，他们在自己的政党领导下掌握了国家政权，成为统治阶级。他们在国内实行了一系列民主改革，发展民族经济，不断增强国家实力，从而在一定程度上改变了国家的面貌。在对外政策上，他们主张不结盟，公开宣布反对强权政治，维护了国家尊严和主权平等。在国际舞台上，他们作为自己国家的代表，利用国家政权为处理和解决国际事务做出了自己的贡献。第三世界的崛起也是亚非拉地区被压迫民族的崛起。在亚非拉地区，由于民族资产阶级的纲领和政策基本上符合人民的愿望，因而他们的活动能够与人民群众的斗争统一起来。在当前反对霸权主义、维护和平与促进发展的国际形势下，亚非拉地区的各阶层人民都能在民族主义的旗帜下团结起来，一致对外，形成一股强大的力量。民族主义既是被压迫民族崛起的基础，也是民族资产阶级崛起的力量所在。第三世界的崛起还带动了亚非拉地区所有民族民主国家同发展中社会主义国家的共同崛起。这主要表现为它们之间的联合与合作以及在世界事务中的相互磋商、相互支持、协调对策、联合行动，其目标是加速世界民主化进程，建立世界经济新秩序。第三世界作为一支新兴力量登上国际舞台，必然会开创世界体系的新局面。

（4）垄断资本的两重性。垄断资本的两重性是指其既具有腐朽性，又具有进步性。具体表现为：第一，垄断资本主义的基本经济特征，并不是单纯的垄断，而是垄断与竞争的结合。在资本主义生产方式内，垄断不仅会使生产和技术出现停滞和腐朽，同时也能通过竞争造成新的生产和技术的发展趋势。正是这种结合，才真正揭示了垄断资本主义的本质，决定了资本主义各国的不平衡发展，显示了人类社会向更高的社会经济结构过渡的特点。第二，帝国主义是在各种不同政治形式下发展的，而垄断资本主义的基本政治特征，表现为既有反动趋势，又不完全排斥民主制。从垄断资本主义国家的政治体制来看，出现过法西斯主义和军国主义，也存在君主立宪制，而更多的则是民主共和制。从垄断资本主义的殖民政策看，不仅有殖民地这种亡国灭族的直接统治形式，也有半殖民地和“委任统治制”等间接统治形式。第二次世界大战以后，垄断资本主义改变了其赤裸裸的强权统治和掠夺政策，日益注重经济渗透，用对话与合作的途径取代了发动战争的手段。垄断资本的两重性表明了垄断资本主义并未完全腐朽，它还具有较强的调整能力，能够不断地充实完善自己，并继续有所发展。

第二节　国际政治格局及其特征

国际政治格局是人们认识和研究国际政治学理论和国际政治现实的又一种视角。与国际社会和世界体系不同，国际政治格局研究探讨的是世界政治体系内部的结构状态和政治力量对比关系，其所涉及的内容比国际社会和国际体系更加具体。

一、国际政治格局及其类型

1. 国际政治格局及其构成

所谓格局，是指事物内在的结构、规模或样式。国际政治格局，是指国际舞台上的主要政治力量之间在一定历史时期内相互联系、相互作用而形成的一种结构状态。简言之，国际政治格局就是国际政治舞台上的政治力量对比状态。

国际政治格局作为国际系统的一种表现形式，其形成和发展与国际社会的形成和发展紧密相关，是资本主义形成和发展的产物，严格地说，是在世界范围内的国际政治体系形成以后才真正形成的。因为只有到此时，世界才联结成为一个有机的整体，才形成了对国际政治具有全局性影响力的全球性大国，形成了各种不同形式的国家集团或国家联合体，形成了以政治力量之间的相互作用为主要内容的结构状态，即国际政治格局。

国际政治格局的构成要素是“国际政治力量”。对于何谓国际政治力量，一般有两种不同的解释。一种意见是指在国际舞台上能够独立地发挥作用，并对国际政治的运行和发展具有重大影响的政治单位。这些政治单位可以是主权国家，也可以是国家集团或国家联合体。例如，第一次世界大战前的英、法、德、俄等国家和同盟国、协约国，第二次世界大战后的帝国主义阵营、社会主义阵营以及美国、苏联、中国等主要国家。政治力量与一般国际行为体的主要不同在于行为能力或对国际政治的影响力。一个政治经济实体，只要它在国际事务中具有独立的行为能力，就可以成为国际行为体，就可以成为一般国际政治系统的构成要素。而一个国际行为体，只有当它的行为能力达到一定的程度，即能对国际政治的发展、对其他行为体之间的相互关系具有重大影响时，它才能成为一种国际政治力量，成为国际政治格局的构成要素。

另一种意见则是泛指所有国际行为体，即所有国际行为体都是国际政治格局的构成要素，都是国际政治力量。根据恩格斯“合力论”的思想：“有无数互相交错的力量，有无数个力的平行四边形，由此就产生出一个合力，即历史结果，而这个结果又可以看作一个作为整体的、**不自觉地**和不自主地起着作用的力量的产物。”① 这个力量就是一个总的合力。无数国际政治力量经过无数次的合力之后形成的最后几股大的合力，就是国际政治格局的力量中心。这种大的力量之间的平衡形成了一种力量对比的稳定状态，就产生了某种形态的国际政治格局。因此可以认为，国际政治格局的构成要素是国际政治力量，而国际政治力量包括所有国际行为体。当然国际政治力量可以分为“一般力量”“重要力量”“力量中心”等不同类型，那些代表了大的合力的国际行为体可以称为“力量中心”或称为“极”，而一些小的合力的代表者可以称为重要力量，其他则可称为“一般力量”。所有国际行为体在互动过程中因为利益和目标的相近或相似而形成了合力，小的合力在互动中再形成大的合力，而在这些合力中起引领作用的国际行为体就是所谓“国际政治力量中心”。国际政治力量中心数量的多少及相互关系的状态如何决定了国际政治格局的基本类型。

国际政治行为体在国际格局中的地位取决于其行为能力，而行为能力与其所拥有的政治、经济、军事实力或综合国力紧密相关。因此，成为国际政治力量中心的往往是综合国力强大的国家。但是，并不是所有实力强大的国家都能够成为国际政治力量中心，实力相对弱小的国家也可以在一定条件下成为国际政治力量中心或重要力量。譬如，美国在第一次世界大战前已经成为资本主义列强中经济实力最强大的国家，但是由于它对外奉行孤立主义的政策，因而它并未成为全球性大国，其行为能力和影响力反而不如英、法、德、俄等国。第二次世界大战后，英、法、德、意等国在经济、军事实力等方面均居世界前列，英法两国还是联合国安理会常任理事国，但是作为一个单独的国家，它们谁也不能成为独立的国际政治力量中心，只有联合成为统一的欧洲共同体，才形成当今世界的力量中心之一。中国尽管在经济、军事实力上远不如某些垄断资本主义国家，但是由于自身特殊的政治地位和独立自主的对外政策，在 20 世纪 60 年代以后成为国际政治舞台上的一支重要力量。第三世界国家中的任何一个国家都难以成为单独的政治力量，但通过不结盟运动和七十七国集团，它们可以作为一个整体而成为国际政治格局中的重要组成部分。

2. 国际政治格局的基本类型

最早从理论上研究国际政治格局类型的是西方国际政治学者。从一些学者的理论研究来看，他们所研究的国际政治系统，实际上就是国际政治格局，即国际政治中的主要大国和以大国为中心的国家集团之间的力量对比关系。但是，他们对于格局类型的划分，依据的主要是大国之间的权力均衡或配置，即国家或国家集团之间的相互控制和支配；有的则主要是基于他们的主观推论和假设。其中著名的学者有美国学者莫顿·卡普兰和加拿大学者 K.J. 霍尔斯蒂的国际系统模式。

莫顿·卡普兰在 1957 年出版的《国际政治的系统与过程》一书中最早提出了国际系统六模式。这些模式是按照一体化的程度进行排列的，是设想出来的，是启发性的模式。(1)“均势”系统，主权国家是唯一的行为体，各自以一种互相补充的方式单独行动，不存在政治子系统。(2)“松散的两极”系统，既有国家，又有超国家的行为体——集团行为体和全球行为体，并存着两个主要集团行为体，国家、国家集团和全球性国际组织相互制约。(3)“牢固的两极”系统，整个世界分为两大集团或阵营，不存在其他的行为体，

① 马克思，恩格斯. 马克思恩格斯选集：第 4 卷. 2 版. 北京：人民出版社，1995：697.

基本特征是缺乏统一性和稳定性。(4)“全球性国际政治”系统，这是一种一体化的、统一的系统，国家和国家间联盟的行为都将受到全球性政治规则的约束。(5)“等级制”系统，由某一国家或国家集团凭实力将其意志强加于他国而形成，以专制独裁为基本特征。(6)“单位否决”系统，这是一种没有政治的政治系统模式，所有行为体均拥有毁灭他国的能力，但同时又无法防止自身的毁灭，各个国家各自为政，依靠自身的力量保护自己，相互威慑①。此后，卡普兰又根据第二次世界大战后世界格局的发展，设计了另外几种可能的格局模型，如非常松散的两极系统、缓和系统、不稳定的集团系统、不完全的核扩散系统等。

加拿大学者 K.J. 霍尔斯蒂主要是通过对国际关系史的考察，归纳出国际政治格局的不同类型。他的分类主要依据五个方面，即系统的界限、系统成员的特征、系统的结构、系统成员相互作用的形式、调整系统的相互作用和运转过程的规则和惯例。霍尔斯蒂把格局分为四种类型：(1) 等级制模式。权力集中于一个单位，系统内的相互作用呈自上而下的等级状态，如中国古代的周王朝。(2) 分散型模式。权力归于系统内各构成单位，各单位实力均衡、彼此独立，如中国古代春秋战国时期、意大利城邦国家时期、18 世纪和 19 世纪大部分时间的欧洲。(3) 分散的集团模式。既有对立的集团，又有非集团和不结盟的角色存在，相互交流、相互制约，如古希腊时期、19 世纪末期、第二次世界大战以前和 20 世纪 50 年代中期以后。(4) 两极模式。两大集团对立，权力集中于集团领导国手中，集团之间和集团内部成员国之间相互作用，如拿破仑战争时期、第一次世界大战以前、第二次世界大战后初期②。此外，美国学者理查德·罗斯克兰斯还将国际关系史划分为九个时期，并从中归纳出稳定型模式和不稳定型模式。乔治·莫德尔斯基提出了工业制-分权制模式和农业制-集权制模式等。

实际上，区分格局的不同类型，主要应当依据格局的内部结构和外在形态。所谓内部结构，是指构成一定格局的政治力量的特征以及各种力量之间相互作用的内容与结构。所谓外在形态，是指政治力量之间相互作用的组合形式与规模特征。据此，我们把国际政治格局区分为几种基本类型：

(1) 单极格局，即某一个主要的大国或政治力量在国际政治中占据主导地位，在该国或政治力量周围存在着一系列其他主权国家或政治力量，但并不能够成为与之抗衡的政治力量，该主要大国或政治力量独霸世界，如自由资本主义初期的大英帝国和所谓的“不列颠统治下的和平”(Pax Britannica)。从历史上看，这实质上是一种不完全的、不稳定的格局状态，是资本主义刚刚形成时期的特定产物。在这个时期，由于资本主义刚刚在局部地区出现，现代意义上的国际社会尚未形成，国际政治格局从无到有，才出现了资本主义发展最早的国家的独占地位。而且这种独占也只是在局部地域的独霸，并非世界霸权的建立。

第二次世界大战后，美国曾经获得了与历史上的英国相同甚至超过英国的世界霸主地

---

① 卡普兰. 国际政治的系统与过程. 北京：中国人民公安大学出版社，1989：21-56.

② HOLSTI K J. International politics：a framework for analysis. Englewood Cliffs NJ：Prentice-Hall，1967；陈汉文. 在国际舞台上. 成都：四川人民出版社，1985：203-205.

位，即所谓“美利坚统治下的和平”(Pax Americana)。但是，国际政治格局并没有形成美国独霸的一元格局。美国在世界上独一无二的地位，充其量只是“资本主义世界的霸主”。冷战结束后，美苏两极因苏联解体而只剩下美国一极，有关美国主导的“单极世界格局”的言论似乎已经确认。实际上，在国际政治的实践中，由于国际政治经济相互依赖的出现和发展，任何一个国家都不可能脱离他国而存在和发展，也不可能完全凌驾于国际社会和其他所有国家之上。无论是从理论上讲，还是从实践中看，世界政治经济格局中的单极格局实际上是不可能出现的。所谓“极”，是一个相对甚至相斥的概念，例如：南极-北极、阴极-阳极、正极-负极。从物理学的角度看，无相对或相斥对象的“极”，就无所谓“极”。

(2) 两极格局，即两个大国或两大集团之间的相互对立和相互制约，对整个国际事务起着决定性的影响。18 世纪末 19 世纪初的法国与反法同盟、第一次世界大战期间的同盟国和协约国、第二次世界大战期间的法西斯轴心国和反法西斯同盟国、第二次世界大战后初期的社会主义和帝国主义两大阵营、20 世纪 60 年代以后的美苏两极对抗是两极格局的典型。

历史上的两极，主要是两大对立的国家集团，而不完全是两个国家之间或某个国家单独与另一个国家集团之间的对立。19 世纪初期，面对欧洲的反法同盟，法国一方也有自己的盟国或附庸国，如由拿破仑帝国所控制的荷兰王国、那不勒斯王国、意大利王国、威斯特伐利亚王国以及西班牙等国。

所谓美苏两极，也不单单是美苏两个超级大国之间的相互作用，在美国一方有其西方盟国和北约集团，在苏联一方有其东欧盟国和华约、经互会。此外，现实生活中的两极格局，并未成为卡普兰所说的“牢固的两极”，即整个世界一分为二。在两极之外总有不从属于两大集团的其他国家存在。第一次世界大战前的两大集团之外有强大的美国和日本。第二次世界大战期间也存在着一些没有卷入战争的国家；战后初期则存在着广大的“中间地带”。不过，这些集团以外的国家由于各种原因，并未构成国际政治力量，从而使两极之间的相互作用成为一定时期国际格局的主要特征。

(3) 多极格局，即多种政治力量相互制约，各种政治力量在国际事务中各自独立、基本平等，相互之间不存在联盟或领导与被领导的关系。在多极格局中，作为格局构成要素的国际政治力量，可以是单个国家，也可以是国家联盟，国家联盟可以是集团型的，也可以是一般联合或协调型的。这种格局类型与西方学者所说的均势模式、分散的集团模式、多极模式基本相同。在历史上它曾经出现过，如 19 世纪上半叶的欧洲均势格局、第一次世界大战后的凡尔赛-华盛顿体制等。

19 世纪欧洲的多极均势，只是一种局部地区的格局状态，是一种不完全的多极格局。虽然五大国对国际事务的影响是决定性的，是当时国际社会的主要政治力量，但它对欧洲以外的美国和日本的影响是有限的。两次世界大战之间的大国分立，是在第一次世界大战后的特定历史时期形成的，具有极不稳定的特点，很快被集团对立所取代，显示出明显的过渡性。

第二次世界大战后，国际社会的发展、国家间相互作用的扩展以及全球性国际政治体系的形成，逐步为建立全球性的多极格局创造了条件。20 世纪 70 年代以后，国际格局出现了向多极方向发展的趋势，即中、美、苏、日、西欧和第三世界这六大力量竞相发展，但是新的多极格局尚未最终形成。未来的多极格局将具有全局性和稳定性的特征。

（4）过渡型格局。这类格局包括单极多元格局、两极多元格局和单极两极格局等。这是一种兼具不同类型格局的特点，未来可能向其中一种类型过渡的不稳定的格局类型。例如两极多元格局，它是一种兼具两极和多极的特点，未来可能由两极向多极，或由多极向两极过渡的过渡型格局形态。在这种格局状态下，一方面存在着两大集团或阵营之间的对立，这种对立对整个国际相互作用具有决定性的影响，另一方面也存在着独立于两极之外的其他政治力量，这些政治力量不受两极之间关系的直接影响，能够在国际事务中发挥自身的独特作用，构成国际格局中潜在的一极。20 世纪 70 年代以后的格局特点，就表现为两极（美苏）格局和多元（中国、日本、西欧和第三世界）格局。当然，真正的完全独立于两极之外的政治力量只有中国。西欧和日本与美国还是盟国，在政治上受制于美国；第三世界作为一个整体，具有重要的政治作用，但是过于松散。因此，也有人将当时的世界称之为美、苏、中“三极世界”。

冷战结束后，许多人认为国际政治格局是单极多元格局或一超多强格局。美国作为唯一的超级大国被认为是单极，而中国、欧盟、日本、俄罗斯等强国或强大力量则被认为是多元。然而，过渡型格局的最大特点就是稳定性不足。根据政治经济发展不平衡的规律，各种国际政治力量在相互联系、相互作用的发展过程中总会出现发展的不平衡。这种不平衡主要体现在两个方面：从过程上看是发展速度的差距，从结果上看是各国在经济发展水平和实力上的差距。发展不平衡导致新的力量出现，最终导致实力对比关系的变化，最终打破原有平衡形成新的力量对比格局。当前国际政治格局多极化的趋势日益加强，可以期待一个新型的多极化格局的出现。

二、国际政治格局的一般特征

国际政治格局作为国际系统的一种表现形式，无论何种类型均具有一些共同性的特征。

1. 国际政治格局总是同一定的历史发展阶段相联系的，与时代发展密切相关

时代是指社会经济形态发展的一定阶段，它以世界范围内生产方式的变更为主要标志，因而是一个相当长的社会形态演进过程。国际政治格局是指国际政治力量之间相互作用的结构状态，以其构成要素间力量对比关系的组合为基础。在经济政治发展不平衡规律的作用下，力量对比可以在几十年、十几年甚至几年内就发生重大变化，从而导致格局样式的改变。时代与国际政治格局之间存在着极其密切的相互关系。

国际政治格局总是一定时代条件下的政治力量对比关系。在同一时代条件下，格局的外在形态可能不同，但其内在结构的本质是一样的；在不同的时代条件下，格局的外在形态可能一样，但其内在结构的本质却是不一致的。在垄断资本主义时代，无论格局外在形态的样式如何，是两极还是多极，反映的都是资本主义大国之间的相互制约和相互作用的关系。第二次世界大战后的两大阵营对峙与第一次世界大战前的两极格局外在形态是一样的，但内在结构本质却有明显的不同。第一次世界大战前的两极格局反映的是垄断资本主义大国直接的利益争夺，而第二次世界大战后的美苏两极格局则反映了发达资本主义大国与社会主义大国两种政治经济体系的对抗与竞争。

就外在形态而言，格局与时代发展的一定阶段也是有关联的，作为格局初始形态的一元格局，就是由资本主义时代初级阶段的特点所决定的。19 世纪上半叶的欧洲多极均势也是与自由资本主义时代各国资本主义的竞相发展相一致的。因此，要正确分析各个时期国际政治格局的特点，必须把握时代发展的基本脉络以及时代发展的不同阶段的基本特征。

2. 国际政治格局总是同世界经济格局相互联系、相互作用的

世界经济格局是指世界范围内各种国民经济类型和经济力量中心之间相互关系的结构状态，或经济力量对比关系的状态。经济格局与政治格局之间，既自成系统，又相互联系。两者之间的关系主要表现在：

（1）世界经济格局的形成，是国际政治格局产生的基础和前提。国际社会的形成和发展是建立在世界经济的形成和发展的基础上的，国际政治系统是建立在世界经济体系完成的基础上的。正是由于资本主义世界市场的形成，才出现了现代意义上的国际政治，并在此基础上形成了一定的政治格局状态。

（2）国际政治力量的形成，与其所拥有的经济实力及其在经济格局中的地位紧密相关。一个国家或国家集团在国际政治中的行为能力如何，经济实力地位是最基本的并长期起作用的决定性因素。英国之所以在 17—18 世纪能够称雄世界，就在于其资本主义发展最迅速，经济实力最强大。美国在第二次世界大战后成为资本主义世界的霸主和帝国主义阵营的领袖，重要的原因就是它所拥有的强大经济、军事实力。

（3）世界经济格局的发展演变直接影响着国际政治格局的变化，两者的演进呈同向性发展的趋势。19 世纪的欧洲均势，是以资本主义多元经济中心的形成为先导的。第二次世界大战后两大经济体系、三种经济类型和多元经济力量中心的出现，为国际政治多极化奠定了物质基础。世界经济格局的变化与国际政治格局的演变在时间上并不是立即发生的，但在方向和趋势上是一致的。

当然，国际政治力量对比关系对世界经济关系的影响也是不容忽视的。首先，国际政治格局一经形成，对各种政治力量之间的经济关系就具有相当的制约性。例如，两大阵营形成后，相互间政治上是敌人，经济交流就受到极大限制。东西欧之间的传统贸易往来，因两大阵营政治上的尖锐对立而不得不各自转向苏联和美国。20 世纪 60 年代以后，帝国主义阵营的分化、西欧和日本政治独立性的增强，也使其与社会主义国家和第三世界国家间的经济关系更加灵活，并由此而出现了最初的南北对话。其次，国际政治格局与世界经济格局是可以相互促进的。当代的国际政治多元化是在世界经济多元化的基础上形成的；同时，它又反过来进一步推进了各种经济力量的发展和经济多元化的深入。

3. 国际政治格局总是同一定形式的国际秩序相互联系、相互作用的

国际秩序是国际社会存在的一系列规范和原则。同时也是维系某种形态的国际政治格局的规则和制度。国际秩序是维持某种国际力量结构状态、维持和平、解决冲突的一系列原则、规则、规范和制度。国际秩序是在一定的国际格局的基础上形成的，它反映了国家在国际体系中的位置和次序。国际格局的变更总会导致国际秩序的调整和变更，国际秩序的调整和演进也会对国际格局产生重要的影响。

同国际格局一样，国际秩序也是在历史发展的一定阶段才形成的，但是它早于国际格局。古代社会和中世纪就有国际秩序，如被人们称为“世界帝国”秩序的“区域社会”间的相互关系的规则和准则，就是一种国际秩序形式。在这种秩序下，各个古代帝国间彼此隔绝，只有一些偶然的、局部的往来。真正的全球性国际秩序的建立，是在近代资本主义形成之后。同样，国际秩序也有国际政治秩序和国际经济秩序之分，并且在不同程度上决定了国际政治格局的特点。第二次世界大战以前，国际政治秩序的本质特征是强权政治和集团对立，这就决定了先进的资本主义国家和帝国主义国家在国际政治格局中的垄断地位，决定了战前的格局主要是资本主义大国之间的实力对比关系。战后，社会主义力量的壮大和第三世界的兴起有力地冲击了国际政治旧秩序。而垄断资本主义国家仍企图用集团和强权维持自己的垄断地位，加之苏联在对外政策上的错误，国际政治旧秩序得以保存，甚至在一定程度上得以强化。然而，民族独立和主权国家的增加，使国际政治多元化成为不可阻挡的历史潮流，促使国际政治格局向多极化方向发展。

当今世界，有利于强权政治、大国政治的国际政治经济旧秩序依然存在。因此，中国在对外战略中坚持独立自主和大小国家一律平等，反对强权政治和集团对立，主张在国际政治民主化、相互尊重、公平正义、互利共赢的基础上推动建立国际政治经济新秩序。中国政府一方面宣布中国的发展离不开和平的国际环境和稳定的国际秩序，中国要做“国际秩序的维护者”；另一方面也提出应以渐进、和平和民主的方式改革现有国际政治经济秩序中不公正、不合理的方面，推动国际政治经济秩序朝着更加公正合理的方向发展。所有这些与积极推进国际格局的多极化是相辅相成的。

4. 国际政治格局在演进过程中，总是新旧交叠，呈现出过渡性特征

国际政治格局的发展，就其内在的矛盾运动而言，主要是格局内部各种政治力量的此消彼长和地位变化。从一定意义上讲，国际政治格局就是一种力量均衡（或均势）状态。国际政治舞台上的主要力量之间的对比达到一定程度的均衡，形成一定的相互制约关系，构成一定的格局形态。当然，各种政治力量自身也是处在不断变化发展中的，有的衰落，有的兴起，一旦原有的均势状态被打破，就会形成新的均势，构成新的格局形态。但是，新旧格局的交替并不是一朝一夕就能完成的，总有一个发展演变的过程，有一个过渡阶段。在这种过渡时期或过渡形态中，旧的力量对比尚未完全打破，新的格局形态还未确立，从而必然存在着新旧两种格局形态的相互交错和并存。因此，一种新的格局形态的确立，是无法用准确的时间予以界定的。19 世纪的欧洲均势格局在 1870 年普法战争时期已经开始走向崩溃，1882 年就建立了德奥意三国同盟，而两大集团的对立到 20 世纪初才确立。第二次世界大战后两大阵营对峙的形成也不是大战一结束就出现的，美苏从战时盟友到战后敌手，经过了一个发展过程：美国自 1947 年开始组织反苏反共的帝国主义阵营，而社会主义阵营到 20 世纪 50 年代初才真正形成。

第三节　国际政治系统与互动单元

国际政治系统是国际行为体之间相互联系、相互作用的整体。但国际政治系统更强调这种有机联系的内部结构和功能。国际政治系统也有广义与狭义之分。广义的国际政治系统，又称一般的国际政治系统，主要是指国际行为体之间相互作用的集合体，也可以称为国际关系体系。狭义的国际政治系统，主要特指国际政治力量之间相互作用的结构状态，即我们所说的国际政治格局。

关于国际系统的结构与单元相互关系的理论研究一直是国际政治理论的中心问题之一。国际政治学者在建构国际政治理论时一般采取两种视角与方法，一种是国家的视角与方法，另一种是国际政治系统的视角与方法。前者站在国家的层面，注重对国家对外政策的依据和决策内容的分析，强调互动的国家单元对国际政治系统的形成和特征起决定作用，因而也被称为个体主义的方法；后者则站在国际政治系统的层面，注重分析国际政治系统的整体特征，强调国际政治系统对单元行为的制约和影响，因而也被称为整体主义的方法。肯尼思·沃尔兹在《国际政治理论》一书中将前者称为简化理论或还原主义（reductionism），将后者称为系统或结构理论（systemic or structural）。他认为国际政治的系统理论有两个基本的要素，即系统的结构与系统内部相互作用的单元①，并且认为，不仅存在互动的单元对系统的结构单方面的因果关系，同样存在国际政治系统的结构对互动单元的因果关系。事实上，国际社会的历史和现实已经证明，这样双向的因果关系的确是同时存在并相互作用的。

一、单元对国际政治系统的影响

无论从历史发展的逻辑来看，还是从当今国际政治体系的发展现状来看，国家是单元层次最重要的行为体，国家的形成和发展是国际政治体系形成和发展的必要条件。互动的国家既是国际政治体系的基础，也是国际政治体系的基本组成部分。

1. 单元是国际政治系统的基础和组成部分

政治作为人类社会的特殊现象，总是由特定的地域范围逐步发展扩大到整个世界的。人类社会的政治发展经历了前国家（或原始部落）政治、国家政治（或国内政治）与国际政治等不同时期，从人类形成到国家出现之前的漫长时期可以称为前国家（或原始部落）政治时期，这一时期原始部落之间的交往行为主要表现为部落间的冲突与合作。从国家产生到资本主义生产方式产生之前的历史时期可以称为国家政治（或国内政治）时期，这一时期国家之间的交往只是偶尔为之，而且局限在特定的地域和领域里，国家政治成为政治的主要或全部内容。资本主义生产方式出现之后至今的历史时期可以称为国际政治时期（当然也包括国家政治），资本主义生产方式的出现和生产力的发展直接导致了商品的相对过剩，进而需要扩大市场，从国内市场扩大到国际市场，越来越多的国家不管是否愿意都被纳入国际分工和世界市场中来，在经济上连成一体。而随着经济联系的增加，国家间交往的机会日益频繁，交往的地域延伸到全球，交往的领域也扩展到政治、经济、军事、文化等各个方面。于是，相互隔绝的国家政治逐渐形成了一个相互联系的世界体系和国际政治系统。越来越多的，甚至几乎这个世界全部的国家都程度不同地加入了国际政治系统，国家的数量和各自的力量决定了国际政治系统的规模与结构。因此，国家行为体（包括非国家

① 沃尔兹．国际政治理论．北京：中国人民公安大学出版社，1992：118.

行为体）是国际政治系统产生的基础，同时也是国际政治系统的基本组成部分。

2. 单元的对外行为及互动推动了国际政治系统的建立和发展

国际政治系统是由不同国家或其他行为体相互联系、相互制约而构成的一个集合体。在当今国际政治中，国家作为系统的单元仍然是最重要的行为体。传统现实主义认为，正是由于单元层次的国家互动才导致了国际政治体系的产生。国家的对外政策和对外行为是国际政治的基本起点，一国的对外政策和对外行为本质上属于国家政治的范畴，总是基于特定的国家的政治需求而制定。国家对外政策一旦制定并付诸对外行为，必然引起其他国家的反应。当今国际政治给人们提供的不仅是一个错综复杂的横向的断面，而且是一个由国家的对外政策和对外行为开始，到其他国家做出反应，再引起国家之间相互影响和相互作用的纵向发展的过程，国家的对外政策和对外行为在其中扮演了原动力的角色。国家从本国的利益出发，为了本国的生存和发展，选择了不同的对外目标，制定了不同的对外政策，采取了不同的对外行为，在当今这个相互联系的国际政治系统内必然引起其他国家的不同反应，这种错综复杂国家间的互动最终导致了国际政治系统的建立及发展变化。

3. 单元性质的不同决定了国际政治系统的性质特征

国际政治系统自产生以来经历了不同的时期：第一个时期自资本主义生产方式的出现、国际分工和世界市场的形成至 1917 年俄国的十月革命。这一时期，世界上的民族主权国家在社会政治经济制度上几乎是清一色的资本主义国家。因此，这一时期的国际政治系统就表现为单一的资本主义性质。第二个时期自俄国十月革命至第二次世界大战的结束。这一时期，由于苏联在国内建立了社会主义的政治制度，打破了资本主义的一统天下，国际政治系统开始出现两种制度并存的局面。第三个时期自第二次世界大战之后至冷战结束，这一时期由于一批国家在国内相继确立了社会主义的政治经济制度，形成了国际政治中的社会主义阵营。而且由于第三世界国家的出现，国际政治系统内部又出现了一大批在政治经济发展上具有不同特征的发展中国家群。由此，国际政治系统也就表现为两大社会政治经济制度、三类不同国家相互联系、相互作用的基本结构。第四个时期自冷战结束至今，这一时期由于东欧剧变和苏联解体，社会主义阵营的力量受到严重削弱，发达资本主义国家在国际系统内的地位得到巩固，发展中国家也面临着各种挑战。但以中国为代表的新兴发展中大国群体，经济迅速发展，综合国力不断提高。国际政治正变得更加多元化和多极化。国际政治系统之所以表现为不同的性质特征，根本原因在于单元国家的性质不同。

4. 单元力量的发展推动着国际政治系统和国际政治格局的发展演变

国际政治格局是国际舞台上各种力量在权力分配关系中的一种结构状态，它虽然具有相对的稳定性，但并不是一成不变的，一旦这种力量对比关系的结构被打破，国际政治经济格局也将随之变化。由于政治经济发展不平衡规律，一些国家总会具备比别的国家更快的发展速度而后来居上，成为国际政治系统中新的力量中心，而一些原先处于权力中心位置的国家也会因种种原因出现力量衰退，滑落到二流或三流国家的位置，国际政治格局也随之发生变化。第二次世界大战后不久开始的冷战时期，国际政治格局的结构长期表现为美苏两个超级大国相互争夺的关系。20 世纪 70 年代起，随着日本和西欧的发展，国际政治开始出现多极化的倾向。冷战后期，苏联经济崩溃、政治分裂、社会危机不断，丧失了力量中心的地位。而中国经济崛起，综合国力不断发展，国际政治格局向多极化方向发展的趋势已经日益明朗。进入新世纪以来，以“金砖”国家为代表的新兴经济体国家经济快速发展，在国际事务中的影响力进一步增强。这也印证了作为互动单元的国家的能力变化能够导致系统结构的变更。

二、国际政治系统对单元的制约

国际政治虽然是在国家政治的基础上形成的，但是它一旦形成之后，就必然作为国家子系统的外部环境和总体结构对单元产生反作用。而且随着国际政治体系的不断扩大和国际政治内容的日益广泛，这种反作用会表现得越来越强烈。

1. 国际政治系统是单元政治经济发展的重要条件

当越来越多的国家单元纳入了国际政治系统之后，国家之间的相互依存加深了。一国的政治发展对国际社会的依赖日益加重，国际政治系统就成为国家政治发展的重要环境因素，制约着国家政治的发展方向、方式和水平。不仅如此，国际政治系统的结构发生变化，国家的发展战略、目标和进程也会发生变化。例如，当世界处于战争状态或严重的军事对抗状态时，很难设想其国家的政治经济能像和平时期那样正常地发展。第一次世界大战期间和第二次世界大战期间，世界上绝大多数国家卷入了战争，大批的青壮年劳动力弃业从戎，从事社会生产的劳动力严重缺乏，国民经济结构军事化，工业中心转移，由于战争的特殊需要，国内政治也实行高度军事化的集中体制，所有这些都严重制约了国内政治经济的正常发展。国家战略的重心也从和平时期对复杂的内部政治力量之间各种矛盾的平衡和解决转向保护民族生存的基本问题。许多国家的政治经济发展无不受到战争这一国际政治环境的影响而带有明显的特色。例如，德国的法西斯主义和纳粹极权政治能够得到那样畸形的发展，与第二次世界大战这样特殊的国际政治环境密切相关。冷战期间，美苏之间政治对抗和军事对峙的国际政治两极格局，直接导致了各自国内政治经济发展出现了严重的军事化倾向。特别是苏联过度倾斜地发展军事力量，造成了国民经济发展的停滞和人民生活水平提高的缓慢。不仅如此，这种国际政治系统的两极格局的结构也使得当时世界上大多数国家的国内政治发展面临着非此即彼的艰难选择，世界各国的政治经济发展也深受两极格局的影响。

2. 国际政治系统的结构决定着单元的地位

在一定格局中国家的排位和次序是由结构所确定的，在单极格局中，处于霸权地位的大国可以推行强权政治和霸权主义的对外政策，不惜损害别国的国家利益，利用一切手段无限扩大本国的国家利益，造成了我之所得即你之所失的零和博弈局面。而其他国家则处于次要的、被动的地位。在两极格局中，两个大国或两大国家集团之间的相互对立和相互制约，对整个国际事务的处理起着决定性的作用，其他国家则因自身的综合国力处于被动和次要的地位。两个大国或力量中心的关系，决定着、制约着其他国家间的关系。在多极格局中，几个大国成为力量中心，各自独立、基本平等，相互联系、相互制约，相互之间不存在联盟或领导与被领导的关系，但大国的地位是相对稳定的，其他国家则处于相对次要的地位。尽管国家能力的发展可能导致这种排序和位置的变化，最终导致国际政治系统的结构发生变革，但结构一旦形成便具有相对的稳定性。因此，在一定的时期内，国家在国际体系结构中的排序和位置也是相对稳定的。

3. 国际政治系统也影响着单元实现其利益的手段和方式

在帝国主义殖民体系时期，实力强大的国家为了扩展本国的国家利益，可以凭借武力来瓜分世界，从殖民地掠夺本国所需的战略物资。而第二次世界大战以后，随着原殖民地的相继独立，出现了一大批发展中国家，发达国家只得依靠国际分工、国际贸易和国际投资等国际合作的方式来满足自己发展的需求，这就使得军事因素的作用日渐降低。不同的国际政治系统的结构制约和影响了国家对自身利益的重新评判及对外政策的调整，影响了国家利益的具体内容和实现的途径。20 世纪 70 年代之后，国际政治系统的结构出现了两极多元的格局，世界大战的危险相对降低，中国正是认识到这一结构性的特征，及时调整了国家的发展战略和对外政策，将国家战略的基本点从战争与革命转向和平与发展，确立了改革开放的基本国策，抓住了历史发展的机遇，综合国力得到了全面快速的发展。

4. 国际政治系统通过规则和秩序制约单元的行为

国际政治系统影响和制约单元行为主要是通过确定一系列业已形成的制度、规则和秩序进行的。任何国际政治系统的形成，总是伴随着相应的制度设计和规则制定，由此完成了与之相适应的世界秩序的确立。这一系列制度、规则和秩序总是由在国际政治系统中处于主导地位的大国主持和领导制定的，当然也是有利于维护和巩固当时的国际政治系统结构的稳定的。肯尼思·沃尔兹在谈到国际政治系统的结构对互动单元的作用时说道：结构产生影响的第一种方式，是通过社会化过程，来限制并形成行为，第二种方式是通过竞争过程①。国际政治的历史和现实证明了这一点。国际政治系统的制度和规则促进了参与系统的所有国家出现了相似性。由于这种制度和规则是大国制定的，有利于大国地位和利益，它们当然乐于维护制度和规则的权威；而对于其他中小国家，除了享受制度与规则带来的好处外，也必须遵守这些制度和规则的约束，否则将付出沉重的代价。而竞争则产生秩序，作为互动单元的国家必须为了维护秩序，通过自主决策来调节它们的行为。当今国际社会出现的形形色色的各种国际制度实际上也是国际政治系统的具体形式，任何国际制度因其在国际政治经济中的优势地位，不仅吸引了更多的国家参与其中，而且能使得参与国调整自己的政策，调节自己的行为。无论是关贸总协定/世界贸易组织，还是跨太平洋伙伴协定，所有新的参与国必须经过长期的谈判过程，这一过程实际上就是参与国调整自己的政策、改变行为的过程。

三、国际政治系统与单元之间的互动

1. 国际政治系统与单元的影响和作用是双向的

以上我们分别从单元对国际政治系统和国际政治系统对单元两个方面论述了互动单元与系统结构各自发挥的作用与影响。上述分析只是在理论上的抽象，将两个要素分别抽象出来进行研究。但是在现实世界中，两个要素之间是交织和纠缠在一起的，其影响和作用总是双向的。这种相互作用并不容易区分，既难以区分先后与因果，更难以区分大小与轻重，特别是，当我们把观察的视角放在某一结果或某一过程时，国家与国际系统总是相互

---

① 沃尔兹. 国际政治理论. 北京：中国人民公安大学出版社，1992：89.

作用、互为因果的。单元的互动影响了结构，而结构的特征又影响了单元的行为。关键是在大多数情况下，这种相互影响和互为因果不仅确实存在，而且是同时发生的。

1644—1648年国际社会形成的威斯特伐利亚体系标志着一大批现代资产阶级民族主权国家的产生，那么究竟是民族主权国家的互动产生了威斯特伐利亚体系，还是威斯特伐利亚体系催生了一大批欧洲现代民族主权国家呢？尽管国际政治学者对此有不同的看法。但事实上不得不承认，威斯特伐利亚体系之前的欧洲国家绝大多数尚处于中世纪哈布斯堡王朝治下的城邦公国的状态，并不是现代意义上的资产阶级民族主权国家，无论是体系造就了国家，还是国家造就了体系，都不是一蹴而就的，而是国家与体系互动的过程。威斯特伐利亚和会持续了四年之久，《威斯特伐利亚和约》也不仅限于1648年的最终成果，它还包括其他一系列协议和约定。这些协定签订的时间有的甚至早于1644年或晚于1648年①。如此冗长的协商过程正说明了系统与国家是相互作用、相互催生的。

2. 国际政治系统与单元的双向影响和作用并不是完全对等的

尽管作为单元的国家和作为结构的系统之间的相互影响和相互作用都是存在的，但这并不等于我们认定它们的相互影响和作用是完全对等的。当我们将观察的视角放在某一个具体事件的断面或某一时间节点时，也许就能够分析出国家与国际系统各自的先后顺序和因果角色，也能区分它们各自作用的大小与轻重。国际政治学者一般用苏联的解体与国际格局的变更来说明作为单元层次的苏联解体与国际格局变更的双向作用，但是如果将这一案例分为不同的时间节点来分析，可以看出单元和结构的作用并不是对称的或对等的。

苏联于1991年12月25日正式解体。作为冷战时期两极格局中一极的苏联的解体，直接导致了旧的两极格局向新的单极多元或一超多元格局的过渡。如果我们将分析这一事件的时间节点放在1991年底，那么会很容易得出苏联的解体造成了两极格局的终结，因果关系一目了然，而且单元层次的影响和作用是主动的和主要的，而系统的作用是被动的和次要的；但如果把时间节点向前推，推到1991年之前或更早，人们不禁要问苏联的解体又是如何造成的呢？很显然，正是冷战时期的两极格局拖垮了苏联。冷战时期，苏联为了与美国对抗，在政治、经济、军事、科技等方面与美国竞争，力图维持两极中的一极的地位，结果导致了国内政治、经济和社会矛盾的加剧，最终危机全面爆发，苏联被迫解体。从这种视角看，国际政治系统的两极格局的结构和规则导致了苏联的解体。系统层次的作用又成为主动和主要的，而单元层次的作用则成为被动和次要的了。

3. 国际政治系统对单元的作用具有更为重要的理论意义

上述两点说明了系统层次和单元层次的双向互动以及在不同时间节点上不同层次发挥的作用不同。这似乎与马克思主义唯物辩证法的两点论相符，也与许多国际政治学者所理解的沃尔兹的结构现实主义系统方法一致。但实际上却并没有真正把握唯物辩证法和结构现实主义系统方法的精髓。

马克思主义唯物辩证法强调要用全面、联系和发展的观点分析问题，分析事物内在的矛盾要有两点论，更要有重点论。马克思主义唯物辩证法的方法论与社会科学方法论中的

① 中外史学界一般认为，1635年的《布拉格和约》和1659年的《比利牛斯和约》均为《威斯特伐利亚和约》组成部分。

系统论方法是一致的。它的主要原则是：把研究的对象纳入它所属的整体，从整体来认识和对待的整体性原则；强调整体内的各部分、各要素相互之间的密切联系的相互联系性原则；整体内部各部分、各要素的联系是有一定的结构和规律的有序性原则等。由此可见，马克思主义唯物辩证法的系统论方法是强调整体优先的分析方法。这对于国际政治研究具有特别重要的意义。

沃尔兹的结构现实主义理论虽然也声称要注重系统的结构和互动单元之间的双向因果作用，但结构现实主义之所以被称为新现实主义，其核心就是在对摩根索等人传统现实主义的简化或还原批判的基础上建立起来的结构主义的系统方法，其重点在于系统的、结构的理论。因此，结构现实主义毫不掩饰地彰显了系统结构层次优先于单元层次的内核。

仍然以上述两个例子来说明。威斯特伐利亚体系与民族主权国家，是先产生了民族国家，还是先产生了体系。正是《威斯特伐利亚和约》才最后终结了哈布斯堡王朝及神圣罗马帝国的统治，欧洲城邦公国获得了独立，更是由于国家主权平等和领土主权原则的确立，才使这些独立的国家成为现代民族主权国家。从这个意义上看，系统对单元的形塑力量表现得更为突出，系统甚至改变了国家的性质和身份。而苏联的解体不仅是冷战时期的两极格局造成的，而且两极格局解体后的新的单极多元格局仍然制约着作为苏联继承者的俄罗斯及其他原苏联加盟共和国成员的东欧中亚国家的身份和行为。系统的力量依然占据着主导和主要的地位。

强调国际政治系统对国家的影响和作用还有以下原因：首先，简化主义的归纳方法主要采取个体主义的视角，从个别到一般，而个别是难以穷尽的。而且另类的个别可能推翻已经得到的一般。其次，个体与整体，即国家与系统虽然是相互影响的，但整体是宏观的，个体是微观的，宏观系统的基本结构与特征总是对微观国家的决策和行为产生决定性的影响。整体主义优先的的系统方法便于我们更好地把握国际社会的总体面貌及个体行为的原因。这对于国际政治基本理论的建构具有重大的意义。

不仅在国际政治研究中，特别是在分析具体的国际事件时不应当排斥简化主义的归纳方法，而应该尽量将其与系统方法相结合，兼顾国际政治系统与国家之间的双向因果作用的分析，而且在国际政治宏观理论建构时，系统的方法更为重要。这也是本教材 20 年来坚持将系统分析置于国家分析之前的基本逻辑。

国际政治的行为体

重点问题

- 国际行为体的基本特征
- 国际行为体类型的扩展
- 跨国政治与国际政治的关系
- 国家作为国际行为体的基本特征
- 当代国际社会中国家主权概念的发展
- 综合国力的构成与评估
- 国家行为体与跨国行为体的区别
- 国际组织的行为特征
- 跨国公司的行为方式
- 国际政治中的个人因素

国际政治是各种国际行为体之间的政治关系的总和。因此，国际行为体是国际政治最基本的构成要素。国际行为体既包括国家行为体，即当今国际社会中的主权国家，也包括大量的非国家行为体，即主权国家之外的行为体，其中最主要的是国际组织和跨国公司等。国际政治实际上首先是主权国家之间，其次是各种非国家行为体之间，最后是国家行为体与非国家行为体之间，在一定的历史发展阶段，按照一定的对外行为准则而相互交往、相互作用的一般形态。

第一节　国际行为体的一般特征

一、国际行为体及其特征

国际行为体是指能够独立地参与国际事务并发挥影响和作用的一系列实体。当今国际舞台的各种角色错综复杂，国际社会的各种实体单位数量十分庞大，但并非所有政治经济的实体单位都能成为国际行为体。目前国内外学者一般认为，构成国际行为体的实体应当具备一些基本的要素或基本特征。这些特征大致包括以下几个方面：

1. 必须具有一定的行为能力和政治经济实力

国际行为体应该能够直接或间接地参与国际事务，能够直接或间接地参与国际间的相互交往，履行相应的国际职责，承担规定的国际义务，通过对外行为影响其他行为体的决策和行为，并对整个国际政治体系产生影响，发挥职能作用。而具备行为能力的物质前提是必须具有一定的政治经济实力，也只有具备一定的实力才能真正对其他行为体发挥影响和作用。

2. 必须具有自身的特殊利益

国际行为体以各自利益的特殊性为基本特征，国际行为体之间相互区别的关键在于利益的特殊性和差异性。各自利益的相互差异决定了国际行为体所追求的目标不同，从而构成了国际社会的矛盾、冲突、竞争、合作等一系列国际政治的基本形式。如果两个行为体在利益和目标上一致或基本一致，那么迟早可能合并为一个行为体。

3. 必须具有一定的独立性和自主性

国际行为体应拥有相对独立的自主权和决策权，即能够排除其他行为体的操纵和控制，独立地制定自己的对外决策和对外行为方式，独立地参与国际间的相互交往，独立地运用其行为能力，发挥其职能作用。如果一个行为体在国际事务中丧失了自身的独立性，实际上就不能履行相应的国际职责并承担规定的国际义务，也就丧失了自身国际行为体的身份。

4. 必须具有比较稳定的组织形式

国际行为体必须具有比较稳定的组织形式，以相对稳定的政治实体身份参与国际事务，开展国际交往活动。无论是主权国家行为体，还是非国家行为体，都要求具备稳定的组织形式。只有具备了稳定的组织形式，才能被其他行为体视为发生行为的稳定对象。特别是数量庞大而又经常变化的非国家行为体，如果没有稳定的组织形式，就无法独立地参与国际事务和国际交往，也就无法作为国际政治行为体而存在。

以上四大要素或特征是彼此关联的整体，不可分割，相辅相成，缺一不可。行为能力和政治经济实力是确立国际行为体在国际事务中的行为者地位的关键，特殊利益是国际行为体相互区别的基本依据，独立自主的地位是国际行为体自立于国际社会的重要标志，组织形式则是国际行为体具备行为能力和发挥作用的物质基础。

二、国际行为体的类型

在国际社会中，国际行为体经历了一个由一元向多元发展的过程，即由开始的单一主权国家行为体逐步发展为国家与非国家两大类国际行为体并存，并进而将非国家行为体细化为各种不同类型的行为体。为了便于比较和分析，我们将当今世界的国际行为体大致分为两大类：国家行为体和非国家行为体。

1. 国家行为体

国家行为体是指国际社会中得到广泛承认的独立主权国家，以联合国组织的会员国为依据，国际社会目前已有 193 个主权国家。

国家行为体是当今世界主要的国际行为体，决定国际政治事务的发展进程，构成国际政治的主导力量。

2. 非国家行为体

非国家行为体是指那些具备国际行为体的基本特征，但并不具有主权国家身份，同时又不隶属于某个主权国家的国际政治经济实体。它包括国际组织、跨国公司等。广义的非国家行为体还包括尚未独立的或并未得到国际社会广泛承认的准国家行为体、次国家行为体、具有较强行为能力的国内组织，以及国际社会特殊的个人等。由于准国家行为体、次国家行为体、国内组织及特殊个人等数量有限，而且国际政治学界对其是否能够称为国际行为体尚未达成共识，因此，国际政治学对非国家行为体的研究主要集中于国际组织和跨国公司。

非国家行为体是国际行为体大家庭的后来者，其数量庞大，发展迅速，在国际政治中的地位不断提高，作用日益增强。

3. 国际行为体类型的不断扩展

人们对国际行为体的认识，随着国际政治的发展而不断深化和日益明确。传统现实主义的国际政治理论把主权国家视为国际社会唯一的行为体。根据这种观点，现代国际政治是在主权国家体制的基础上形成的，是主权国家之间的政治关系，只有国家才是国际法的唯一主体，也是国际政治关系的唯一主角。进入20世纪以后，特别是第二次世界大战以后，随着国际政治的发展，关于国际行为体的传统观点受到了挑战，国际行为体多元化的发展逐步成为现实，人们对国际行为体的认识也进一步扩展。

第一，传统的国际政治概念的内涵不断扩充。有人提出了以世界政治（world politics）概念取代传统的国际政治（international politics）概念的主张，认为两者的区别就在于是否承认主权国家不再是国际社会的唯一角色，强调国际组织特别是政府间国际组织在国际舞台上的作用，认为政府间国际组织作为协调国家间关系的主要形式在国际舞台上起着至关重要的作用，因而政府间国际组织不仅是重要的国际政治行为体，还是国际法的主体。

第二，非国家行为体的范围进一步扩展。不仅是政府间国际组织，还包括一些非政府间国际组织、国际政党组织、国际范围内的政治运动，甚至国内的政治集团及个人也被纳入国际行为体的范围。

第三，由于国际政治和国际经济的相互渗透和相互作用，政治经济的界限日益模糊。不仅政治实体，而且经济实体，如国际经济组织、跨国公司等，都被视为国际政治的行为体。

第四，强调个人在国际舞台上的作用。提出了代表“个人行为体论”的“个人意志论”和“决策论”，即认为个人的活动先于主权国家而存在，人的纯粹需要高于国家的利益，国家的对外行为受到个体的支配，个人在决策中起着主导作用，因而提出了个人是重要的国际行为体的主张①。

---

① 奥尔森，麦克莱伦，桑德曼．国际关系的理论与实践．北京：中国社会科学出版社，1987：12，15.

三、国际行为体的发展

1. 国家间政治与国家行为体

在历史上，人们曾经就国家的起源、本质和职能等问题，提出过各种各样的学说和主张，其中马克思主义的国家学说在分析国家的性质和起源时认为，国家是阶级矛盾不可调和的产物，是“一个阶级镇压另一个阶级的机器”①。私有制导致人群划分为阶级，阶级对立和阶级矛盾催生了国家。

国家同旧的原始社会的氏族组织相比，有两个重大的区别：第一，国家按地区来划分它的国民，氏族则是由血缘关系形成和保持的社会组织。第二，国家设立了公共权力机关，不仅有军队，还有监狱和各种强制机关，这些是氏族社会所没有的。马克思主义的国家理论主要是从阶级分析和社会发展的角度，在一般政治学的意义上揭示了国家的政治本质。但在整个奴隶社会和封建社会，国家始终与君主的权力联系在一起，由于封建社会没有形成现代意义上的国际政治社会，因此当时的国家并不能称为国际政治的行为体。

1648 年欧洲的《威斯特伐利亚和约》之后，国际社会逐步确立了民族主权国家的体制，即以主权国家为单位的国际政治体系，并表现为由主权国家政府之间直接进行的政治交往。在 19 世纪以前，这种国际体制主要局限在欧洲范围之内，因此也被称为“欧洲社会”，尽管如此，现代意义的国际政治初步形成，此时的国家已经成为国际社会的行为体。

从威斯特伐利亚体系到维也纳体系乃至凡尔赛-华盛顿体系，国际社会不断发展，从欧洲体系逐步走向全球体系，但当时的国际社会仍然是建立在国家间政治的基础上的，国际政治的内涵主要是指国家间的政治关系和相互作用的总和。主权国家是国际政治的中心单位，是国际社会最基本和最主要的行为体。

2. 跨国政治与跨国行为体

跨国政治作为国际政治总现象的一个组成部分，是在国际政治或国家间政治的基础上形成的，并随着国际政治的不断变化而逐步发展起来。以跨国组织形式出现的非国家行为体或跨国行为体也随之产生。

19 世纪中叶以后，随着资本主义的进一步发展，国际政治扩展到整个世界，形成了所谓的“全球社会”，国家间的交往日益密切，国际政治的内容不断丰富、领域不断扩大，地区性、全球性的共同问题越来越多，简单的国家间双边关系已无法适应国际交往的需要，在多边国际会议的基础上逐步产生了现代国际组织，从而形成了各种非国家的或跨国家的组织和实体，出现了所谓的“跨国政治行为”，即跨国组织与国家之间的相互行为，以及跨国组织之间的国际行为。20 世纪以后，非国家行为体开始在国际舞台上确立了自己的地位。第一次世界大战后，政府间的国际组织获得了国际法的主体地位，因而也理所当然地被确认为国际政治的行为体。

第二次世界大战之前，跨国政治行为只是在局部或在一定范围内出现并发挥作用，而且基本上是在国家的控制下，或在与国家紧密结合的条件下存在的，这是同战前帝国主义

---

① 马克思，恩格斯. 马克思恩格斯全集：第 22 卷. 北京：人民出版社，1965：228.

与强权政治对国际事务的支配相一致的。

第二次世界大战以后，国际社会发生了巨大的变化。随着世界经济和国际政治的发展，国家间关系进一步扩大，国际政治的内涵和外延都有了很大变化。科学技术突飞猛进，世界经济迅速发展，国际政治日益向多元化和全球化的方向发展。跨国政治也以空前的速度和规模发展起来，不仅跨国组织的数量迅速增多，而且其独立于主权国家的职能作用也不断加强，从而使跨国政治成为当今国际政治中的一个新的内容，成为调整国家间关系、推进国际社会向前发展的新的形式。

随着国际政治的发展，在当今的国际舞台上，主权国家早已不再是“唯一”的角色和行为体，越来越多的非国家行为体和超国家角色活跃在国际舞台上，使国际政治呈现出多元行为体并存，多渠道、多层次相互作用的新局面。各种形式的国际组织层出不穷，大型跨国公司在国际舞台上扮演着越来越重要的角色，非国家行为体的数量增加、种类增多，在国际政治中的地位和作用不断增强，已经成为国际政治中不可或缺的重要的行为体。

所有这些都表明，当今国际政治的研究已经进入了一个更为宏观又更加深入的阶段。国际政治研究已经突破了单纯研究主权国家及其相互关系的局限，跨国组织和跨国行为体的地位与作用越来越引起人们的普遍重视。

3. 跨国政治与国际政治

“跨国政治”（transnational politics）或“跨国主义”（transnationalism）一词，从 20 世纪 60 年代后期开始出现在国际政治的著述之中，但是至今人们没能对其定义达成一致的看法。但归纳起来，人们对以下几点的认识是共同的：首先，跨国政治主要不是由主权国家直接从事的，而是由各种跨国行为体所进行的对外活动；其次，跨国政治不是在一国范围内，也不仅仅是在两个国家之间，而是在多国乃至世界范围内的活动；最后，跨国政治不仅包括狭义的政治活动，还包括经济、文化等各方面的活动。

因此，我们可以用如下定义来表述跨国政治，即跨国政治是各种跨国行为体的一系列对外行为和相互关系的总和。它既包括跨国行为体之间的相互关系，也包括跨国行为体与主权国家之间的相互关系。简言之，跨国政治是指跨国行为体为影响其他行为体的对外政策和对外行为，影响国际政治发展变化而进行的各种政治活动，是跨国行为体跨国行为及其所产生的跨国关系的总和。它与国家间政治密切相连，是国际政治发展到一定阶段后所出现的一种新现象，是当今国际政治或世界政治的新内容。跨国政治研究就是要认真分析和研究各种跨国行为体之间的相互作用，以及跨国行为体同国家行为体之间的相互作用。

跨国政治与国家间政治既相互联系又有区别。作为国际政治的一个重要组成部分，它是国家间关系的补充和延伸，反映了国家间相互作用的日趋复杂化。跨国政治和国家间政治两者之间是相互影响、相互交织在一起的。作为整个国际政治或世界政治的一个组成部分，跨国政治是一个独立于国家间政治的范畴，主要反映的不是主权国家间的直接相互作用，而是不同国家的政府、政党、团体及个人的集合体之间的相互交往和相互作用关系，反映的是各种跨国行为体相互之间以及它们与国家之间的关系，乃至这种关系对整个国际社会的作用和影响。因此，20 世纪 80 年代前后，一些国际政治学者曾经主张用世界政治、全球政治或跨国政治来代替“国家间政治”或含义不清的“国际政治”①。经过理论辨析，国际政治学界已经对国际政治既包括国家间政治，也包括跨国政治的观点达成共识。

国际行为体的多元化已经成为现实，但并不能把所有的政治经济实体都看作国际行为体。目前，国内外一些学者提出了一种“泛行为体”的观点，即认为所有能够在国际舞台上发挥作用的组织（国际的、国内的）以及个人均构成国际行为体。而实际上，大量的非政府间国际组织并不具备国际行为体的四大要素，国内组织在一般情况下也并未独立地参与国际事务，个人更多的也只是作为国家或国际组织的代表发挥作用。无论是国际组织和跨国公司，还是个人，能否构成国际行为体，关键在于它们是否同时具备国际行为体的四大基本要素。

第二节　国家行为体及其特征

主权国家虽然不是国际舞台上的唯一行为体，但却是国际政治中最主要的行为体，是国际政治学所要研究的最基本的对象。

国家问题是一个最复杂、最困难的问题，在历史上，人们曾经就国家的起源、本质和职能等问题提出过各种各样的学说和主张，其中马克思主义的国家学说具有鲜明的阶级性。马克思主义的国家学说主要是从阶级分析和社会发展的角度，在一般政治学的意义上揭示了国家的政治本质，同时也开始涉及国际社会中国家行为体的基本特征问题。马克思主义的国家学说是我们分析和认识国家行为体的基础。

一、国家作为国际行为体的基本特征

1. 政治国家与民族国家

众所周知，就“国家”而言，政治国家（state）与民族国家（nation）并不完全相同，两者在政治学和国际政治学中是具有不同内涵的概念。根据《韦伯斯特第 3 版新国际英语词典》的解释，前者是指“永久性占有某个特定地域、在政治上组织在一个几乎完全摆脱了外来控制并拥有强制性权力以维持其内部秩序的主权政府之下的实体”或“由一个政府领导的有组织的政治共同体”；后者是指“具有近乎共同的血统、历史、语言等，并构成为国家或居住在某个地域的人类共同体”或“具有一个或多个民族并拥有一定领土和政府的人类共同体”。此外，还有一般意义上的国家（country），是指“一个拥有其自己的政府的国家的地域”或“一个人原籍、出生、居住或拥有其国籍的地域——祖国或家乡”②。一些西方学者认为：民族国家主要是一种民族性的概念或“精神-文化”概念，是以构成民族国家的人们的传统、语言、文化和认同感为基础的。政治国家则是一种涉及由拥有主

① 20 世纪 80 年代前后，美国耶鲁大学国际关系教授布鲁斯·拉塞特提出了用“世界政治”（world politics）取代“国际政治”（international politics）的主张，认为仅用“国际政治”的概念与“国家间政治”的概念过于接近，已无法全面概括当今世界的现实。詹姆斯·雷则提出了“全球政治”（global politics）的概念。塞缪尔·亨廷顿等人则提出了“跨国政治”（transnational politics）和“跨国主义”（transnationalism）。

② Webster's third new international dictionary of the English language. Sprinfield，MA：Merricam-Webster，1976；The Oxford encyclopedic English dictionary. New York：Oxford University Press，1991.

权权力的政府领导的、在政治上有组织的人群的法律性和领土性概念或“政治-法律”概念，当两者融合在一起时，就构成了作为国际政治行为体的民族国家。

国家作为国际社会的行为体的基本特征与国家在国内政治学意义上的本质特性既有联系，又有重要的区别。国内社会和国际社会在规模、范围和行为准则等多方面有着明显的不同。国家在国内社会中的本质无疑是阶级统治的工具，国家作为国际社会的行为体则更多的是强调它的行为能力和职能作用。

2. 国家作为国际行为体的基本要素

国家作为国际社会的一个最基本的构成单位，必须具备三大要素：

（1）具有固定的领土和一定数量的居民。这是国家作为基本实体存在的首要条件，是国家赖以存在和发展并在国际舞台上发挥作用的客观前提和物质基础。

（2）具有一定的政权机构。国家拥有强制的暴力手段，对内镇压敌对阶级的反抗，对外抵御其他国家的侵略、干涉或侵略、干涉其他国家；作为组织经济和文化建设的社会管理机构，对内协调和调整各个阶级、集团之间的相互利益，对外发展同其他国家的交往与合作。

（3）拥有国家主权，即对内的最高管辖权和对外的独立权、平等权、自卫权。这是国家的最根本属性，也是国家作为国际政治行为体的最重要的前提。

3. 国家的两重性

国家作为阶级社会中最一般的政治形态具有两重性，即阶级性和民族性，它既是阶级统治的工具，又是社会管理组织机构；它在本质上是为维护统治阶级利益服务的，同时又必须调整全社会的普遍利益；它的对内职能是既要镇压敌对阶级和敌对势力的反抗，又要调整各个阶级和社会集团之间的相互关系，它的对外职能则是调整国家之间的相互关系。国家的这种两重性的特征，在国家作为国际政治行为体而在国际舞台上活动时表现得尤为明显。

作为国际政治学的主要研究对象，我们研究的不是作为一般政治形态的国家，不是国家的起源、本质和职能，而主要是研究国家的对外行为、国家作为国际行为体在国际舞台上的地位和作用。作为国际行为体，国家在其对外行为和与其他国家的相互作用中，也体现出阶级性和或民族性的两重性。国家的对外行为与其对内行为有着密不可分的联系，在很大程度上是受其对内行为制约，并为对内行为服务的。因此，国家的对外行为充分反映了国内占统治地位的阶级与社会集团的根本利益，国家对外政策的制定是由统治阶级的意志所决定的。与此同时，国家的对外行为和对外决策又具有很大的独特性，国家之间的相互关系并不完全取决于行为双方国家的统治阶级的一致性。在国际舞台上，国家是作为其全体国民利益的代表者，而不是某个阶级利益的代表者而出现的，它所维护的首先是整个国家或民族的利益。

二、国家主权及其发展

主权（sovereignty）是现代民族国家形成的基本标志，是国家的基本属性之一。所谓国家主权，就是指一国固有的处理其国内和国际事务而不受他国干预或限制的最高权力。

1. 国家主权的基本属性

“主权”一词在西方源于拉丁文的 super 和 superanus，原意是最高的和较高的，基本含义是国内的最高统治权。在古代社会，主权的实质就是源于“君权神授”的君主权力。近代以来，法国政治思想家让·博丹对主权的概念进行了较为系统的论述。他认为，主权是一个国家最本质的特征，是“不受法律限制的最高权力。它是一种永久性的绝对权力”。他还对主权的基本属性进行了较为深入的分析和论述①。英国政治思想家托马斯·霍布斯认为“主权具有绝对、不可分割和不可转让的性质”②。荷兰政治思想家格劳秀斯则从国家间关系和国际法的意义上强调了主权的独立、平等和不受限制的基本特性，同时将主权的内容分为对内主权和对外主权③。现代政治思想家对主权问题同样给予了极大的关注，并形成了关于主权问题的众多的学说和理论。尽管如此，在对主权的基本属性问题上还是达成了一定的共识，即国家主权的基本属性包括以下几个方面：

（1）对内的最高统治权，即国家对其领土内的一切人或事物以及领土以外的本国人实行最高的统治权。这是国际法已经确认的属地优越权和属人优越权的具体体现。

（2）对外的独立平等权，即在国际政治中国家行使权力的完全自主性，排除任何外来的干涉和限制。各国可根据自己的意愿采取自主的对外行为，各国在国际法意义上的权力地位一律平等。

（3）防范侵略的自卫权，即国家为了维护政治独立和领土完整而对外来侵略或威胁进行防卫的权利。自卫权是国家的固有属性之一，也是国家维护正常的国际秩序和保障国际法实施的一种重要的手段。

由此可见，国家主权具有明显的两重性，即对内的主权和对外的主权。对内主权即国家对其领土范围内的一切人或事和领土外的本国公民拥有最高的统治权和管辖权，每个国家有权选择自己的社会政治经济制度，独立自主地制定本国的内外政策，任何外国不得干涉。这种对内主权集中体现了统治阶级的权力，是由占统治地位的阶级和社会集团来实行的，体现的是统治阶级的意志。对外主权即国家在国际社会中的独立权、平等权和自卫权。国家不论大小、强弱，都是独立的主权国家，都有平等参与国际事务的权利。在遭受外来侵犯时，每个国家都有行使独立的或集体的自卫的权利。这种对外主权是由对内主权所决定的，它体现了国家的阶级特征，同时它所捍卫的又不仅仅是统治阶级的利益，而且是全社会、整个国家的利益，这种主权是属于国家的全体居民的。

2. 国家主权理论的发展

20世纪以来，在对待国家主权在国际法和国际政治中的地位问题上，一直存在着限制主权与维护主权两种对立的趋势。资本主义进入垄断时代以后，殖民主义在全世界的扩张，要求打破民族和国家的界限，以便获得更大的利益，因此将主权视为引起冲突和激化矛盾的根源而主张加以限制。而广大被压迫民族和新兴民族独立国家则要求争取民族独立、维护国家主权。这种对立的趋势在今天表现得依然十分明显。

西方发达国家在冷战结束后提出的新干涉主义的理论就对传统主权明确提出了挑战。新干涉主义认为：国家主权原则不能成为一些严重侵犯人权的国家逃避国际社会制裁的护

① 中国大百科全书：政治学卷. 北京：中国大百科全书出版社，1992：20.

② 同①162.

③ 同①98.

身符。这是因为国际政治的时代发展了，全球化和相互依存使得国内事务与国际事务的界限日益模糊，传统国家主权的属性发生了变化，建立在"国家至上"理论基础之上的互不干涉主权的理论已经过时。

一方面，我们应当承认，国家主权及其理论是一个历史的范畴，是随着国家和国家间关系的产生与发展而出现和发展并不断丰富的。在全球化浪潮的冲击下，国内政治经济国际化和国际政治经济国内化的现象日益突出，传统的国家主权理论和国家主权观正受到强烈的冲击。在国际政治实践中，主权不可分割的原则已经受到越来越大的现实挑战。主权被干涉和分割的现象在当今国际政治中是常见的。这种现象大致有三种：一是国家主权被霸权主义的外部力量强行干涉和分割，二是传统的国内事务日益受到国际社会的关注和制约，三是主权国家对自身主权的让渡和分享。第一种现象在当代国际政治的现实中是应当予以坚决反对和与之斗争的；第二种现象较为复杂，应当具体分析和研究；第三种现象则应当视为主权国家自身的决策行为，是主权国家自主行使主权的表现。

另一方面，国家主权至今仍然是为现有国际法体系确认和保障的国家基本属性。尽管全球化的发展给国家主权带来了巨大的冲击，但主权国家仍然是当前国际社会的基本行为体，国家主权仍然是国家的基本属性，互不侵犯主权还是大多数国家所坚持的国际法的基本原则。尽管国内事务受到国际社会的关注和制约的现象十分普遍，但应当坚持几项原则：干预的依据必须是现有的国际法体系，干预的主体必须是具有广泛国际权威的全球性或地区性国际组织，干预的方式主要是在相互尊重主权的基础上进行平等的协商和交涉。尽管主权让渡的现象在国际政治中日益频繁，但主权的让渡具备三个基本的属性，即自愿性、平等性和共享性。自愿是让渡的前提和基础，所有让渡均源自主权国家根据对自己的利益的判断进行的取舍，主权国家同时还保留在必要时收回的权力；平等是让渡的程度和方式，也是主权平等原则的体现；共享则是让渡的归属和结果，让渡不是主权的丧失，而是在共同体内共享更大的主权。以上三种属性缺一不可。因此，自愿让渡主权与外力侵犯主权是有本质区别的。

三、国家实力

1. 国家实力

所谓国家实力，也称为综合国力，是指一国所具备和拥有的各种力量的总和，实际上就是一国所拥有的全部实力。在国际政治中，实力是指行为体所拥有的维系其生存和发展的物质和非物质力量，是维护自身利益、推行对外战略和影响其他行为体行为的重要基础。国家实力是一个与国际政治中的权力关系、利益关系密切相关的概念。一定的实力是主权国家和非国家行为体赖以在国际政治中存在的基础，也是它们作为国际行为体的重要特征之一。同时，国家实力也是一个综合性的概念，既是衡量行为体的国际地位、作用和能力的尺度，又是行为体借以实现其对外目标，维护其国家、民族或共同体利益的手段。概括起来说，国家实力是一国在国际舞台上发挥影响和作用的物质基础，对一国国际地位的高低起着决定性的作用，对一个国家的对外行为具有重要的影响。

2. 国家实力的构成

关于国家实力的构成，国际上有许多不同的看法。美国的汉斯·摩根索、雷蒙·阿隆、莱伊·克莱因和塞缪尔·亨廷顿，以及日本、苏联和中国等世界各国的学者对综合国力的衡量提出过各种不同的标准，但几乎都将综合国力看成是包括各种物质力量和精神力量的一种综合，不同的只是这些具体因素的多少以及相互之间的关系而已。

汉斯·摩根索提出了九大要素，即地理、自然资源、工业能力、军事准备、人口、民族性格、国民士气、外交质量和政府的质量等①。雷蒙·阿隆将其归结为某一政治单位所占据的空间、资源和集体行动能力三大要素。莱伊·克莱因则提出了一国的综合国力包括基本实体（critical mass，包括人口、领土）、经济实力（economic capabilities）、军事实力（military capabilities）、战略意图（strategic purpose），以及贯彻国家战略的意志（will to pursue national strategy）等要素②。塞缪尔·亨廷顿将国家实力的要素归纳为：人口数量和交流程度、自然资源、经济发展、社会内聚力、政治稳定、军事实力、意识形态感召力、外交联盟、技术成就③。日本学者提出，国家实力包括三个方面：国际贡献能力（经济、金融、科技、财政力量，以及在国际社会中的活动能力）、生存能力（地理、人口、资源、经济实力、防卫力量、国民意识、结盟和友好关系）、强制能力（军事力量、战略物资和技术、经济实力、外交力量）④。苏联的学者也认为，国家实力的强弱取决于国家物质和精神力量的现有发展水平，是军事潜力、经济、精神、政治潜力及科学潜力的总和。国家的实力能否发挥作用，还取决于社会结构、社会政治组织、人民群众的生活水平和生活方式，以及执政党的政策和占统治地位的意识形态。中国学者黄硕风和王诵芬等也提出了自己的国力评估指标体系⑤。

总的来说，国家实力或综合国力的物质要素大致有地理、人口、经济实力、军事实力、科技实力等，而精神要素则包括民族特征、国民素质、政府效能、外交性质和国家凝聚力等。不论对现代国家实力的构成如何表述，都不外乎两大组成部分，即有形的构成或物质构成和无形的构成或精神构成。前者也可称为硬实力（hard power），后者也可称为软实力（soft power）。

（1）国家实力的有形构成。

所谓有形的，即可见的、可量化的、易测定的。国家实力的有形构成也就是所谓的硬实力部分，主要有六个方面。

1）地理条件。一定的地理方位和地理环境是国家存在的基础。地理因素包括国土规模、地理位置、气候、地形、地势、地质、地貌等。国土辽阔，一般可以使国家在对外关系中处于相对优势的地位，特别是在战争状态下拥有更大的战略活动空间。在现代条件下，地理条件越来越显示出其重要地位。

2）人口。人口是构成国家的基本要素之一，包括人口数量、人口密度、生产性人口的比重和分布、人口的素质（如识字率）和整个人口的分布状况。一般而言，人口规模与

---

① 摩根索．国家间政治：寻求权力与和平的斗争．北京：北京大学出版社，1990：152－203．

② 陈汉文．在国际舞台上．成都：四川人民出版社，1985：50－58．

③ 王诵芬．世界主要国家综合国力比较研究．长沙：湖南出版社，1996：28．

④ 同③44－47．

⑤ 黄硕风．综合国力论．北京：中国社会科学出版社，1992：174－226；黄硕风．综合国力新论．北京：中国社会科学出版社，1999：62－116；王诵芬．世界主要国家综合国力比较研究．长沙：湖南出版社，1996：47－50，69．

国家实力成正比。但是，如果人口数量过多，则会给国家的经济与社会发展造成沉重负担，从而变成消极因素。而人口的素质，现在越来越成为衡量国家实力的重要标准。

3）自然资源。资源是一个国家赖以生存和发展的物质基础，包括能源和其他资源。自然资源丰富的国家，资源自给率高，对他国依赖性就小，独立自主地运用国家力量实现国家利益的可能性就大。但是资源丰富并不等于国家的实力强大，问题的关键不仅在于拥有资源，还要拥有支配、开采和使用资源的主权和能力。

4）经济实力。经济实力是国家实力中最基本的要素，制约和影响着国家实力的其他要素。在经济实力中，国家的工业生产能力最为重要，它决定着资源能否得到充分的开发和利用，关系着军事力量的强弱，关系着农业生产能力和科学技术的应用。农业生产能力特别是粮食的生产不仅影响着国家的社会稳定，而且对于国家在国际社会中的自主地位关系重大。衡量一个国家经济实力的指标，通常为国民生产总值，工农业总产值，国民收入，经济发展速度，外贸、对外投资的数额等。

5）军事实力。军事力量是国家防御外来侵略和安全自卫的能力，是国家实力构成的一个核心要素，也是国力强弱的最直接的反映。军事实力的特殊性在于，它是由诸多要素聚合而成的，一旦形成，就具有相对的独立性。军事实力包括武装部队的数量、军队人员的素质、武器的质量、军事部署、战略打击能力、军备状况、指挥艺术、通信能力、后勤保障能力，等等。军事实力与国家实力构成的其他部分相辅相成、相互作用。军事实力必须建立在强大的经济实力基础上，只有强大的经济，才能保证强大的国防。但是，军事实力的发展又不能超出经济实力的实际，否则就会影响经济实力的发展。

6）科技实力。科学技术是生产力，而且是生产力中最积极、最活跃的要素之一。科学技术的发展，大大改变了传统的权力作用方式，直接影响着一个国家经济、军事实力的发展，成为国家实力构成中越来越引人注目的要素。科技实力包括国家的经济技术水平，对尖端技术的研制、开发和应用能力，也包括科学技术人员的数量和质量。

（2）国家实力的无形构成。

所谓无形的，即不直接可见的、难以量化和测定的。国家实力的无形构成也就是所谓的软实力部分，主要有四个方面。

1）社会制度。社会制度是一个国家社会、经济、政治、法律等制度的总称。社会制度的基础是经济制度，即一定的生产关系的总和，其中主要是生产资料的所有制形式。社会制度作为国家实力构成中的无形要素，其核心并不在于确立的是什么制度，而在于这种制度是否符合该国社会生产力发展的客观要求，是否代表着社会向前进步的趋势。

2）政治体制。政治体制是指一个国家的政党和政府体制，如一党制、多党制、一党领导下的多党合作制、共和制、君主立宪制等。与政治体制相关的，还有政府素质或政府效能。一个国家的政策、在国际政治中的行为主要是通过政府来实现的，一个国家的政党和政府能否充分、合理地调动本国的各种资源，能否对国际事件做出正确的反应，能否准确、及时地贯彻国家的战略意图，是影响一个国家在国际政治中权力地位的重要因素。同样，对某种政治体制的估价，也要看其是否符合该国的实际，是推动还是阻碍该国政治经济的发展。

3）政治局势。政局稳定与否对于任何一个国家都至关重要。它直接关系到国家所拥有的各种物质要素能否发挥作用，没有稳定的国际政治局势，就不可能有经济和科学技术的正常发展。它还关系到一个国家在国际上的形象和地位以及对外关系，特别是对外经济关系的发展。同时，国内政治局势的状况，也直接反映了国家内部的人心向背，即国家凝聚力问题。

4）与外部世界的关系。在国际政治关系中，一个国家的实力必须通过与外部世界的相互交往体现出来。一个国家与外部世界的关系，包括国家对外政策的取向、外交能力、对外部世界的依赖程度、在国际上的威望与信誉等。其中，有两个要素是十分重要的：第一个要素是一个国家在一定时期所处的国际环境。任何国家之对外行为都是在一定的国际背景下进行的，在国际环境不变的情况下，一个国家的综合国力往往是决定其国际地位的最重要因素；而在一个国家综合国力不变的条件下，国际环境的变化可以使其在国际上处于不同的地位，这主要取决于国际局势的变化对其是有利还是不利。第二个要素是一个国家与外部世界的关系或联系。国际政治是一种国家间相互作用的一般状态，任何国家在国际舞台上的作用，都要通过它与其他国家的关系表现出来。但是，在这里，“外部世界”的概念指的并不仅仅是与该国发生联系的不同国家，还包括该国与整个国际社会的关系，即一个国家对外部世界的依赖和相互依赖关系、一个国家的对外开放程度，或者说是指一个国家的对外影响力和受外部影响的程度。一个对外封闭或闭关锁国的国家受外部世界的影响会比一个开放性的国家小得多，同时它对外部世界的影响力也小得多，因而就难以在国际上发挥其作用，或不具有明确的国际地位。一个开放性的国家因其对外紧密的政治经济联系，会形成其对外政治上特别是经济上的依赖性，在一定程度上会影响其国际作用的发挥，但是如果它拥有比较强大的综合国力，它在受外部世界影响的同时，也会对其他国家以至于整个世界产生影响，形成其他国家对它的依赖。

3. 国家实力的综合评估

国家的实力是一个综合性的概念，它既包括有形的构成，也包含无形的构成，是两者的结合。在估价一个国家的实力时，必须将两者综合起来分析，即现在常说的“综合国力”。在科技革命飞速发展的当今时代，科学技术因素在“综合国力”中的地位和作用越来越突出。一般来讲，科技因素可归于有形构成方面。在许多方面，一国的科技力量是易测定的、可见的，它对经济、军事、人口、资源开发的影响是直接的、显见的。同时，科技力量的无形作用和它对现代国家实力中的非物质构成的影响也是十分重要的。例如，科技革命给人们观念形态的变化带来的影响，科学技术的发展对各国与外部世界的联系、对各国之间关系的影响，等等。

国家的实力是一个相对性的概念，它不是一成不变的，不同国家实力的不同构成所发挥的作用也是不同的。在国家的实力构成中，物质构成起着决定性作用。在一般情况下，物质力量强大的国家，实力地位就强，在国际舞台上发挥的作用就大。但是在有的情况下，小国、弱国同样可以取得较强的实力地位，发挥较大的作用。在某些具体事件中，小国甚至可以发挥比某些大国更大的作用。其主要原因就在于非物质构成的作用，或者是由于物质构成的不同组成部分的不同作用的结果。

如何评估一国的国家实力或综合国力？克莱因提出综合国力评估方程［$P_P=(C+E+M)\times(S+W)$］，即被确认的权力（P：perceived power）等于有形实力［基本实体（C：

critical mass，包括人口、领土）＋经济实力（E：economic capabilities）＋军事实力（M：military capabilities）]×无形实力［战略意图（S：strategic purpose）＋贯彻国家战略的意志（W：will to pursue national strategy）]。克莱因根据这一公式对世界主要国家的综合国力进行了评估①。

中国学者黄硕风提出了综合国力评估的动态方程：$Pt=Kt\times Ht\times St$，其中 t 是时间变量，Pt 是某一时间点的综合国力，H 是硬实力，S 是软实力，K 是协同力。该方程有 20 多个子方程，150 多项指标，并使用 1986 年的数据对世界主要国家的综合国力进行了测算②。

克莱因提出的综合国力评估方程试图从有形和无形相结合的角度来对一个国家的实力进行综合评估，其基本方法是可取的，但是其所采用的指标体系具有很大的局限性。中国学者运用系统论和自组织理论的方法，提出了综合国力评估的动态方程，即把综合国力看作一个动态的系统、一个开放的系统、一个非线性的系统，无疑弥补了西方学者的理论和方法论缺陷③。

4. 国家实力的作用

国家实力是一国在国际舞台上发挥影响和作用的物质基础，对一国国际地位的高低起着决定性的作用，对一个国家的对外行为具有重要的制约作用。这主要表现在：

（1）国家实力是制定对外战略的重要依据。一个国家在对外决策时，必须正确地估计自己的实力地位、自己与行为对象之间的实力对比状况，以及国际政治舞台上的力量对比状况。过高或过低地估计自己的实力地位，都会导致决策的失误。

（2）国家实力是实现国家对外目标的重要手段。国家对外目标的确定要考虑自身的实力地位，对外目标的实现也需要凭借自身的实力。我们反对“弱国无外交”的强权政治，同时也必须承认，“无实力外交”是不现实的、不可能的。要实现一定的对外目标，必须采取一定的行为手段，必须具备一定的实力。

（3）国家实力是决定国家对外行为方式的重要因素。一个国家的对外行为应采取何种方式，取决于多种因素，而实力地位起着十分重要的作用。实力地位不同，则采取的方式不同。有的国家以采取经济方式为主，有的国家以采取军事方式为主，有的国家以采取政治方式为主，有的国家则可以综合采取各种方式。

四、国家行为体的类型

主权国家是国际社会的主要行为体，但它们之间由于社会政治经济制度的不同、发展水平的差异，以及在国际舞台上的地位、影响和作用的区别，可以划分为不同的类型。关于国家行为体的分类，传统政治学依据政体类型，将国家划分为君主制国家和共和制国家；依据国家结构，划分为单一制国家和复合制国家；西方政治学者也常常将世界各国家划分为民主国家、极权国家、威权国家等。世界银行则按人均收入水平将世界各国划分为

① 陈汉文．在国际舞台上．成都：四川人民出版社，1985：50-58.

② 黄硕风．综合国力论．北京：中国社会科学出版社，1992：188-203.

③ 黄硕风．大较量：国力、球力论．长沙：湖南出版社，1992；阎学通．中国国家利益分析．天津：天津人民出版社，1996.

低收入国家、中等偏下收入国家、中等偏上收入国家和高收入国家。中国学者曾长期主张以国家的社会政治经济制度和发展水平为综合标准，将国家行为体划分为发达资本主义国家、社会主义国家和发展中国家等三种类型。但这些标准并不适合国际政治学分析的需要。国际政治学界的大多数学者倾向于，国家作为国际行为体而言，应该以其国际地位，即以国家实力的大小和国家在国际事务中的行为能力的强弱为依据划分其基本类型。

1. 国家的行为能力

所谓行为能力，是指国家以实力为基础对其他行为体发挥影响和作用的能力，即国家行为体在国际事务中维护其自身利益、达成对外目标、影响其他行为体行为的能力。

国家行为体在国际舞台上作用的大小，不仅取决于实力的大小，也取决于行为能力的强弱。国家实力对国际行为的作用主要体现在它对行为体的行为能力的影响上。国家行为体在国际舞台上作用的大小，主要表现为其行为能力的大小。国家实力是发挥职能作用的基础和条件，而行为能力则是实现目标的措施与途径。

测定一国行为能力的尺度主要有五个方面，即在主要国际组织中的地位和作用、在重大国际问题上的作用、对其他行为体对外决策的影响、自身对外影响的范围和领域、对外影响的途径和手段等。

国家行为能力的大小，主要取决于一国物质力量的强弱，同时也与非物质力量有着密切关系。此外，国家行为能力的大小，还取决于不同的国际环境、历史发展的一定阶段以及不同的地域和对象。一般来讲，综合国力强大的国家，其行为能力和对外影响力就大；综合国力较弱的国家，其行为能力和对外影响力则相对较小。国家行为能力的大小也有可能因条件和对象的不同而有所不同。

2. 国家行为体的分类

根据上述依据和标准，国际政治学一般以一国的国际地位为尺度将世界各国划分为超级大国、大国、中等国家、弱小国家等几种类型。

（1）超级大国，不仅是地理和人口上的超级大国，更重要的是在综合国力上领先于世界其他国家，广泛参与全球性的国际事务，并对其他国家乃至整个国际政治体系都产生了决定性的影响，拥有最强的国际行为能力的极少数国家。超级大国是世界力量的中心，处于世界的首要地位，是国际格局中的一“极”。由于其综合国力和对国际事务的影响都是全球性的，超级大国通常也被称为“全球性大国”。如两极格局时期的美国、苏联，以及冷战结束以后及当今世界的美国等。

（2）大国，是指那些在综合国力上虽具有强大的实力，但不处于世界的首要地位，对国际事务的影响力主要局限于本地区的国家，因此也称为地区性大国。只有少数“准全球性大国”对全球性事务产生一定的影响，但远不及超级大国。如第二次世界大战后的法国和英国，以及当今世界的德国和日本等。

（3）中等国家，是指在综合国力上处于世界的一般水平，对国际事务的影响力主要涉及周边邻国。少数实力较强者对地区性的国际事务也具有一定的影响。如韩国、南非、以色列、埃及等，但大多数国家主要关注自己的周边环境。

（4）弱小国家，是指那些无论在综合国力还是在国际影响上都相对弱小的国家。如发达国家中的摩纳哥，安道尔等欧洲袖珍国家，发展中国家中的弱小国家。

第三节　非国家行为体及其特征

非国家行为体是指那些主权国家之外的、能够独立地参与国际事务并发挥职能作用的国际行为体。非国家行为体是国际政治不断发展的产物。

一、非国家行为体及其形成

1. 非国家行为体与跨国行为体

广义的非国家行为体包括一切具备了国际行为体的基本特征，但并不具备主权国家地位的其他国际行为体。它包括由两个以上国家的成员共同组成的跨国行为体，如国际组织、跨国公司等，也包括具有一定的国际行为能力的其他非国家行为体，如准国家行为体，即尚未独立或尚未得到国际社会承认的政治实体；次国家行为体，即国家内部具有一定国际行为能力的次一级机构和单位，包括地方政府和城市等；此外还有一些具有重大国际影响的国内组织和国际社会的特殊个人等形式。

还有一些学者认为，在主权国家内不隶属于政府的利益集团、党派及其他团体或个人，由于其能够对国家的对外政策施加影响，因而也属于非国家行为体。而一些西方学者把所有能够在国际范围内活动的非国家或非政府组织，甚至政府所属的组织、机构和团体，都称为非国家行为体。亨廷顿在《跨国组织与世界政治》中列举了世界上 12 个最强大的跨国组织，包括福特基金会、美国中央情报局、法国航空公司、美国战略空军司令部、美国国际开发总署等。

在当今国际政治中，非国家行为体的数量庞大、种类繁多，然而，无论是就其数量或行为特征而言，还是从其对国际社会的影响作用来说，非国家行为体的最主要和最重要的部分是那些具备了国际行为体特征的跨国组织，即跨国行为体。跨国行为体不仅数量占绝大多数，行为特征与国家行为体有明显区别，影响作用也更加重要。因此，在国际政治学意义上，分析非国家行为体主要集中于跨国行为体。

所谓跨国行为体，是指由两个以上国家的成员组成的、通过自己的对外行为来影响国际政治进程的跨国组织。其组织形式、成员构成、主要职能和活动范围都是超越国家的，是跨国的。更为重要的是，跨国行为主体已经具备了国际行为体的四个基本特征，在国际事务中能够依据自身的行为能力发挥职能作用。跨国行为体属于非国家行为体，但不是所有的非国家行为体都是跨国行为体。

跨国组织是指由两个以上国家的政府、政党、团体、企业和个人，依据特定的宗旨和协议组成的组织机构。它们主要包括各种类型的国际组织和跨国公司等。跨国组织的数量十分庞大，根据《国际组织年鉴》电子数据库数据，截至 2017 年，国际组织总计 69 340 个，其中政府间组织 7 658 个，非政府间组织 61 682 个；根据《世界投资报告 2015》，全世界的跨国公司达到 10 万家，截至 2012 年，跨国公司的母公司已达 10 万家，它们的外国子公司约有 90 万家①。

① United Nations Conference on Trade and Development. World investment report 2015：reforming international investment governance. New York and Geneva：United Nations Publication，2015：18.

当然，并非所有的跨国组织都构成跨国行为体。例如，一些组织松散、不具备国际行为体所应有的行为能力和职能作用的国际组织，一些经济实力微弱、经营不善的跨国公司，以及那些不具有固定组织形式或独立自主的团体、运动和会议等，由于不具备国际行业体的基本特征，都不属于严格意义上的跨国行为体的范畴。也就是说，跨国组织的外延显然大于跨国行为体。

跨国行为体大致可以分为国际组织和跨国公司这两种基本类型。

2. 跨国行为体的形成与发展

跨国行为体以跨国组织作为表现形式，其形成和发展也是以国家间政治为基础的。

17世纪中叶以后出现的国际会议是非国家行为体的最早雏形。一般的国际会议尽管因不具有常设机构而不构成国际行为体，但是由于它们是以跨国形式进行的（特别是那些能够定期召开并具有相应常设机构的国际会议），也可以视为国际组织的最初的不成熟形态，同时它们也是以后的跨国政治活动的最基本形式。

19世纪中期出现的国际政党组织和国际教会组织是世界上最早出现的跨国行为体。国际政党组织是继国际会议之后形成最早的跨国组织形式之一。1846年成立的布鲁塞尔共产主义通讯委员会以及1847年成立的共产主义者同盟可以说是近代世界最早的国际政党组织。1846年成立的世界福音教派联盟则是最早的国际教会组织之一。尽管国际组织的雏形在古代社会业已存在，但现代意义上的国际组织则是在19世纪中期以后才出现的。

19世纪后期形成的跨国公司则是垄断资本主义时期的国际经济组织。跨国公司的萌芽在资本主义形成时期就已出现，如17世纪建立的英国东印度公司和荷兰东印度、西印度公司。但是，这些以公司为名的机构实际上具有西方列强殖民统治的政治功能，与真正意义上的跨国公司性质不同。现代意义上的跨国公司或多国公司到19世纪后期才真正形成。19世纪70年代以后，资本主义由自由竞争阶段向垄断阶段发展，生产和资本的集中相对于国内市场出现了过剩，迫使资本家通过直接投资在海外建立自己的分支机构，最早的国际经济垄断组织——跨国公司开始出现并逐步发展。与此同时，世界范围内出现了一批专业技术性的国际组织，如万国邮政联盟、国际电报联盟和国际气象组织等。

20世纪以后，全球性的政府间国际组织的出现标志着跨国行为体的形成。20世纪以前，国际政治明显地表现为以欧洲为中心，欧洲大国垄断着国际事务，因而跨国组织主要是欧洲范围内的，其作用及功能也是十分有限的。20世纪以后，特别是第一次世界大战以后，国际政治的全球体系已经形成，世界大战的爆发使人类的相互依存关系得到发展，作为协调国家间相互关系的补充形式的国际组织也有了一定的发展，各国政府开始意识到跨国组织作为国家对外政策工具的可利用价值；同时，社会主义国家的出现，也使无产阶级与资产阶级两大对立阶级在国际范围内的斗争更加公开化和组织化。在两次世界大战期间，各种类型的跨国组织都有了不同程度的发展，国际组织中的政治性组织明显增多，并出现了第一个全球性国际组织——国际联盟。特别是国际联盟在国际法中的主体地位被广泛确认，自此，国际组织由一般跨国组织成为跨国行为体。

第二次世界大战后跨国行为体得到极大的发展。第二次世界大战以后，随着世界经济全球化的发展，国家间相互依存、相互沟通，各种形式的往来迅猛发展，世界经济与国际政治的相互渗透和相互作用日益明显，国内政治与国际政治之间的界限开始模糊和淡化，各种跨国组织的行为对国际政治的影响日益加深。跨国公司不仅数量增加、作用增强，而且由经济实体演变成为国际政治中的重要行为体。跨国政治逐步成为国际政治中的新内容，跨国组织也成为国际舞台上日趋活跃的角色和行为者。战后，国际组织的数量、类型、功能、作用都有了很大的发展，几乎没有一个国家不加入某一个或多个国际组织中，1945 年成立的联合国已成为包容全世界 193 个主权国家，在国际事务中发挥重大影响作用的最具权威的全球性国际组织。

3. 跨国行为体地位的确立

跨国行为体在国际政治中的地位是随着国际组织本身的发展而不断变化的。从国际法的角度来看，在 20 世纪以前，由于国际组织，特别是政府间的国际组织为数甚少，所以传统的国际法一般不涉及国际组织的法律地位问题。20 世纪以后，特别是第二次世界大战以后，国际组织大量出现，在国际政治中的影响日益扩大。国际组织的法律地位也发生了变化。越来越多的国际条约和文件都已经肯定国际组织的法律行为能力和权利能力。1919 年成立的国际联盟在其《国际联盟盟约》第七条第四款规定，“联盟会员国之代表及其办事人员当服务联盟时应享有外交特权及豁免”，实际上确定了政府间国际组织的国际法主体地位。《联合国宪章》第一百零四条规定：“本组织于每一会员国之领土内，应享受于执行其职务及达成其宗旨所必需之法律行为能力。”海牙国际法院在其文件中也明确承认了联合国是具有国际权利和义务能力的国际法主体。实践证明，政府间的国际组织在第一次世界大战之后，特别是第二次世界大战后已经具有独立参加国际政治和直接承受国际法权利与义务的能力，已经具备了国际法主体的资格。而非政府间的国际组织，除极少数重要组织以外，一般尚不具备国际法的主体地位。

长期以来，国际政治行为体的认定往往与国际法主体地位的确定挂钩，似乎只有确定了国际法主体的地位才能被认定为国际政治的行为体。但是第二次世界大战之后，不仅政府间国际组织在国际政治中大量出现，发挥着重要的影响作用，而且一大批非政府间国际组织更是如雨后春笋，蓬勃发展。不仅数量大大超过政府间国际组织，其影响作用也日益得到国际社会的确认。特别是由于第二次世界大战后世界经济政治化和国际政治经济化潮流的影响，世界经济与国际政治相互渗透、相互作用，一大批跨国公司在国际政治中的影响和作用也更加明显。因此，在国际政治中国际行为体地位的认定并不以是否具备国际法主体地位为标准，而是以是否具备国际行为体的基本特征为依据。

二、跨国行为体的基本类型

跨国行为体不仅活动领域是跨国的，而且成员构成也应是多国的，它所追求的组织利益也应该与国家利益相区别。只有这样，它才能体现出其超越具体国家和政府之外的特点，作为国家间相互关系的补充形式，在国际事务中发挥其特定职能，在政治、经济、科技和文化等方面发挥自己的作用。跨国行为体大致可以分为两类：国际组织和跨国公司。

1. 国际组织及其分类

国际组织是指由两个以上国家的成员（包括政府、政党、团体和民众个人）基于特定的目的，以一定的协议或法律形式设立的组织机构。国际组织按照不同的标准可以进行进一步的分类。

从成员的性质来看，国际组织可以分为政府间的国际组织和非政府间的国际组织两大类。前者是由若干主权国家的政府或政府权力机构为达到一定的目的而设立的国际机构，如联合国就是当今世界规模最大的政府间的国际组织。后者是由不同国家的个人和团体等组成的国际机构，如国际劳工组织、国际宗教组织、国际青年组织、国际妇女组织以及各种专业技术性的国际协会和联合会等，其中影响较大的有国际奥林匹克委员会、红十字国际委员会等。政府间的国际组织不受某个具体国家的权力管辖，可以对其成员国做出具有一定约束力的决定。实践证明，它在一定的范围内具有建立和维持国际政治的能力，从而对国际政治产生重大影响。政府间国际组织早在第一次世界大战后便在法律上具有了国际法主体的资格，从而也确立了其独立参与国际事务的国际行为体的地位。非政府间国际组织由于不具备承受国际法权利和义务的能力，因而尚未被公认为国际法的主体，但是这并不等于它不具备国际行为体的地位。有许多非政府间国际组织，特别是一些政治性的组织和宗教组织，以及政府间国际组织下属的非政府间组织，由于能够独立地参与国际事务，也具备了行为能力、职能作用、组织形式和独立决策权，因而也在国际舞台上确立了自己的行为体地位，对国际政治关系产生了一定的影响和作用。1997 年的诺贝尔和平奖授予了国际禁止地雷运动（International Campaign to Ban Landmines，ICBL）及其协调人美国公民乔迪·威廉斯（Jody Williams）女士，这是非政府间国际组织在冷战结束后的外交中日益活跃的表现。威廉斯在受奖时说："一个国家的政府完全可以同非政府组织携起手来，一同改变这个世界。"时隔 20 年，2017 年的诺贝尔和平奖再次授予国际废除核武器运动（International Campaign to Abolish Nuclear Weapons，ICAN）

从目的和职能来看，国际组织可以分为一般政治性组织和专业技术性组织两大类。前者具有较为广泛的职能，是以政治、经济、军事等方面活动为主的组织机构，如联合国、欧洲共同体、北约、华约、经互会等，它们既有政府间的国际组织，又有非政府间的国际组织，由于其活动的性质与国际政治经济关系密切相关，因而对国际政治的影响也较为突出。后者一般只具有专业技术性的职能，主要进行科技、文化、体育、卫生等方面的专业技术性活动，如联合国下设的教科文组织、世界卫生组织、世界气象组织、国际电信联盟、万国邮政联盟，以及各种专业技术学会、协会等，这类组织既有政府间的组织，又有非政府间的组织，但更多地表现为非政府间组织的形式。由于它们的活动仅仅局限于某个特定的专业领域，其影响和作用也往往局限于相应的专业领域，因而它们对国际政治的总体系的影响和作用也相对较小。

从成员构成的地域范围来看，国际组织又可分为全球性组织和地区性组织两大类。前者尽管成员的数量有多寡之别，但都是来自世界各个地区，如联合国及其下设的各类组织，以及各种世界性的专业性组织等。后者的构成较为复杂，主要包括：（1）跨地区性国际组织。如不结盟运动、七十七国集团、石油输出国组织等。这些组织的成员尽管来自不同地区，但尚未包括世界上一些主要地区的国家，因而不能被视为全球性组织。（2）地区性国际组织，它的成员一般来自世界某一大洲内部。如美洲国家组织、非洲统一组织等。（3）区域性国际组织，它的成员一般来自相邻的几个国家。如东南亚国家联盟、孔塔多拉集团、利马集团等。全球性的国际组织的行为职能一般涉及世界性的重大问题，而地区性的国际组织的职能一般只限于解决本地区的特定问题。在上述的全球性和地区性的国际组织中，既有政府间的，又有非政府间的；既有一般政治性的，又有专业技术性的。由此可见，按照上述三种标准进行分类的国际组织，相互之间的外延是交叉重叠的。由于观察问题的角度不同，国际组织的分类也呈现出不同的形式。

国际组织不仅包括上述一般意义上的国际组织形式，还包括世界性政党、国际宗教组织、世界性运动等。

世界性政党是由不同国家的政党根据其共同的宗旨和原则而组成的国际组织（主要强调其成员由政党组成），也称跨国政党。其中，19 世纪中叶建立的共产主义者同盟、第一国际、第二国际等无产阶级的国际政党组织可以说是最早的世界性政党组织，也是最早出现的国际组织形态之一。在当前国际政治中，社会党国际、自由党、保守党、基督教民主党和绿党等世界性政党组织的活动积极，对国际事务具有广泛的参与意识和较大的影响。国际宗教组织也称国际教会组织，是由各国的教会和宗教机构组成的国际组织，是由不同国家教会设立的国际性组织（主要强调成员和活动）。目前，世界上基督教、伊斯兰教和佛教等主要宗教都建立了自己的国际性组织机构。国际宗教组织在宗教盛行、政教合一和教徒众多的国家具有广泛和重大的政治影响。世界性运动是由一定的国际组织机构发起和领导的、为着特定宗旨进行的引起国际社会普遍关注的世界范围的活动（强调宗旨和目的），包括以反战反核和裁军为宗旨的世界和平运动，强调环境生态保护的绿色运动，以及不结盟运动、女权运动等。

国际组织是国际政治的重要行为体，在国际政治中大都发挥着正面的和积极的作用。它们是反对战争、维护和平的重要力量，是促进发展、推动合作的积极因素，同时也是推进国际政治民主化、限制和削弱强权政治和霸权主义的主要舞台。

此外，还有一种特殊性质的国际组织，即国际恐怖主义组织。国际恐怖主义是指在国际范围内采用战争以外的特殊暴力手段，达到特定政治经济目的的活动和行为。《中华人民共和国反恐怖主义法》规定：恐怖主义，是指通过暴力、破坏、恐吓等手段，制造社会恐慌、危害公共安全、侵犯人身财产，或者胁迫国家机关、国际组织，以实现其政治、意识形态等目的的主张和行为。组织、策划和实施跨国恐怖主义行为的组织机构就是国际恐怖主义组织。2005 年，第 59 届联合国大会主席让・平在为联合国首脑会议准备的《成果文件草案》中草拟了对恐怖主义的定义，即以胁迫一定人口、一个政府或国际组织为手段，旨在造成平民或非战斗人员死亡或严重身体伤害的行为，都是不能辩解的恐怖主义行为。当然，国际恐怖主义组织与其他国际组织的性质不同，国际恐怖主义组织是国际政治的“毒瘤”，在国际政治中充当反面的和消极的角色，起着破坏性的作用。因此，应当另辟领域对其进行专门分析与研究。

2. 跨国公司及其分类

跨国公司是指那些通过对外直接投资，在其他国家和地区设立分支机构或控制子公司的国际垄断组织。跨国公司也曾被称为“多国公司”“环球公司”“国际公司”“宇宙公司”等。1974 年，联合国经济及社会理事会第 57 届会议决定统一称为跨国公司（transnational corporations，TNC）。

长期以来，在国际政治中跨国公司一直被视为一种单纯的经济实体而不包括在国际行为体的视野范围之内。跨国公司从 19 世纪后期开始出现，曾经是帝国主义对外进行掠夺和进行殖民统治的工具之一。第二次世界大战以后，跨国公司的经济实力急剧膨胀，数量迅速增多。在世界经济一体化迅速发展，世界经济与国际政治的相互渗透、相互影响和相互作用不断加强，国际政治经济化和国际经济政治化进一步发展的大趋势下，跨国公司日益介入国际政治关系，在国际舞台上的政治影响和政治作用也在不断加强。西方学者认为：跨国公司的出现引起了跨国组织的革命，已经成为跨国政治中的重要行为体和"非常强大的政治上的国家"①。

跨国公司的分类有不同的依据。按其资本构成的国度，跨国公司一般可以分为由几国资本共同形成的多国公司和由一国资本形成的跨国公司两大类。前者如英、荷合资的壳牌石油公司等，这类公司在早期由于面临着各国税率不一和股权利益上的矛盾冲突，其发展曾经遇到障碍，但第二次世界大战后由于世界经济全球化和一体化的加深，在全球企业兼并与合资经营潮流的推动下有了重大发展。

按其资本所有者的性质又可分为私有、国有和国私共有三类。美国的跨国公司几乎全部属于私有。西欧国家的跨国公司大多数为私有，但也有少数为国有或国私共有。其中，曾经是国有的跨国公司有法国的雷诺汽车公司、英国的利兰汽车公司和意大利的国家碳氢化合物公司等；国私共有的跨国公司则有德国的维巴公司、英国石油公司等。

按其资本所属国的经济社会性质，跨国公司也可分为垄断资本主义国家的跨国公司、社会主义国家的跨国公司和发展中国家的跨国公司等。

三、跨国行为体的行为特征

跨国行为体是在国家行为体的基础上发展而来的，跨国政治也是国家间政治的衍生和扩展。因此跨国行为体与国家行为体之间存在着必然的联系，但跨国行为体作为非国家行为体的主要部分，与国家行为体也有着明显的区别。即使在跨国行为体之中，国际组织与跨国公司的行为方式也有着较大的不同。

1. 跨国行为体与国家行为体的联系和区别

跨国行为体与国家行为体既有联系又有区别。两者之间的联系表现在：首先，跨国行为体是在国家行为体之间相互关系的基础上形成和发展起来的，是国家间相互关系的补充和延伸；其次，跨国行为体和国家行为体一样，具备构成国际行为体的四大基本要素，即行为能力、特殊利益、实力和组织形态、独立自主性和独立决策权。

两者之间的区别表现在：首先，跨国行为体没有固定的领土和居民，其所在地和活动范围均为某一主权国家的领土，只有在主权国家同意的前提下才能以某种协议方式获得有限的使用权，这种有限使用的空间与国家主权所及的领土是根本不同的概念。而且，跨国行为体的成员与国家公民的身份有着明显的区别。

其次，跨国行为体不拥有集中统一的政权机构和暴力工具，一般不能像主权国家那样运用包括暴力在内的强制力解决国际问题。由于跨国行为体一般不拥有具有广泛权力的政府机构和保障其决策得以执行的物质手段，因而不能像主权国家那样可以通过政权机关强制推行其对外政策，甚至不惜采取极端措施来实现自己的对外战略目标。

---

① 王沪宁．比较政治分析．上海：上海人民出版社，1987：277.

最后，跨国行为体的成员来自两个以上的国家，因此它们一般不受特定国家的控制和支配，不代表特定国家的利益，从而具有超国家性的特点，具有超国家的共同利益。其中的自然人来自不同的国家，作为成员的代表，他们代表和反映了本国的利益，作为跨国组织的雇员，他们又应当体现跨国行为体的整体利益。

2. 国际组织的行为特征

（1）跨国性。首先，国际组织成员构成的多国性。无论国际组织的成员是政府、政党，还是团体或个人，都是来自两个以上的不同国家。他们之间以一定的协议为基础结成一个共同体，并以协议的基本精神作为其职权范围、活动内容和行为方式的基本依据。这是国际组织的首要特征。其次，国际组织的活动范围和影响作用的跨国性。国际组织所参与或涉足的问题，即行为的主要内容，都是一些地区性和全球性的跨越国界的问题，是该地区和全球各国所关心的共同性问题，如和平问题和发展问题等。因此，国际组织的每一行为本身都带有跨国性的影响。最后，国际组织自身利益的超国家性。国际组织的形成是建立在各成员对相互之间共同利益的认同的基础上的，因此国际组织一般不代表某个特定国家的利益，它可能在一定的时期受到某个大国的影响，但并不可能长期为某一国家的政府直接控制和操纵。由于利益的超国家性，国际组织在介入某些问题或对其施加影响时，一般都能超脱单个国家利益的束缚，表现出较为公正和易于被接受的特点。正因为如此，国际组织的决议和主张比较容易得到大多数成员的赞同和支持，甚至得到许多非成员的广泛响应，也比较容易贯彻执行。

（2）间接性。国际组织作用于国际政治的途径与主权国家有很大的区别。国际组织参与国际事务主要是通过对其成员的制约和影响，即对主权国家的政府、团体或领导人施加影响来间接进行的。尽管国际组织在当今国际政治中越来越多地直接参与国际事务，但其发挥作用的主要途径仍然是通过召开国际会议，通过会议所做出的决议和制定的准则和规范，通过动员世界舆论，通过其成员广泛、积极的活动等途径，对其成员的政府的决策施加影响。国际组织以召开会议、通过决议的方式，对某一国家的某项对外政策进行支持、反对甚至干涉，对其成员的对外政策或行为施加影响，对国家间的关系起到调解和推进的作用，从而影响国际政治的发展进程（如联合国关于以色列归还巴勒斯坦领土问题的决议和谴责美国入侵巴拿马的决议，跨国政党组织内的一些执政党成员或主要反对党成员对其所在国家决策的干预）。国际组织对国际政治的影响和作用大多要通过主权国家的政府间接地表现出来，这就不可避免地要受到特定的国家特别是超级大国的影响与制约。由此可见，国际组织对国际政治的影响和作用与国家行为体相比的确具有一定的间接性特征，但这种影响和作用却是重要的和必不可少的。

（3）协调性。由上述两个特点所决定，国际组织在国际舞台上能够发挥主权国家难以发挥的作用，如为协调国家间关系提供一个对话的场所、为国家间交往制定和提供共同的行为规范和准则、成为协调国家间矛盾与冲突的渠道、是国际合作的一种重要形式等。国际组织作为一种超越国家之上的联合体，对于协调国家间相互关系、促进国家间的相互了解与合作，有着不同于主权国家的独特作用。首先，各种国际组织通过自身的组织机构或会议为成员之间的相互对话和交流提供了良好的活动场所。在国际组织的各种会议和讲坛上，各国代表均可以通过大会的发言和相互辩论阐述本国政府对重大国际问题的立场和主张，加深国家间的相互理解。其次，国际组织通过各种宣言、公约和决议等文体形式，为国际社会制定共同的行为规范和相互关系准则，对国家间关系起到了协调作用。国际组织的规章和决议，以及通过的公约和宣言等，是构成当今国际法体系的重要渊源。这些国际法规的完善对国家间关系起到重要的协调作用（如联合国通过的宣言、协议、协定和公约为制定完善和丰富国际法体系做了大量工作，国际法院的判决案例对国际准则的形成所产生的影响等）。再次，国际组织往往以调解国际冲突、促进国际合作为宗旨和使命。在当今国际政治的矛盾和冲突中，联合国和一些地区性国际组织通过各种方式对国家间争端进行调停、斡旋或仲裁。如联合国秘书长的斡旋活动、联合国维持和平部队的维持和平行动、国际法院的判决和仲裁等。国际组织通过自身的行动，推进了各国间矛盾和冲突的化解与缓和，为解决地区冲突做出了积极的贡献。最后，国际组织的行为手段缺乏强制性。国际组织作为若干个国家成员的集合体，不拥有集中统一的政权机关和暴力工具。联合国维和部队、一些跨国组织的内部保安力量等，都不具备国家武装力量的基本职能。因此，各成员共同协商做出的决议和规则对成员缺乏强制性的约束力，主要还是通过道德和舆论压力的约束，主要发挥协调和沟通的作用。在国际政治的现实中，国际组织做出的某项决议往往并不能真正被贯彻执行。即使是联合国安理会这样拥有一定强制力的机构，其做出的决议如果没有某些拥有较大权力和影响的成员国的支持，也往往不能得到执行。联合国实行的某种直接的干预（如制裁行为），仅仅依靠联合国自身也不能得到有效的执行与控制，主要还是有赖于主权国家的参与和施行。这本身也反映了国际组织在参与国际事务和发挥其影响过程中的局限性。

3. 跨国公司的行为方式和作用途径

跨国公司的资本所属国度一般称为母国或基地国，而资本输出或直接投资的对象国家则称为东道国或投资国。这样，跨国公司就以经济活动为链条，将不同的国家联系在一起。跨国公司作为一个经济性的跨国组织参与国际政治体系的运行，它影响国际政治的行为方式和作用途径必定不同于主权国家，甚至不同于一般国际组织和其他非国家行为体。

第一，跨国公司利用自身巨大的经济实力对世界经济和国际政治产生重要的影响。跨国公司拥有的巨大经济实力甚至超过许多主权国家。如果以跨国公司的年销售额与主权国家的年国内生产总值相比，世界上 100 支最大的经济力量中跨国公司的比例已经超过一半。根据美国《财富》杂志的“世界 500 强”公司排行榜，美国沃尔玛公司 2017 年的营业收入达到了 500.3 亿美元①，与世界各国 2017 年的国内生产总值相比，居第 29 位，超过了比利时、泰国和奥地利等国②。由于拥有如此巨大的经济实力，跨国公司的跨国界经营活动具有较强的行为能力，不仅促进了生产和资本的国际化，推动了当今国际分工、国际贸易和国际金融的发展和世界经济一体化的进程，而且其投资方向的选择和投资规模的大小，对世界经济与国际政治的发展都产生重要的影响。

第二，跨国公司为维护自身的经济利益而影响母国和东道国的决策过程，进而影响母国和东道国关系的发展。由于跨国公司拥有巨大的经济实力，它的存在和行为对母国和东

① 参见财富中文网（http://www.fortunechina.com/fortune500/c/2018-07/19/content_311046.htm）。

② 参见世界银行数据库（https://databank.worldbank.org/data/download/GDP.csv）。

道国的经济实力和经济发展产生重大的影响，与母国和东道国的国家利益密切相关。跨国公司为保障自身经营活动的顺利开展并攫取更大的超额利润，势必利用自己的这种地位去积极主动影响母国和东道国的决策过程，从而改善自身经营条件和投资环境，最终保障自身特殊的经济利益①。因此，跨国公司本身的决策和行为直接影响着母国和东道国的对外决策过程，影响着母国与东道国之间关系的发展。

第三，跨国公司利用自身的特殊地位形成相对独立的行为能力。跨国公司利用其跨国性的经营活动来削弱和摆脱某一具体国家的直接控制和管辖。跨国公司在海外的经营活动有可能摆脱母国法律的管辖和制约，在东道国的经营活动又因为所在国为吸引投资制定的种种特殊的优惠政策而也有可能在特定的区域和领域内不受东道国政府的直接控制。跨国公司虽然不拥有固定的地理区域和人口，但却能够控制一定的领土和人口。历史上，跨国公司在特定区域内甚至拥有准武装力量、警察和监狱等，并发行特定的货币。这样的跨国公司实际上控制了一些特定的地理区域和人口，形成了一种拥有相对独立的特殊权力的“国中之国”，从而对国际政治的发展起着特殊的制约和影响作用。

由此可见，跨国公司在国际舞台上已不再是一个纯粹的经济实体，在世界经济与国际政治相互渗透、相互作用的条件下，它在国际政治中的特殊地位和作用已经确立了它作为国际政治行为体的地位。

四、跨国行为体对国际政治的影响和作用

当今世界，跨国行为体数量众多，活动领域广泛，发挥的影响和作用越来越大，对以主权国家为中心的国际政治体系造成了巨大的冲击。其影响和作用大致体现在以下几个方面：

1. 跨国行为体是反对战争、维护和平的重要力量

在当今世界，维护和平、反对战争已成为各国人民的共同愿望与要求，是一种历史的大趋势。这种趋势一方面通过各国政府的对外政策反映出来，另一方面也通过国际组织的积极活动而得以强化。战后国际关系的历史证明，战争与和平主要表现在两大问题上：一是军备竞赛与裁军，二是地区冲突与战争。而在这两个问题上，国际组织都发挥了积极作用。

在军备竞赛与裁军方面，第二次世界大战后40多年间美苏两个超级大国之间的军备竞赛不断升级，成为世界和平的最大威胁。因此，许多国际组织都将控制军备竞赛、实现裁军作为其活动的重要内容，并为此做了大量的努力。联合国成立伊始就曾将“维护国际和平与安全”作为其首要宗旨，在第二次世界大战后国际生活中为实现裁军与和平做了大量卓有成效的工作。联合国通过设置的裁军委员会，专门负责讨论和研究全球范围内的裁军与控制军备竞赛问题。此外，它还通过联合国大会和安理会通过了一系列关于裁军问题的决议，促进了世界各国政府及人民对军备竞赛问题的普遍关注，推动了美苏之间的裁军进程，缓和了东西方之间的矛盾。其他国际组织，如不结盟运动、绿色和平组织等也为此做出了积极的贡献。尽管军备竞赛与裁军问题主要是由当事国本身的对外战略所决定的，军备竞赛的发展和裁军的进展都是出于它们各自国家利益上的需要，但是，各种国际组织

---

① 南开大学经济研究所世界经济研究室. 跨国公司剖析. 北京：人民出版社，1978：78.

的积极活动，以及在全球范围内形成的世界舆论与国际运动的制约和压力，都是推动裁军的重要因素。

在地区冲突和战争方面，战后大规模的世界战争并未爆发，而地区范围内的冲突和局部战争却连绵不断。第二次世界大战以前，战争与冲突解决的办法无非是一国战胜另一国，以及交战双方本身或通过指定的第三国来加以协调。国际组织的协调作用不太明显，但在第二次世界大战后这种作用则不断加强。例如联合国为此做出了多方面的努力，一是通过秘书长的调停、斡旋以及国际法院的仲裁等，促使冲突双方实现停火、谈判和撤军，协调双方的利益冲突，平息战火；二是通过组织维持和平部队、紧急部队，以及派遣军事观察员（小组）等措施，限制战争与冲突的再起和规模的扩大；三是采取经济制裁、经济封锁、中断贸易、武器禁运等措施制裁战争中的不义之国；四是在迫不得已的情况下，采取军事行动反对侵略者。所有这些措施在第二次世界大战后初期，在联合国为超级大国所操纵的情况下对国际政治的发展曾经起过消极作用。但在 20 世纪 60 年代以后，随着大批第三世界国家加入联合国和中国在联合国的合法席位恢复，这些措施对于平息和制止地区冲突与局部战争起到了积极作用。此外，一些地区性的国际组织，也为协调解决本地区的冲突做出了重要贡献。

2. 跨国行为体是促进发展、推动合作的积极因素

发展问题同和平问题一样，构成了当今世界的主题，成为人类面临的共同问题，也成为国际组织活动的中心内容。第二次世界大战后国际组织围绕这一主题展开了大量的工作并做出了有益的贡献。

国际组织是实行国际经济合作的主要形式。战后，随着科技革命和世界经济的发展，整个世界变得日益融为一体，相互依存不断加深。这就为国家间的经济合作提供了基础并提出了新的要求。第二次世界大战后国际组织的大量涌现，正是为了适应这一发展形势的需要。国际组织本身就是国家之间实行相互合作的组织形式，同时又以推动国家间的进一步合作为己任。《联合国宪章》明确提出，“促进全世界人民精神和社会的发展”是联合国的最高纲领之一①。为此，联合国把经费开支和人员配置主要放在与经济问题相关的领域，并开展了大量卓有成效的活动。而欧洲共同体/欧盟以及其他一些国际组织，都为不断协调国家间的经济矛盾、加强国家间的合作与联系做出了积极的努力。

国际组织为支持和帮助落后国家经济发展提供了重要渠道。全球经济发展问题的根本症结在于不平等的国际经济旧秩序。第二次世界大战后国际组织为解决南北矛盾做了大量工作，国际组织已成为发展中国家争取建立国际经济新秩序斗争的主要阵地。联合国贸易和发展会议的召开促使了发展中国家七十七国集团的出现，并提出了建立国际新秩序的要求，南北问题成为联合国讲坛的主要议题。同时，联合国也为南北对话提供了重要场所。南北双方通过联合国进行了一系列有益的对话，并达成了有关援助最不发达国家、债务危机、发展援助基金等多项协议。此外，联合国和其他许多国际组织都通过向发展中国家提供经济技术和资金援助，帮助发展中国家解决面临的经济困难，推动了全球经济的共同发展。

---

① 联合国新闻厅. 联合国概况. 北京：中国对外翻译出版公司，1979：1.

3. 跨国行为体是推进国际政治民主化的有力手段

所谓国际政治民主化是指国际社会的中小国家平等参与国际事务的权利逐步实现。第二次世界大战后国际社会中的动乱、战争和贫困现象，从国际政治的角度去分析，是由于国际政治的非民主化因素（大国主宰国际事务、国家之间不平等的强权政治和霸权主义的旧秩序）造成的。因此，第二次世界大战后国际政治民主化的问题被提上了国际政治的议事日程，并成为一种大趋势。在这方面，国际组织成为世界政治民主化潮流的先锋和中坚力量。

同时，跨国行为体的发展推动了国际政治行为体的多元化。而国际政治的多元化发展，必然打破少数大国在国际政治中的垄断地位，逐步消除强权政治和霸权主义，促使国际政治新秩序的逐步建立。国际组织为争取中小国家的平等权利进行了不懈的努力。大小国家一律平等、国家主权神圣不可侵犯是国际组织建立的基本原则。联合国从 20 世纪 60 年代起，由于大批第三世界国家的加入，其本身的性质也发生了变化，由大国控制和争夺的工具变成了中小国家的讲坛。不结盟运动从产生之日起就坚决反对集团对立和强权政治，并为此进行了积极的斗争，维护了中小国家的合法权益，为争取国际政治民主化做出了积极的贡献。

4. 跨国行为体是加速世界经济一体化和全球化的进程的关键动力

跨国公司的迅速发展是第二次世界大战后世界经济国际化的产物，同时它又反过来推动了国际经济一体化的发展进程。资本输出的直接结果便是加速了生产国际化的进程，推动了国际分工的进一步发展。第二次世界大战前，发达资本主义国家主要将其资本投向前殖民地和半殖民地国家和地区，利用当地低廉的原料和劳动力来获取超额垄断利润。第二次世界大战后，随着殖民体系的瓦解和第三世界国家的崛起，发达资本主义国家之间的相互直接投资不断增长，甚至超过了对发展中国家的投资。近年来，一些发展中国家，特别是一些新兴工业化国家和地区，为了推动本国或本地区经济的发展，也将一部分资金投向发达资本主义国家，出现了一批发展中国家的跨国公司。所有这一切，使长期以来各国相对独立的经济体系中出现了你中有我、我中有你的局面。生产国际化遍及整个世界。

此外，跨国公司的经营活动决定着世界商品的流向、结构和价格，推动了第二次世界大战后国际贸易的大发展。与此同时，跨国公司的发展还导致了跨国银行的大发展和世界货币市场的产生，并由此形成了国际金融体系。总之，跨国公司的发展加深了世界经济一体化的发展趋势。今天的世界经济体系已经不再是第二次世界大战后初期社会主义与资本主义两大体系并行的局面，而是几乎将一切国家包容在内的庞大的全球经济体系。国际经济联系的加强势必加深整个世界的相互依存，使得当今世界和国际事务中一切重大政治问题都必须从整个世界的角度去寻求解决的办法。因此，跨国公司的发展及其活动，不仅加深了世界经济一体化和全球化的发展趋势，同时也加强了世界各国的政治联系，对当今国际社会相互依存的发展起着重要作用。

第四节　个人在国际舞台上的作用

长期以来，国际政治的传统理论一般不将个人视为国际社会的行为体，这主要是因为个人在国际舞台上是国家利益的代理人和代表者而不具备自身的特殊利益。然而，个人在当今国际社会的活动和作用日益突出，以至于许多学者认为，个人是国际舞台上不可忽视的特殊角色，应当给予足够的重视和关注。因此，研究国际政治中的个人因素，分析个人因素对国际政治的制约和影响作用，已成为国际政治的内容之一。

一、个人是国际政治中的特殊行为者

历史唯物主义者认为，人民群众是历史的创造者，但并不因此否定个人在历史发展过程中的作用。同样，个人在国际政治舞台上也能够发挥特殊的重大作用。当然，这种作用总是要受到一定的社会条件的制约。国际政治舞台上的杰出人物，由于其个人的影响，能够加速或延缓历史的发展进程，甚至对重大历史事件起着决定性的作用。正如俄国革命家普列汉诺夫在《论个人在历史上的作用问题》中指出的那样："个人因其性格带有某种特点而能够影响到社会的命运。"①

1. 个人在历史发展中的作用

根据历史唯物主义关于个人在历史发展中的作用的基本观点，个人按其对历史影响的大小可以分为普通的个人和杰出的人物，而杰出的人物按其对历史影响的性质又分为进步的正面人物和反动的反面人物。杰出历史人物的主要作用表现在：第一，杰出历史人物往往是重大历史事件的直接参与者、策划者和指挥者，因而能对历史事件产生直接和深刻的影响，甚至起决定作用；第二，杰出历史人物是历史任务的发起者，历史任务由一系列历史事件组成，作为历史任务的发起者对历史发展也产生重大的影响；第三，杰出历史人物是历史进程的影响者，他们能够加速或延缓历史任务的解决，对历史发展的进程起到一定的推动或阻碍作用。

但是，在历史发展的总进程中，这种作用只不过是对历史发展速度和具体外貌的影响，而不能决定历史发展的总趋势，他们不能摆脱社会历史条件的制约。这就是历史发展的必然性与个人作用的偶然性之间的辩证关系。这也正是我们在分析个人因素对国际政治的影响时必须坚持的基本观点。正是鉴于对个人在历史舞台上的这种影响作用的肯定，西方国际政治学的一些学者主张将国际舞台上的特定的个人作为国际法的主体之一和国际政治的行为者加以研究。英国的国际法专家罗莎琳·希金斯认为："纽伦堡审判表明，并且联合国大会也正式承认，根据国际法，个人——不仅仅是国家——在发动侵略战争、危害人类的罪行及战争罪行方面也负有责任。"② 联合国大会通过的《世界人权宣言》《公民权利和政治权利国际公约》，以及关于非法劫持航空器的《东京公约》《海牙公约》《蒙特利尔公约》等都规定，个人在国际法的特殊领域里享有一定的权利和义务，同时也为个人行为的后果承担法律责任。冷战结束后，海牙国际法院成立了追究战争罪犯的特别法庭，并对南斯拉夫地区波黑内战中的所谓战争罪犯实施通缉和追捕。现实表明，随着个人在国际舞台上的作用的增强，个人在国际政治中的地位也得到了提高。"个人的行为对于发生在

① 普列汉诺夫. 普列汉诺夫哲学著作选集. 第2卷. 北京：生活·读书·新知三联书店，1961：359-360.

② 奥尔森，麦克莱伦，桑德曼. 国际关系的理论与实践. 北京：中国社会科学出版社，1987：332-333.

宏观政治范畴内的国际事件的进展具有极端的重要性”①。正是因为个人在国际政治中事实上已经具备了一定意义上的行为能力，并积极参与国际政治的各项事务，而且发挥了一定的影响和作用，因而可以将某些特定的个人视为国际政治的特殊行为者。

2. 国际政治中的个人行为者

尽管历史唯物主义认为历史上的每个人都对社会历史起过一定的作用，总要在历史上留下某种痕迹。但是这种作用有大有小，有的小到可以忽略不计。因此，国际政治中的个人主要指那些对国家的对外决策与对外行为、对国家间的相互关系和国际政治的发展进程起着重大制约作用的历史人物。具体来说，这些历史人物分为以下两部分：

第一，必然的、可确定的部分。这部分历史人物包括一国的国家元首、政府首脑和其他最高决策的直接参与者，以及重要国际组织和跨国机构的首脑与最高决策者。这也就是通常所说的可以称为领袖的人们。这些历史人物在当政期间甚至下野以后都能自始至终地，而且是必然地对国际政治产生重大的影响。当然，因个人的能力和历史条件的不同，以及所代表国家的国际地位不同，他们在对国际政治影响的大小和作用的强弱方面是有很大区别的。一般来说，大国首脑要比小国首脑影响大，强国领袖比弱国领袖的作用强，在特定的历史转折时期的有关国家的领导人比一般发展时期的领导人的影响和作用要突出。

第二，偶然的、不可确定的部分。这部分历史人物包括某些突发性的重大国际事件的当事人和决策人。例如，某次国际战争和冲突的当事人与指挥者，某个重大军事战役的指挥者，某次引发重大国际争端的事件的当事人，以及国际战争罪犯等。这些国际事件本身的突发性与偶然性，决定了这部分历史人物构成的复杂性、偶然性和不可确定性。

二、个人对国家对外行为的影响

个人作为国际政治体系的特殊行为者，已经直接参与了国际政治体系的内部运动，因而对国际政治的影响是十分明显和相当直接的。这种影响主要表现在以下两方面：

1. 领导者的素质影响着国家行为体在国际政治中的地位

国家行为体在国际政治中的地位是由其实力的大小决定的。国家实力的精神因素，如国民士气、民族凝聚力、社会结合程度和政治的稳定等，不仅同政治制度和文化传统有着直接的关系，而且同领导者的个人素质也密切相关。领导者由于高瞻远瞩，能够发现并指明社会历史的发展方向，同时运用自己的领导艺术、组织能力、个人威信以及在人民群众中的地位等，承担起社会运动的组织者和指挥者的责任。他们通过社会影响使自觉的思想体系化为社会流行的群众心理，变成大众的行动。这样就对社会结合程度、政治稳定、民族凝聚力与国民士气等因素影响很大，从而对国家在国际政治中的地位产生重大影响。

2. 领导者直接影响着国家对外决策的性质与内容

这是个人影响国际政治的最主要的方面。在决策体系中，决策者是最基本的要素之一，决策者个人对国家和跨国组织的对外战略和对外政策的制定起着相当大的甚至是决定性的作用。领导者作为他所代表的行为体的最高决策的参与者，不仅对国内决策产生影响，而且在对外决策中也发挥着至关重要的作用。由于各个不同的领导者之间在个人的性

① 吉拉尔. 幻想与发明：个人回归国际政治. 北京：社会科学文献出版社，1999：75.

格、习惯、知识、经历、思想修养、认识方法、判断能力、政治倾向等方面存在着差别，他们对国家利益的认识就会产生差异，对国家对外目标和行为方式的抉择也会不同。因此，他们所制定的对外政策和采取的对外行动，在性质和内容上必然具有各自的特点。这种作用在国际政治中最常见的表现是，一国领导人的更替通常导致本国国际战略和对外政策的重大调整，从而对国际政治关系的结构产生影响。20 世纪 80 年代初，里根就任美国总统后，为扭转美苏关系中的被动局面，在外交政策上进行重大调整，对苏联采取了强硬对抗的保守主义立场。戈尔巴乔夫上台后不久就提出了所谓外交领域的“新思维”，并对其外交政策进行战略性的调整。美国总统奥巴马执政时期积极推动建立的跨太平洋伙伴关系协定，特朗普上台后美国立即退出等，所有这些都引起了当今国际政治结构的一系列变化。此外，有时一国领导人并没有更替，但由于国际形势发生了重大变化或他本人对国际形势以及本国国家利益的认识发生了变化，同样会导致本国对外政策的调整与改变。美国总统罗斯福执政时期由于第二次世界大战形势的变化，美国的对外政策由孤立主义转向全球主义。这种调整与改变反映了当时国际形势变化的现实，有着一定的社会历史根源，但领导者的思想认识发生变化乃是导致一国对外政策实行调整的关键。

三、个人对国家间相互关系的制约

1. 个人行为者之间的相互交往是国际政治的重要内容

领导者作为国际政治的特殊行为者代表国家在国际舞台上活动，是国家利益和本国统治阶级利益的体现者。各国领导者作为国家的合法代表在国际政治中进行的谈判、斗争、合作和冲突等活动，反映了他们所代表的不同国家间的利益矛盾，也反映了国际政治关系的现实状况。国家间相互关系的冲突与合作等基本形式，除了全面战争状态外，很少表现为一种全体国民之间的相互关系状态，而主要表现为领导者和领导集团即政府间的相互关系状态。因此，领导者之间的活动和相互关系是国际政治关系的重要内容。

2. 个人行为者对于协调国家间相互关系起着独特的作用

国家间的相互关系是各自国家利益的根本反映。因此，国家间的正式关系一旦形成，在短时期内不易改变，表现为相对稳定的状态，而个人之间的关系则表现得较为灵活。当国家间的正式关系处于一种对立和冲突的状态，通过政府间正常的外交努力无法调解而陷入僵局时，国际政治中的一些特殊的个人因素往往能够起到调解纠纷、平息事端、沟通联系、促进合作的特殊作用。这些个人应当具备强有力的影响能力和超越当事国利益的名义或身份，包括以非官方的私人身份活动的当事国领导人、已经下野的著名领导人和政治家、某个团体的领导人、与双方均有良好关系的第三国的领导人，以及一些重要国际组织的领导人等。特别值得一提的是联合国秘书长，凭借联合国组织本身的超国家性质和其本人的影响力，为解决世界各国之间的矛盾与冲突进行着调停、斡旋等积极活动，对于控制冲突规模、促使停火和平息事端等都曾做出过卓有成效的努力。

3. 个人行为者对于加速或延缓国际政治的发展进程、改变重大历史事件的发展方向起着一定的影响

任何历史事件，包括国际政治的重大事件的发展，都是必然性与偶然性的辩证统一，即历史发展的必然趋势与个人活动的偶然因素的辩证统一。偶然性受必然性的制约，而必

然性又通过偶然性表现出来。如果将二者割裂开来，就会走向形而上学的立场，夸大必然性就会导致历史宿命论，而夸大偶然性则会陷入唯心主义的泥坑。个人在国际舞台上的活动虽然不能根本改变历史或国际政治的发展趋势与发展方向，但对于其发展速度则可以起到推动或阻碍的作用，对于某些历史事件的具体结局则可能起到决定性的作用。因为历史事件的发生除一般原因、特殊原因这些社会历史环境因素之外，还有个别原因，即个人因素的作用。“如果影响了历史的那些个别原因已被别种个别原因所替代，那么这个历史无疑是会具有别一种外貌的。”① 历史事件或国际政治事件的发展往往不是只有一种可能，而是有多种可能性，而历史人物的性格特点往往是选择哪一种可能性的决定性因素。假如那个塞尔维亚青年普林西普没有刺杀奥匈帝国的皇储，第一次世界大战爆发的时间和方式就可能是另外一种情形。假如美国总统罗斯福能够任满第四届任期，也许美苏之间的盟国关系也可能不会很快破裂，两极冷战的格局也可能不会很快形成。尽管这些只是可能，但却是符合逻辑的。由此可见，个人因素对于国际政治的发展进程有时起着相当大的作用。

① 普列汉诺夫．普列汉诺夫哲学著作选集．第2卷．北京：生活·读书·新知三联书店，1961：372.

国际政治的发展动力

重点问题

- 国际政治发展的根本动力
- 国际政治发展的直接动力
- 国家利益概念的历史演变
- 国家利益在国际政治中的作用
- 国家利益的特性
- 权力概念的内涵及其比较
- 国际政治中的权力关系
- 权力的基本属性

国际政治的发展动力问题是国际政治学研究的重要内容之一，所谓国际政治的发展动力，是指推动国际社会发展和国际政治演变的力量，其内涵既包括国际政治的根本动力，更涉及国际政治中的利益和权力关系等直接动力与核心动力。分析和研究国际政治的发展动力，是认识国际社会和国际政治发展变化的一般规律的基础。

第一节　国际政治发展的基本动力

国际政治是一个多行为体相互联系、相互作用的统一体，从产生至今，经历了一个由简单到复杂、由分散到统一的演变过程，成为当今多层次、多渠道、纵横交错的国际系统。人类的物质生产活动和社会生产力的发展、世界基本矛盾的运动、国际行为体的相互作用等等，是国际政治发展的基本动力。

一、生产力的发展是国际政治发展的根本动力

1. 生产力的发展是人类社会进步的动力

“历史过程中的决定性因素**归根到底**是现实生活的生产和再生产。”① “一切自然现象都有物质原因作基础，同样，人类社会的发展也是受物质力量即生产力的发展所制约的。生产力的发展决定人们在生产人类必需的产品时彼此所发生的关系。”② “社会关系和生产力密切相联。随着新生产力的获得，人们改变自己的生产方式，随着生产方式即谋生的方式的改变，人们也就会改变自己的一切社会关系。”③ 国际政治作为人类社会发展进程中的一种特殊的社会关系，是人类物质生产活动的必然产物，其发展也是人类物质生产活动不断发展的必然结果。

2. 生产力的发展是政治及国际政治产生和发展的基础

从历史上看，人类物质生产活动发展到一定阶段才产生了国家，从而形成了最初的国家间关系。资本主义的出现，是人类物质生产活动发展的结果，同时它也造就和推动了现代国际政治的产生。“资产阶级，由于开拓了世界市场，使一切国家的生产和消费都成为世界性的了……过去那种地方的和民族的自给自足和闭关自守状态，被各民族的各方面的互相往来和各方面的互相依赖所代替了。”④ 资本主义从自由竞争发展到垄断，形成了世界帝国主义经济体系和政治体系，这种发展的必然性，也只能从生产力的发展和资本主义经济发展本身去寻求最终的答案。垄断的内在发展，导致资本积聚和集中的出现，形成了金融寡头和垄断财团；它的外在发展则表现为资本输出和殖民体系的形成，从而构成了全球范围内的国际政治系统。社会主义国家的出现和民族国家的兴起，同样不悖于这一基本规律。社会主义作为先进生产力的代表最终取代资本主义，必然需要经过一个生产力长期发展的过程。当今国际社会中资本主义国家与社会主义国家的并存、共处以及彼此间相互矛盾、相互依存的国际政治结构，正是与当今人类社会物质生产的发展阶段相一致的，是不以人的意志为转移的。

3. 科学技术的发展推动国际政治的发展

科学技术是“历史的有力的杠杆”，是“最高意义上的革命力量”⑤。科学技术作为生产力的重要组成部分，是其中最积极、最活跃的部分之一，在国际政治的形成与发展过程中发挥着极其重要的作用。18 世纪中期开始的第一次科技革命，推动了国际分工与世界市场的形成，从而为现代意义的国际政治奠定了基础。19 世纪下半叶至 20 世纪初的第二次科技革命，推动了资本主义由自由竞争向垄断的发展，在整个世界中形成了极少数先进国家对世界上大多数人民施行殖民压迫和金融扼制的世界体系，使现代国际政治具有了全球性和整体性。第二次世界大战后出现的第三次科技革命，推动了世界政治与经济多元化的发展，国际政治日益多样、日益复杂，它不仅影响着单个国家的自身发展与对外行为，

---

① 马克思，恩格斯. 马克思恩格斯选集：第 4 卷. 2 版. 北京：人民出版社，1995：695.
② 列宁. 列宁选集：第 1 卷. 3 版. 北京：人民出版社，1995：91.
③ 马克思，恩格斯. 马克思恩格斯选集：第 1 卷. 2 版. 北京：人民出版社，1995：141-142.
④ 同③276.
⑤ 马克思，恩格斯. 马克思恩格斯全集：第 19 卷. 北京：人民出版社，1963：372.

而且影响着各个国家内部及相互之间的关系结构。

生产力和科学技术水平的发展不平衡，是国际政治体系和格局不断变化发展的根本原因。第二次世界大战前，国际政治的主要特征之一就是以欧洲为中心，其中最主要的原因就在于欧洲是资本主义的发源地和资本主义最发达的地区。工业革命使英国成为“世界工厂”“世界搬运夫”“国际金融中心”，形成了近两个世纪的所谓“不列颠统治下的和平”。第二次世界大战后，美国凭借其在战争期间急剧膨胀的生产力和在战后新科技革命条件下迅速发展的科技实力，确立了其在资本主义世界的霸权地位，形成了所谓“美利坚统治下的和平”。

二、世界基本矛盾的运动是国际政治发展的主要动力

人类的物质生产活动是推动国际政治发展的根本动力，而这种根本动力又是通过国际社会的内在矛盾运动来实现的。在国际政治形成和发展的历史过程中，国际社会的内在矛盾运动表现为世界基本矛盾的运行和发展，以及国际社会及其构成单位之间矛盾运动的发展，并由此决定着国际政治不同发展阶段的不同特点。

1. 世界基本矛盾

所谓基本矛盾是指贯穿于事物发展过程始终，规定事物发展过程的本质，规定和制约其他矛盾的存在与发展的根本矛盾。所谓世界基本矛盾就是指在国际社会发展变化过程中始终存在的、决定和制约国际社会本质和基本特征的根本性矛盾。马克思主义认为，世界是一个统一的整体，它包含着既相互联系又相互对立的内部矛盾，矛盾的联系和斗争推动着社会的发展。

马克思主义认为，社会基本矛盾指的是生产力与生产关系的矛盾，以及在此基础上产生的经济基础与上层建筑的矛盾。它存在于人类社会发展的不同历史阶段，贯穿于人类社会发展的始终，只是在不同的历史发展阶段所表现出来的内容、方式、激烈程度等有所不同而已。社会基本矛盾的运动推动人类社会从低级向高级发展。“由于这些矛盾的发展，推动了社会的前进，推动了新旧社会的代谢。”①

2. 世界基本矛盾决定着国际政治的特点

在资产阶级革命时期，世界基本矛盾主要表现为新兴的资本主义国家与封建制国家之间的矛盾、资本主义国家与落后的地区和国家之间的矛盾，以及资本主义国家之间的矛盾。在这个时期，世界基本矛盾运动发展的主要内容是新兴资产阶级为确立资本主义生产方式在世界的统治地位而同国内外封建阶级进行的殊死斗争，以及资本主义自身发展所要求的向海外扩张并建立殖民帝国的征战。正是在这种矛盾斗争的过程中，最初的现代民族国家之间相互联系和相互矛盾的国际政治体系——民族国家体系得以建立。

进入垄断资本主义时期以后，世界基本矛盾主要表现为帝国主义国家之间的矛盾、帝国主义国家与殖民地半殖民地国家之间的矛盾，以及十月革命以后形成的帝国主义国家与社会主义国家（苏联）之间的矛盾。这个时期，世界基本矛盾运动发展的主要内容是帝国主义国家对世界事务的垄断，以及彼此间为重新瓜分世界而进行的殊死争夺。在国际政治

---

① 毛泽东．毛泽东选集：第1卷．2版．北京：人民出版社，1991：302.

中，其主要表现形式就是连年不断和日益升级的帝国主义战争。

第二次世界大战后，世界基本矛盾没有在本质上发生变化，但从其内容和表现形式上讲，都有了新的特点。从内容上讲，除了发达资本主义国家之间的矛盾（西西矛盾）和发达资本主义国家与社会主义国家之间的矛盾（东西矛盾）依旧存在之外，发达资本主义国家与殖民地半殖民地国家之间的矛盾因殖民体系的崩溃而转变为垄断资本主义国家与第三世界国家之间的矛盾（南北矛盾）；此外，还出现了社会主义国家之间的矛盾、第三世界国家之间的矛盾，以及社会主义国家与第三世界国家之间的矛盾等新的内容。从表现形式上看，世界基本矛盾表现为不同类型国家自身内部和相互之间的各种矛盾相互交错，并随国际形势的发展变化而不断变更；但其主要表现为以美国为代表的发达资本主义国家与以苏联为代表的社会主义国家的矛盾，以及发达资本主义国家与发展中国家的矛盾。第二次世界大战后世界基本矛盾的运动发展，使得国际政治表现出异常错综复杂的特点。正是这种基本矛盾的运动，使得国际政治的主要内容也集中地体现为东西关系和南北关系，世界各国都面临着和平与发展的两大主题和根本任务。

3. 当前世界基本矛盾的新发展

20 世纪 80 年代末 90 年代初，东欧剧变、苏联解体，世界进入后冷战时代。这一时期的世界基本矛盾本身并没有发生重大变化，但矛盾的表现形式和特点发生了重大变化。这种变化主要体现在：

第一，冷战时期的美苏之间的东西方矛盾发生了根本的变化，由美苏对抗演化为北约东扩与俄罗斯抵制东扩的矛盾。由于苏联解体，而东欧国家经历急剧社会变动，政治制度、经济发展模式等处于转型之中，冷战时期的东方阵营不复存在。继承苏联遗产的俄罗斯，尽管经历了政治经济制度的变革，但仍然被美国和其他西方国家视为主要的战略对手，政治、经济和军事上的制裁与对抗持续不断。

第二，发达资本主义国家与发展中国家之间的南北矛盾也发生了变化。一方面，发达资本主义国家与发展中国家的整体差距进一步加大，发达资本主义国家依然力图维护国际政治经济旧秩序，加大对发展中国家政治上的控制和经济上的剥削。另一方面，发展中国家在经济发展水平和经济实力上出现了分化，一批新兴发展中大国脱颖而出，经济发展速度加快，在经济总量和经济实力上已经超过了多数发达资本主义国家，如以金砖国家为代表的新兴发展中大国。南北矛盾在这里主要体现为美国力图维持一超多强的单极世界秩序与新兴大国力图建立的多极世界秩序的博弈。

第三，发达资本主义国家之间的西西矛盾演化为美国与其他发达国家的竞争与合作关系。如欧洲大国与美国主要表现为欧洲希望摆脱冷战时期形成的“美主欧从”的关系，争取与美国平等的地位，作为一极在国际事务中发挥作用，冷战结束后国际社会最为突出的基本矛盾是美国与其他大国之间的矛盾。与冷战时期相比，这种矛盾也有了新的表现方式和更丰富的内容。在上述矛盾中，前两者，即美俄矛盾和美中矛盾是当前国际政治的主要内容。

三、国际行为体的相互作用是国际政治发展的直接动力

1. 国际行为体的相互作用

所谓相互作用，是指事物之间或事物内部因素之间相互联系的一种表现形式，包括相

互联系、相互对立、相互促进和相互制约等关系。国际行为体的相互作用是国际行为体之间相互联系、相互交往、相互影响的运动过程，是国际政治发展的直接动力。国际社会和国际体系的基本组成单位是国际行为体，国际政治的主要内容就是国际行为体之间的相互联系和相互作用。国际行为体若没有跨越国界的相互联系和相互交往，就不可能有相互影响和相互作用。而没有相互影响和相互作用，国际政治这一特殊社会现象也就不会产生。正是国际行为体之间无限多样的相互作用，才推动了国际政治和国际社会的产生和发展。

第二次世界大战以后，国际行为体的数量出现了突破性增长的趋势。这不仅表现在传统主权国家的数量增长，更为突出的是非国家行为体，特别是跨国行为体数量的增长。由于战后民族解放运动的发展，一大批殖民地获得民族独立。冷战结束后，一批东欧国家脱离苏联，国家行为体的数量再次增加。与此同时，大批国际组织和跨国公司也加入了国际行为体的行列。如此众多的国际行为体的出现不仅改变了传统国际政治的内涵，也丰富了国际政治的内容。

由于战后世界经济一体化和全球化的发展，各种形式的国际组织和国际制度吸引了越来越多国家的加入，过去一些游离于国际制度之外，相对封闭的国家也自觉或不自觉地被卷入全球化的浪潮。因此，国际行为体之间的互动也不断加大，远超以往任何时期。加大互动的国际行为体在经济、政治、军事、文化和社会领域的相互联系和相互交往的活动，对当代国际政治发展起到的作用也日益增强，更加有力地推动了国际政治的发展。

2. 国际行为体的互动推动了国际政治的发展

国际行为体的互动对于国际政治的发展的作用大致体现在以下几个方面：

第一，国际行为体的互动推动了现代国际政治的形成与发展。我们强调现代国际政治的历史条件是资本主义生产方式的出现和世界市场的形成。这恰恰是因为资本主义生产方式产生以前，由于生产力水平的低下和交通的落后，国家之间的交往被限定在特定的领域和地域。也就是说当时国家间的互动是偶然的、较少发生的。而正是资本主义生产方式的出现导致了世界市场的建立，国家之间的相互联系和相互交往才变得日益频繁，国际行为体的相互作用才能在国际政治中产生，最终导致了现代意义的国际政治的形成。国际行为体在欧洲范围内的互动，导致了现代国际政治的产生。但当时的国际政治充其量只是欧洲范围内的，不是真正意义上的全球国际政治。只有到了19世纪末，西方垄断资本主义国家在互动的基础上，通过殖民体系行为体的互动才确立了全球政治经济体系。当然这是建立在少数发达国家对广大殖民地统治、压迫和剥削的基础之上的，殖民地国家和地区并不具备平等的国际行为体的地位。第二次世界大战后，一大批殖民地纷纷独立，建立了民族国家，世界范围内国际行为体之间的互动才最终形成当代国际政治体系。由此可见，大规模的国际行为体的互动推动了国际政治的发展演变。

第二，国际行为体的互动决定了国际政治的基本特征。在国际舞台上，国际行为体总是通过自己的对外行为来影响其他行为体，引发行为体之间的互动，最终引起国际政治体系的发展变化。国际行为体的互动最终会形成不同力量对比的结构状态，即国际政治格局。在国家间的互动过程中，一些国家的力量发生了变化，国际政治力量对比的结构状态也相应发生变化，国际政治格局也会发生改变，国际政治的基本特征也随之发生变化。在资本主义社会早期，先发的资本主义强国通过海外扩张，迅速称霸世界，形成了单极格局，国际政治也表现出强权政治和大国霸权的特征。第二次世界大战后，经过战争这种最残酷形式的互动，国际政治形成了美苏两极的格局，国际政治也围绕两极之间的对抗形成了两大国家集团之间对抗的局面，霸权主义和强权政治主宰国际政治。经过冷战时期的长期互动，随着冷战结束，两极格局解体，国际政治出现了所谓一超多强的单极多元格局，国际政治的多极化趋势日益加强，国际政治也体现出美国企图单极统治世界和反对美国单极霸权、国际政治民主化和多极化等基本特征。

第三，国际行为体的互动形式是国际政治的主要内容。国际行为体根据自身的利益，选择特定的对外政策和对外行为来实现自己的利益目标。不同的对外政策和对外行为之间的互动形成了各种不同的相互关系形式，国际政治研究一般将这些相互关系形式按照行为体之间利益目标的一致性或包容性程度划分为冲突、竞争与合作等。古希腊历史学家修昔底德曾经指出，利益的一致是国家或个人之间最可靠的纽带。利益目标不一致、各自处于对抗之中的是冲突关系；利益目标基本一致或部分一致、各自采取协调行为的是合作关系；利益目标并不一致但有部分可以包容、各自采取攀比和争先行为的是竞争关系。由此形成了敌人、伙伴和对手的不同互动身份。当然，更多的情形是几种关系同时存在，多种身份兼备。正是这些相互关系形式构成了国际政治的主要内容。

3. 国际行为体的相互作用主要是利益和权力的互动

由此，国际行为体在国际政治中的互动行为是以利益目标为根本出发点的。国际政治中的互动行为，实质上是一种利益的相互作用过程。国际行为体根据自身的身份，确定自己的利益目标，再选择自己的对外政策和对外行为。因此，利益便成为互动行为的立足点和出发点。对于国家行为体而言，国家利益是一个国家对外行为的基本动因，而国家之间的互动行为则是一种彼此利益的相互调整和斗争过程。国家利益包含多方面的内容，如政治的、经济的、战略的利益等，但最根本的是经济利益，不同国家经济利益的矛盾运动推动着国际政治的不断发展。

利益和国家利益是国际政治的核心概念，与利益相联系的另一个核心概念是权力。在国际政治中，利益的内涵就是权力。汉斯·摩根索认为："用权力界定的利益概念是帮助现实主义找到穿越国际政治领域的道路和主要路标。……它使政治成为行动和知识的独立领域，从而将它与其他领域，如经济学（它是由财富界定的利益的概念而得到理解的）、伦理学、美学或宗教学区分开来。"① 由此可见，在政治学和国际政治学中，利益的内涵就是权力。众所周知，政治学的核心问题是权力问题，国内政治学的核心问题就是解决国内政治力量如何获取权力和巩固权力的问题，而国际政治学的核心问题是解决国际行为体如何获取国际政治的权力并巩固这种权力的问题。

在传统的国际政治理论中，国际政治就是国际行为体为获得权力的斗争。汉斯·摩根索说："国际政治像一切政治一样，是追逐权力的斗争。无论国际政治的终极目标是什么，权力总是它的直接目标。"② 权力本质上是一种政治上的强制性力量，也是领导、支配和影响他者的力量，在国际政治中就是国际行为体领导、支配和影响其他国际行为

① 摩根索. 国家间政治：寻求权力与和平的斗争. 北京：北京大学出版社，1990：5-6.

② 同①35.

体的力量。国际政治中的权力既是国际行为体互动关系的结果，也是国际行为体互动行为的目标和手段。正是从这种意义上讲，权力及寻求权力的斗争是国际政治发展的推动力量。

第二节　国际政治中的国家利益

尽管对国际政治学的许多问题存在着不同的看法，但国际政治学界有一个基本的共识，即利益关系是国际政治中影响各个国家对外行为的最根本要素，国家利益则是在国际政治中发挥作用最持久、影响力最大的因素，是国家对外行为的最基本动因。但是，究竟何谓国家利益，国家利益如何发挥作用，国家利益的基本特性有哪些，是国际政治学应该回答的问题。

一、国家利益及其内涵

在政治学和国际政治学中，国家利益是一个十分复杂的概念，它与君主-王朝利益、政治国家利益、民族国家利益等概念相互联系，既有共同性，又有差异性。

1. 君主-王朝利益与民族国家利益

人类社会发展的历史表明，国家的产生和发展经历了一个由相对孤立和隔绝的政治国家向相互沟通和联系的民族国家过渡的过程，政治关系也相应地经历了一个由国内政治向国际政治发展的阶段。于是就有了具有不同内涵的“政治国家”和“民族国家”的概念的产生。正是由于有了对国家概念的这种不同划分，才有了对国家利益的不同理解，即国内政治意义上的国家利益（state interest）和国际政治意义上的国家利益或民族利益（national interest）①。前者指相对于地方、集体或个人利益的国家利益，后者指相对于其他国家、国家集团的利益或世界利益的国家利益。

但是，无论是国际政治还是国内政治，“利益”都是一个核心概念。修昔底德在《伯罗奔尼撒战争史》中断言：“无论是在国家还是在个人之间，利益的一致是最可靠的纽带。”摩根索则进一步指出：“利益确为政治之精髓，且不受时间和空间的影响。”② 利益作为政治的精髓是随着政治共同体——国家产生后而出现的一种现象，政治过程实际上就是一种利益确定和利益实现的过程。在阶级产生之后到民族国家产生之前（前资本主义时期），一个政治共同体或国家的利益与其统治者或君主、王朝的利益几乎是同义语，因为“朕即国家”，君主即主权的拥有者，在国家与其他共同体发生联系（交往、联盟、冲突、战争）时，保护和维护王朝的利益就等于是保护和维护国家的利益。当然，这个时期的国家利益主要应该用国内政治意义上的或政治国家的国家利益来表述。那些最早论述国家利益的思想家，如修昔底德、考底利耶、马基雅维利、霍布斯、博丹等人所论及的实际上都是政治国家或统治者的利益③。当民族国家出现后，亦即现代意义上的国际政治出现后，

① 阎学通. 中国国家利益分析. 天津：天津人民出版社，1996：4.

② 摩根索. 国家间政治：寻求权力与和平的斗争. 北京：北京大学出版社，1990：10.

③ LUAND E，ed. Basic texts in international relations：the evolution of ideas about international society，London：Macmillan，1992：130－132.

人们愈益开始关注民族国家的利益，而不是君主或统治者的利益，但是也并没有忽视政治国家的利益，并在一定程度上是将其与民族国家的利益同等看待的。即便如此，这也仅仅是在新兴资产阶级民族国家如此，在中国等具有长期封建传统的帝国-国家（imperial state），君主-王朝利益仍占主导地位，例如，中国晚清时期。即使是在欧洲民族国家出现之后，君主-王朝利益在国家对外政策中的主导地位仍持续了相当长的时期，直到第一次世界大战结束后才彻底销声匿迹①。

现代国际体系是一种主权-民族国家体系（nation-states system）。主权国家是国际政治中最主要的行为体，国家主权是一个国家作为国际社会一员的最主要标志，国家利益成为国家行为体从事对外活动的最主要依据和最基本动因。即便如此，两种意义上的国家利益也并不是彼此割裂的。

第一，政治国家和民族国家两者并不是相互排斥的，它们不论作为一种政治概念，还是一种客观实在，都是同时存在、彼此联系、互为条件的。世界上几乎每一个国家都既是民族国家又是政治国家，而且首先是政治国家，其次才是国际舞台上的民族国家。在历史发展的逻辑上，政治国家先于民族国家而存在于世，这是因为国际政治的发展经历了一个从国家间关系（inter-state politics）到国际政治（international politics）的演进过程。人们对政治国家和民族国家的区分主要是从国际政治或国际体系的角度进行的。如果我们考察一下政治国家和民族国家的基本特征，可以看到两者实际上是一致的，即都包含领土、人口、政府和主权。两者之间的最根本区别只在于"对外主权"，而这种区别也只是人们随时代的发展而赋予其话语上或国际法上的一种区分，因为政治国家的本身特性实际上也包含对外主权。

第二，两种国家利益之间的区别并不是绝对的，而在诸多方面是共通和重合的。政治国家利益的核心内容包括两大基本要素：（1）统治者统治地位的稳固；（2）作为统治者所治之政治实体的存在和秩序。马基雅维利在《君主论》中所关注的核心问题就是国家的生存和与之相联系的统治君主的生存。霍布斯从"自然状态"理论中引申出国家间战争的不可避免性，究其原因就在于各个国家的统治者都力图维护自己在其国内的绝对主权。卢梭虽然提出了"人民主权"的思想，但是他在《论战争状态》中同样接受了马基雅维利和博丹的观点，认为并不是人的本性，而是国家的本质决定了国家间冲突的不可避免性，即人因自然所致而在力量和规模上是有限的，从本质上讲，人是和平和胆怯的。只有加入与他人共存的社会后，人才会攻击他人；只有成为公民时，才会变成战士。而国家作为一种人为的实体，其规模是不确定的，它可以无限制地扩张，只要其他国家比它强大，它就会感到弱小，从而要求自己比邻国更为强大②。

2. 国家主权、国家理由和国家荣誉

从严格意义上说，民族国家利益和政治国家利益在本质上是一致的，其中最核心的问题就是国家主权。所谓主权，是指统治者或国家的最高权力，它具有最高性、普遍性、终

① 阎学通．中国国家利益分析．天津：天津人民出版社，1996：16-17.

② LUAND E，ed. Basic texts in international relations：the evolution of ideas about international society，London：Macmillan，1992：44-46，139-142.

极性和自主性等特征[①]。众所周知，主权的对外独立性是其对内最高性的派生物。一个国家之所以拥有对外的独立自主权，就在于它具有对内的最高统治权。传统的观点认为，国家的对外主权，即政治独立、领土完整、经济自立，是在民族国家产生之后，随着国家与国家之间的往来日益频繁而产生的[②]。实际上，对外主权在实践中自国家和国家主权产生后就存在了，只不过人们没有明确地对其进行系统的理论说明而已。

让·博丹最早较为系统地论述了国家主权理论，但却是在欧洲民族国家体系产生之前。博丹的国家主权理论论及的主要是一般国家主权的特性和国家内在主权的内容，如立法权、宣战和缔和权、任命官吏权、最高裁判权、赦免权、造币权、课税权等[③]。同时，他也论述了一个君主或国家建立强大的武装力量以抵御外来威胁的重要性，并认为这是保障国家之绝对主权的必要条件[④]。格劳秀斯是第一个系统论述国家对外主权的西方政治思想家。他的《战争与和平法》出版于 1625 年的“三十年战争”期间。他认为，“所谓主权，就是说它的行为不受另外一个权力的限制，所以它的行为不是其他任何人类意志可以任意视为无效的”[⑤]。“国家是在法律上有效力的、独立的自由民的集合体，以享有法律的利益和共同的利益为目的的联合。”[⑥] 主权国家作为国际政治活动的主体，其主要职能是维护自身的安全和维护世界和平[⑦]。为此，就需要主权国家间的法律，因为“一国的法律，目的在于谋取一国的利益，所以国与国之间，也必然有其法律，有所谋取的非任何国家的利益，而是各国共同的利益”[⑧]。

《威斯特伐利亚和约》之后，对国家主权特别是对外主权的认可逐步成为人们的共识。与此同时，人们对国家利益也越来越关注。如前所述，霍布斯一方面强调人们成立国家就是为了共同安全和抵御外侮，因而统治者应当享有不受其他权力干涉的独立权力，国家的利益就在于为其生存、安全、荣誉而斗争；另一方面，他又得出结论：正是由于各个国家都拥有其绝对主权，而在国家之间却不存在这样一种维持法律与秩序的主权，因此国家间始终存在着残酷的争斗[⑨]。卢梭、洛克等人对此都有不同的论述。

18 世纪以后，特别是法国大革命之后，国家理由（reasons of state）或国家存在理由成为国家利益的必要条件。正如德国历史学家弗里德里希·迈内克所指出的那样：“国家存在理由是国家行为的基本准则，是国家的第一‘运动法则’。它告诉政治家们必须如何维持国家的健康发展和力量。国家是一种有机的结构，它的全部权力只有使其以某种方式不断地增长才能得以保持，而国家存在理由既表明了这种增长的途径，又表示了其目标。”

---

① 牛津法律大辞典．北京：光明日报出版社，1988；布莱克维尔政治学百科全书．北京：中国政法大学出版社，1992.

② 王沪宁．国家主权．北京：人民出版社，1987：13.

③ 徐大同．西方政治思想史．天津：天津人民出版社，1985.

④ LUARD E ed.．Basic texts in international relations：the evolution of ideas about international society. London：Macmillan，1992：137-139.

⑤ 西方法律思想史资料汇编．北京：北京大学出版社，1983：145.

⑥ 同⑤143.

⑦ 同④145-149.

⑧ 同⑤139.

⑨ 同④37-44.

在国际事务中，由于不存在一个超越所有国家之上的指导性和仲裁性国家权威，国家间相互不信任，各国都在追求自己的权力地位，国家存在理由就变得更为充分了。为了实现国家的利益，“国家必须为其自身创造自己想象的权利和存在的必要性，因为没有其他权威能够代表它来创造这种权利和存在的必要性”①。

20世纪前，与国家理由相联系并且流行于欧洲国家的另外一个概念是国家荣誉（national honor）。它是从君主的荣誉（honor of the prince）和一般国家的荣誉（state honor）演化而来的，其无论对国家对内主权还是对国家对外主权都是至关重要的，并且是与政治-经济利益联系在一起的。用查尔斯·比尔德的话来说，虽然人们没有对这个术语进行细致的分析或定义，但是它被普遍认为从本质上超出了所有物质和经济的利益。尽管如此，“国家荣誉”与实际的政治-经济利益并不相悖，它为维护政治-经济利益提供了一种便利的策略基础。当然，随着贸易、商业和其他经济关系逐步成为国际问题中的主要问题，随着国家主权的行使从王朝的个人控制逐步转变为公共代表机构的控制，荣誉的概念变得越来越模糊了。特别是当经济问题成为国际政治中占主导性的问题之后，国家荣誉的问题实际上已不再像过去那样引人注目了②。

华盛顿和汉密尔顿等美国的开国元勋大概是最早阐述国家利益问题的政治家。华盛顿的名言——“除了国家利益，人们别指望政府会在任何其他基础上不断地采取行动”在西方国际政治理论著述中被广泛引用③。美国人之所以关注国家利益，大概与他们没有直接经历过封建王朝统治阶段，并且是通过反对殖民主义的民主革命而建立其民族国家密切相关。美国建国伊始，“国家利益”“美国的利益”“美国人民的利益”“公共利益”“我们的利益”这些术语就自动地成为美国领导人在推行其对内对外政策时所尊崇的一种“约束性义务”（binding obligation），一种“最高的义务”④。

当然，民族国家的利益实际上是进入20世纪之后才被世界各国所广泛应用的一个概念。查尔斯·比尔德在《国家利益的观念》一书中回顾了国家利益概念在若干历史阶段的发展，指出了这一概念与诸如君主意志、王朝利益、国家理由、国家荣誉等概念之间的关系。在他看来，“随着民族国家政治体系的确立，公众对政治控制之影响的增强，以及经济关系的巨大发展，‘国家利益’这一新公式的界限被逐步确定下来”。然而，“这一新公式被广泛应用的过程在很大程度上是渐进的，许多旧公式的要素在经过一系列重新解释和改头换面之后，被融入了这一新的公式之中”⑤。例如，“统一”这一与王朝利益联系在一起的观念依旧存在，强制性“绝对专制主义”的因素被保留了下来，使得“国家利益像君主意志同样地至高无上和不可抗拒”⑥。

---

① LUARD E, ed.. Basic texts in international relations: the evolution of ideas about international society. London: Macmillan, 1992: 166-171.

② BEARD C A. The idea of national interest: an analytical study in american foreign policy. Westport: Greenwood Press, 1934: 16-18.

③ 同②1.

④ 同②548.

⑤ 同②21.

⑥ BEARD C A. The idea of national interest: an analytical study in american foreign policy. Westport: Greenwood Press, 1934: 25；奥尔森，麦克莱伦，桑德曼. 国际关系的理论与实践. 北京：中国社会科学出版社，1987: 86.

综上所述，虽然人们在20世纪以前还没有明确地提出国家利益这一概念，但是就他们所述的君主意志、王朝利益、国家理由和国家荣誉等而言，其最基本的内涵在许多方面与现代人所论及的国家利益是一致的。

3. 国家利益的内涵

何谓国家利益，国内外学术界有着各种不同的界定。汉斯·摩根索提出："国家利益的概念包含两重因素。一个是逻辑上所要求的，即在逻辑意义上是必不可少的；另外一个是由环境决定的，是可变的。因此，前者有相对永恒存在的必然性，后者则依环境的变化而改变。"相对永恒的利益是国家利益的"内核"，其中最为重要的就是国家的生存，"生存是根植于国家利益概念内的仅存的内涵"，是民族国家的最低要求。国家作为一个政治实体，其生存的内涵应当"包括国家领土、政治制度和文化的完整性"①。

一些中国学者认为，国家利益"是指一国生存和发展的需要，包括国家的安全利益、经济利益、政治利益和国际联系利益"②，"是指一个国家的生存利益和发展利益"③，"是指一个民族国家的整体利益……是由统治者和被统治者共享的利益"，是"一切满足民族国家全体人民物质与精神需要的东西"④。也有人反对采用国家利益的概念，而用"国家权益"取代之，认为"国家权益，即权利、权力和利益"，包括国家安全权益、政治权益、经济权益、国际社会中的平等互利权益，其中安全权益属第一位⑤。

我们认为，国家利益是指一个国家内有利于其绝大多数国民的共同生存与进一步发展的诸因素的综合。这一定义包含着四层含义：第一，国家利益是"一个国家"范围内的，是指特定国家的利益，是为特定国家服务的。这就规定了它的外延：它不是多国的、地区的或全球的利益。第二，国家利益是特定国家内"绝大多数国民"的共同利益，而不是个别人或部分人的利益，这就使它同阶级利益、集团利益、个人利益相区别。第三，国家利益是有其物质内容的，即人的"共同生存与进一步发展"，这是各个国家存在的基础和目的。生存与发展包括诸多具体的内容，有经济的、政治的、文化的；仅仅谈论生存是不够的，必须包括发展，因为社会是在不断发展的，在科技革命飞速进步的条件下，不发展就意味着难以生存。第四，国家利益所反映的共同利益，并不是各个阶级、各个社会集团的政治、经济、文化利益的简单相加，而是各种利益、各种因素的"综合"或抽象，是各种单个利益中的共同性利益。

4. 国家利益的构成

国家利益的具体内容或国家利益的构成，即何谓有利于绝大多数国民共同生存与进一步发展的"诸因素"，可以从各种不同的角度来认识。根据国家利益的不同组成部分的重要程度，可将其分为主要利益和次要利益；根据国家利益的时效性，可将其分为长远利益和近期利益；根据国家利益的适用程度，可将其分为普遍利益和特殊利益。目前比较常用的方法是从国家的安全、经济、政治、文化利益四个方面来界定。

---

① MORGENTHAU H. The dilemmas of politics. Chicago：Chicago University Press，1959：66－69.

② 程毅，杨宏禹．国际关系基础理论．武汉：华中师范大学出版社，1991：296.

③ 金应忠，倪世雄．国际关系理论比较研究．北京：中国社会科学出版社，1992：119.

④ 阎学通．中国国家利益分析．天津：天津人民出版社，1996：6，10.

⑤ 梁守德，洪银娴．国际政治学概论．北京：中央编译出版社，1994：83－84.

（1）安全利益。安全利益是一国生存和发展的基本条件，是一国最核心的利益。国家安全利益包括两个方面的内容：第一，保卫本国国土不受外来侵犯，维护国家主权独立和领土完整，保证国内政治、经济、科学和文化的和平发展，保证人民和平、安宁的生活。第二，维护国家的战略安全。战略安全包含两层意义，一是防止卷入军事冲突或战争，二是防止出现对自身不利的周边或国际环境。

（2）经济利益。经济是一国生存和发展的物质力量。国家的经济利益是国家利益的基本内容，也是维护国家利益的重要方面。经济利益的范围很广，但主要包括内外两个方面：一方面，对内维护独立自主发展民族经济的主权，维护本国领土和领海资源、能源主权，保障国内经济发展的必要条件，推动社会经济的发展和人民生活水平的提高，实现国富民强。另一方面，在对外经济交往中，维护国家在世界经济中的相应地位，保障对外贸易、投资、货币金融关系的稳定发展。

（3）政治利益。国家的政治利益是国家利益不可缺少的组成部分，其主要内容是维护国家现有的社会制度和占统治地位的意识形态，并力争使其影响扩大到更大的范围。其具体内容主要包括：维护主权独立和完整，防止任何外来势力的控制和干涉；维护国家在国际社会中的应有地位，在国际事务中发挥应有的作用。

（4）文化利益。文化与利益虽然不属于同样的范畴，但是文化利益是国家利益的重要组成部分。这种利益包括：意识形态的维护，历史文化传统的保持，民族认同感的确立和维系，与安全、经济、政治密切相关的各种文化现象，等等。

国家的安全利益、经济利益、政治利益、文化利益是互相联系、互相影响的有机整体。安全利益关系着国家的生存，是最根本的国家利益。只有国家安全得到保障，才谈得上国家的其他利益。经济利益关系到国家生存和发展的物质基础，维护经济利益，促进经济的繁荣和发展，不仅有利于保障国家安全、维护政局稳定，而且也为国家安全、政治、文化利益的实现提供了强大的物质保障。政治利益既是统治阶级利益的体现，也是全民利益的保障，作为国家上层建筑的组成部分，对其他的利益关系具有重要影响。文化利益在时间上表现为更长久的利益。文化利益是关系到国家生存的深层次因素，是国家生存的社会基础。一方面，它受到国家安全、经济、政治利益的制约，另一方面，它又反映、体现着前述利益，并为国家安全、经济发展和政治稳定服务。

二、国家利益的作用

国家利益不仅是作为国际政治学研究中的一个核心概念，有助于我们认识国家对外行为的动因，而且是作为一个实践工具，在国际政治，特别是指导国家对外政策和对外行为方面发挥着极其重要的作用。

1. 制定对外政策的重要依据

在国际社会中，任何国家制定对外政策的首要依据，都是其国家利益。列宁指出："我国的对内和对外政策归根结底是由我国统治阶级的经济利益和经济地位决定的。这个原理是马克思主义者整个世界观的基础"①。由于国家利益并不仅仅是统治阶级的利益，

① 列宁. 列宁全集：第 34 卷. 2 版. 北京：人民出版社，1985：306.

而是占人口绝大多数的居民的共同利益，因此在制定国家对外政策时，只有考虑到整个国家和民族的利益，才能更好地实现统治阶级的利益。中国领导人正是从这一点出发，才在中国的对外政策中坚持和平共处五项原则，坚持以经济建设为中心，坚持对外开放。邓小平早在1979年就提出："社会主义现代化建设是我们当前最大的政治，因为它代表着人民的最大的利益、最根本的利益。"① "我们的对外政策，就本国来说，是要寻求一个和平的环境来实现四个现代化"，因为这"符合中国人民的利益"②。

2. 调整国家对外行为的基本立足点

在历史上，国际社会曾出现过各种调整国家对外行为的方式，如均势、集体安全、结盟、不结盟等。无论采取什么方式，各国都是从自身利益出发来进行调整的。英国长期奉行光荣孤立和均势战略，美国从孤立主义向全球主义的转变，中国从结盟到不结盟，都是随着国际形势的变化和对自身国家利益的判断而进行的对外行为方式的调整。20世纪70年代，中国对外奉行的是联美反苏的政策，目的是维护中国的国家安全。20世纪80年代以后，随着国际形势的变化，邓小平强调要把维护国家利益作为外交工作的根本，并在1982年提出："任何外国不要指望中国做他们的附庸，不要指望中国会吞下损害我国利益的苦果……中国人民有自己的民族自尊心和自豪感……以损害社会主义祖国利益、尊严和荣誉为最大耻辱。"③ 正是在邓小平这一思想的指导下，党的十二大报告提出："我们是爱国主义者，决不容忍中国的民族尊严和民族利益受到任何侵犯……中国决不依附于任何大国或者国家集团，决不屈服于任何大国的压力。"④

3. 解释和证明国家对外政策合理性的重要工具

在错综复杂的国际社会中，以何种标准，采取什么方法来检验、解释和证明国家对外政策和对外行为的合理性，一直是国际政治学者关注的问题。传统上，这一任务往往是由历史学家们根据以往发生的事件的因果关系来评析对外政策和对外行为的利弊得失。随着人们对国家利益问题认识的逐步深化，从国家利益出发，越来越成为人们判断、检验、评价对外政策和对外行为的重要依据和有效的分析工具。

在确定和评判国家对外政策时，必须首先确定什么是自己的国家利益，然后要区分国家利益的不同层次和实现国家利益的标准，明确实现国家利益的目标和手段，最后，依据国家利益的实现程度来判别政策和行为的效用⑤。

当然，出于某种特定的政治需要，一些国家常常把实现国家利益作为证明其对外政策和对外行为合理性的借口。如美国就经常以世界上任何地区发生的事件都与美国的国家利益相关为名，为其霸权主义行径辩护。

三、国家利益的特性

在国际政治中，利益关系是影响国际行为的根本因素，而国家利益则是在国际政治中

① 邓小平. 邓小平文选：第2卷. 2版. 北京：人民出版社，1994：163.

② 同①241.

③ 邓小平. 邓小平文选：第3卷. 北京：人民出版社，1993：3.

④ 中共中央文献研究室. 十二大以来重要文献选编：上. 北京：人民出版社，1986：39-40.

⑤ 阎学通. 中国国家利益分析. 天津：天津人民出版社，1996：第2章.

发挥作用最持久、影响力最大的因素，它是国家对外行为的最基本动因。许多国际政治理论家和政治家、外交家都信奉这样一种观念，即国家之间没有永久的朋友，也没有永久的敌人，只有永久的利益。只要世界在政治上还是由国家所构成的，那么国际政治中实际上最后的语言就只能是国家利益。然而，人们对于国家利益特性的认识和理解却大相径庭。

国家利益之所以成为理论家和政治家们所争论不休的问题，主要是由国家利益本身所具有的三个两重性所决定。可以说，国家利益既是一个具体的概念，又是一个抽象的概念；既有其客观实在性，又具有主观随意性；既是民族的或全民的，又是具有阶级性的。

1. 国家利益的抽象性与具体性

（1）国家利益的抽象性。

从国家利益的定义可以看出，国家利益并不是指单个阶级和社会集团的利益，也不是这些单个阶级和社会集团利益的相加，而是一个国家、民族内各种阶级、阶层和集团利益的综合，是各种利益中的共同利益，是这些共同利益的抽象。国家的生存和发展是国家内各个阶级所共同要求的。在政治化的社会中，各个阶级、社会集团的发展，都是建立在一定主权国家基础上，在一定的主权国家范围内实现的。无论是统治阶级或被统治阶级，都需要在国家的生存与发展的基础上谋求自身的生存和发展。国家利益的确是由民族国家内部各种利益所构成的，然而国内各种各样的利益本身并不是彼此完全协调一致的，哪些人或集团的利益构成为国家利益是难以进行科学判断的。国家利益并不等于该国家所有公民的个人利益，也不可能包括一个国家内所有的各种各样的利益。个人的合法利益有时也会与国家利益发生冲突。“个人利益服从国家利益”并不仅仅是指国内政治意义上个人利益与国家利益的冲突，在国际政治中同样如此。

国家利益是民族国家内部各种有利于绝对多数国民生存和发展的诸要素的综合或抽象。它不是某一种具体的因素，也不是各种利益的简单相加，不是像一些西方学者所说的那样，“国家利益概念是各种特殊利益的总和，如同篮子里的鸡蛋一样被收集在一起”①，而是各种要素的综合，因而加强了它的抽象性。

国家利益作为一种各种因素的综合和抽象，是看不见、摸不着的东西，是无形的东西，但可以通过实际后果感觉其存在。如同经济学中价值的概念一样，价值是凝结在商品中的人类的一般劳动，是高度的抽象。

（2）国家利益的具体性。

国家利益是一种无形的存在，但既然是一种存在，就要通过各种形式表现出来。虽然事物本身与事物的表现形式并不完全等同，但却是相互联系和不可分割的。国家利益在一国的对外目标、对外政策和对外行为中表现出来，而对外目标、对外政策和对外行为是可以具体地、直接地被感受到其存在的。如同价值通过使用价值表现出来一般，人们可以直接感受到其存在。

国家利益的具体性表现在以下几个方面：第一，国家利益从各种具体利益抽象而出，其基础是具体的。第二，抽象而出的共同利益代表和反映了各种具体利益的要求，因而它

① BEARD C A. The idea of national interest：an analytical study in american foreign policy. Westport：Greenwood Press，1934：167.

自身也具备了一定的具体性。国家利益的核心是生存和发展，任何一个时期，任何一个国家，其生存和发展的要求也是具体的，它总是要具体化为某些实际的因素和具体的要求。第三，国家利益的内容也是具体的。无论安全利益、政治利益、经济利益，还是文化利益，都有其具体、实在的物质表现形态，其基本内容都是具体的。第四，国家利益的表现形式也是具体的。国家利益的具体要求通过各种具体形式表现出来，因而国家利益也是具体的和现实的，只有在现实生活的具体事例中，人们才能体会到它的客观存在和重要性①。第五，国家利益的实现途径也是具体的，也要通过国家的具体行为和具体的对外政策以及特定的对外目标的达成反映出来。

2. 国家利益的客观性与主观性

（1）国家利益的客观性。

国家利益首先是客观的，这是研究国际政治的学者的一个共识，只是在国家利益中的物质和非物质的具体内容上存在分歧。国家利益是一种存在，任何存在都具有客观性。物质存在具有客观性，精神存在也具有客观性。国家利益首先是一个客观性的概念，其客观性是由构成国家利益内容的客观存在所决定的。利益是一种客观存在，在一定时期内有利于国家生存和发展的要素，即国家利益也是一种客观存在。既然大家公认国家利益是国家对外政策的基本出发点、国家对外行为的原动力和国家对外关系的基本目标等，那么这种出发点、原动力和基本目标就已说明，国家利益必定具有客观性。

由于国家利益的表现形式的多样性和多变性，以及其作为分析工具和行为功能上的多重性，人们对其客观性产生了怀疑。

（2）国家利益的主观性。

国家利益作为一个具有多重特性的概念，其概念本身就具有明显的主观性特征。作为一个政治学和国际政治学的概念，国家利益是人们对其在对外关系中所要维护和增进的利益的一种认知。人类本身的利益是客观存在的，但人类对其认识，乃至将其概括为“国家利益”，却经历了很长的历史发展过程，是一种人类对客观现实的主观反映。人们之所以长期以来很难给予国家利益概念一个确切的定义，并不在于人们不了解其利益所在，而是因为很难给它一个确切的概念化解说。人们给国家利益下定义一般采取两种方法：一是通过观察特定国家对外政策的结果，从中找出反复出现的行为方式，并将它归纳为国家利益；二是通过逻辑推理和归纳法，得出较为抽象和概念化的结论。无论哪种方法，实际上都属于认识论的范畴，是主体对客体的一种能动反映。国家利益的主观性主要表现在四个方面。

第一，国家利益判断的主观性。在分析国家利益时，人们常常面临一个对国家利益的判断问题，即确定什么是国家利益，何种对外政策符合自己的国家利益。在历史上，对外政策制定者经常因对国家利益做出错误的判断而导致国家利益受损。众所周知，“判断”本身是一种主观行为，“是对事物之间联系或关系的反映，是人们认识客观事物是否具有某种属性的判明或断定”②。判断国家利益之所以困难，就在于人们的“判断能力”是有

① 阎学通. 中国国家利益分析. 天津：天津人民出版社，1996：20.

② 李秀林，等. 辩证唯物主义和历史唯物主义原理. 北京：中国人民大学出版社，1990：196.

限的，即认识能力不足。对国家利益做出正确判断需要四个基本依据：国际环境、自身实力、科技水平和认识水平。前三种是客观的，最后一种是主观的。即便前三种“客观的”依据，也有赖于人们对它们的认识，即不在于客观现实是什么，而在于人们是否能对这些客观现实有一种正确的“主观判断”①。

第二，国家利益表现形式的主观性。国家利益是通过国家的对外目标、对外政策和对外行为表现出来的。这是摩根索所说的因环境而改变的因素。国家对外目标的确立、对外政策的制定与实施和对外行为的发生，都是由一国的决策者基于对国家利益的认识而进行的。因此，决策者本人的思想作风、工作方法、价值观和个人素质的不同，对国家利益的认识过程及反映、对外目标的选择，以及决策过程的方式和方法等，无不打上了个人的主观的烙印，从而使国家利益的反映形式即对外决策等带有很大的主观随意性。

第三，国家利益实现的主观性。一个国家的国家利益的实现，涉及诸多方面的问题：首先，是对其国家利益的认定和判断；其次，是对实现其国家利益之手段的认定和判断；最后，是具体地制定并实现其国家利益的对外政策。所有这些都涉及人们，特别是政府及其部门的主客观行为过程，是一种主客观交互作用的过程。摩根索所提出的“以权力限定利益”和“以权力界定的利益”的命题之所以受到人们的质疑，就在于对权力的界定本身又存在问题，以及对国际政策之理性的“理解”和“被理解”两者间的关系问题②。摩根索在其《国家间政治：寻求权力与和平的斗争》中引证了马克斯·韦伯的一段话：“是（物质的和思想的）利益，而不是观念支配着人的行为。然而由观念所构造的‘对世界的认知’却总是在起着转换器的作用，决定着由作为动力的利益所引导的行为朝什么方向发展。”③ 这就是说，人们对客观世界的认知对于利益的确定和利益的实现具有重要作用。

第四，国家利益解释上的主观性。无论人们对国家利益的概念是否有一种一致的认知或是否对国家利益有一种“正确”的判断，现实生活中各国政府在推行其对外政策时总是宣称它们是代表或维护国家利益的，并对什么是国家利益，以及其政策如何维护了国家利益有一系列的说辞和诠释。国家利益解释上的主观性可以从两个方面进行分析：首先，人们，特别是当政者对国家利益的解释并不总是与客观现实相符合的，而是出于特定的政治或主观动机，主要是为了证明其所做决策之正当性和合法性，即使是与其实际的国家利益相悖也在所不惜。其次，对国家利益的解释往往具有明显的意识形态色彩。桑德曼就曾认为，“当我们谈论国家利益时，我们是在谈价值观念：是某一社会的一部分人，许多人，或者所有人所拥有的价值观念”④。另一位美国学者也指出：“国家利益的概念……作为分析的工具，它用以描述、解释或估价一国外交政策的本源或适当性。作为政治行动的手段，它用来为某些政策进行辩护，提出谴责或予以肯定。”⑤ 由于国家利益可以起到号召和鼓动的作用，政治家和外交家以国家利益为工具，为其对外决策进行辩护。这实际上倒

---

① 阎学通．中国国家利益分析．天津：天津人民出版社，1996：第2章．

② 摩根索．国家间政治：寻求权力与和平的斗争．北京：北京大学出版社，1990：5-10．

③ 同②11．

④ 桑德曼．国家利益的概念//奥尔森，麦克莱伦，桑德曼．国际关系的理论与实践．北京：中国社会科学出版社，1987：79．

⑤ ROSENAU J. The scientific study of foreign policy. New York：Free Press，1971：39.

置了国家利益的地位与作用，使国家利益从对外政策的出发点变成为国家对外政策进行辩护的工具。这种主观性的表现使国家利益蒙受了“不白之冤”。

3. 国家利益的民族性和阶级性

（1）国家利益的民族性。

国家利益的抽象性和客观性，决定了国家利益具有全民性、超阶级性的特征。从本质上讲，国家利益具有民族性。因为国家利益是一个国家内部绝大多数国民的共同利益的综合，是各阶级和集团利益的抽象，并不是某个特定阶级、集团的利益。国家利益并不仅仅包含统治阶级的利益，它所反映的还有全社会、全民族的共同利益，是阶级利益与民族利益的结合体。国家利益的一些基本内涵，并不因统治阶级的更替而发生变化。

民族国家作为历史上的一种共同体，必然具有超阶级的全民族的共同利益。生存和发展是各阶级的共同要求，表现为反对外来侵略、维护国家主权和领土完整。这种全民族的利益是任何统治阶级都不能忽视的。民族国家的生存和发展是统治阶级生存的前提。因此，国家利益的民族性或全民性在国际政治发展的今天不仅没有被削弱，反而有日益增强的趋势。

（2）国家利益的阶级性。

国家利益的具体性和主观性，又决定了国家利益必须通过特定阶级统治下的国家和政府的具体行为来实现。不同的阶级对国家利益的解释是不同的，任何阶级都宣称自己的政策代表着整个国家的利益，自己的某项具体行为保护了国家的利益。同样，同一阶级的不同代表（表现为不同的政府）在不同时期，由于其推行的政策不同，对国家利益的解释也不同。因此，国家利益又具有鲜明的阶级性，因为统治阶级的利益是国家利益的最主要组成部分，统治阶级支配着国家的对外政策和对外行为。国家的经济利益，首先或主要是为了满足统治阶级经济上的需要；国家政治利益的核心，是统治阶级借以维持其统治的政治制度和意识形态。在国际舞台上，只有占统治地位的阶级才可由其控制的国家和政府机构来解释并宣称其所代表的国家利益。

造成国家利益民族性和阶级性的两重性的主要因素有：

首先，国家利益民族性和阶级性的两重性是由国家本质的两重性所决定的。“国家是阶级统治的工具”是马克思主义的经典观点，这里主要涉及的是“政治国家”。即便如此，马克思和恩格斯在论及国家的起源和职能时并不仅仅论述了它的阶级本质，还说明了国家是随着城市的出现而必然要有公共的政治机构的性质；是由于氏族社会再也无力管理复杂的社会现实而出现的；是为了对外掠夺和扩大领土，以及保证政府对内对外的安全而形成的；其“政治统治到处都是以执行某种社会职能为基础，而且政治统治只有在它执行了它的这种社会职能时才能持续下去”①。实际上，无论国家起源还是职能，都有其非阶级的规定性或社会性。国家在本质上就兼有阶级性和社会性的两重性。国家作为一种历史的产物，起因于社会分裂为阶级和社会生产规模扩大以及社会管理复杂化的两重需要。国家作为一种社会组织形式，具有阶级统治和社会管理的两重职能。国家既是阶级统治的暴力机构，又是社会管理的行政机关。

---

① 马克思，恩格斯．马克思恩格斯选集：第3卷．2版．北京：人民出版社，1995：523.

民族国家作为历史发展的产物，是在政治国家的基础上形成的，它既兼有政治国家的本质特征，又具有其作为国际政治行为体的特性。应该说，国际社会中的国家是政治国家与民族国家的结合体，即“nation-state”。如果国际政治中的国家兼有政治国家与民族国家的两重特征，那么其具有阶级性就是不可避免的。

其次，在民族国家履行其职能，特别是确定、实现和增进国家利益的时候，政府的作用至关重要。国家利益是由政府来代表的。就国内政治而言，政府是统治阶级意志的实现者或者工具，统治阶级是通过由其控制的政府来维护其阶级利益的，政府或政权利益与阶级利益是同义语。在国际政治中，国家、民族或“全体人民”的意志和需要同样是要由统治阶级控制的政府来实现的。在这里，统治阶级的利益不仅与国家利益重合在一起，而且是国家利益的最主要的构成要素，因为统治阶级决定着对国家利益的界定和判断，支配着国家的对外政策和对外行为。只有占统治地位的阶级或社会集团能够通过由其控制的国家和政府机构来制定和推行其对外政策，解释并宣称其所代表的国家利益。当然，这并不否认政府所代表的国家利益所具有的全民性。即使就国内政治而言，国家起源和职能的社会性也决定了其政府所代表的并不仅仅是统治阶级的利益。与其说“国家代表统治阶级的利益”和“政府代表国家利益”，毋宁说“由统治阶级所控制的国家或政府代表着以统治阶级利益为主要构成要素的国家利益”。

最后，国家利益与意识形态的关系，决定了国家利益的两重性。在讨论国家利益问题时，一个有争议的问题就是意识形态是否属于国家利益的组成要素。在国际政治中，意识形态的最主要功能并不在于要其他国家相信其所信奉的东西，而在于其解释对外政策的功能，使人们相信其所“宣称的国家利益”是“实际的国家利益”。按照摩根索的说法，“这是政治的本质，迫使政治舞台上的角色运用意识形态来掩饰其行动的直接目标”[①]。同时，意识形态在人们认识和界定国家利益时起着重要作用。例如，摩根索所说的国家利益的最低要求之一就是保护“现存政治经济制度的完整”；罗伯特·奥斯古德所说的“国家的生存与自保，包括领土完整、政治独立和政治制度的保持”；伊沃·杜查希克把“信仰系统”作为国家利益的五大内容之一[②]。西方国家在诠释其国家利益时，总是把政治制度、民主、自由等价值观念置于重要位置，用邓小平的话来说：“他们那一套人权、自由、民主，是维护恃强凌弱的强国、富国的利益，维护霸权主义者、强权主义者利益的。”[③] 众所周知，中国政府和中国领导人所强调的维护主权的一个重要内涵，就是不容许外国干涉中国的内政，特别是不容许国外敌对势力颠覆中国的社会主义制度。

总之，国家利益作为一个政治概念兼有全民性和阶级性的两重性。我们既不能将统治阶级的利益等同于国家利益，也不能将两者截然分开。尽管西方国际政治理论家一般都不讨论国家利益的阶级性问题，但是他们都承认民族国家利益与政治国家利益或政府利益之间的密切关系。甚至有人将国家利益等同于政府利益。在他们讨论国家利益的具体内容时，实际上都不同程度地涉及了阶级利益，特别是政治制度和价值观念问题。马克思主义

① 摩根索．国家间政治：寻求权力与和平的斗争．北京：北京大学出版社，1990：103.
② 陈汉文．在国际舞台上．成都：四川人民出版社，1985：41.
③ 邓小平．邓小平文选：第3卷．北京：人民出版社，1993：345.

的国家利益观与西方资产阶级的国家利益观之根本区别，就在于前者既承认国家利益的阶级性，又承认它的民族性，而后者的根本缺陷就在于片面强调国家利益的超阶级性，否认阶级利益在国家利益中的作用。

上述三个方面的两重性，使本已相当复杂的国家利益的因素变得更加复杂。实际上，如此复杂的两重性正是由于国家利益概念的两重性所决定的。正如汉斯·摩根索所说的：国家利益包括两重因素，一是逻辑上要求的，是必不可少的；一是由环境决定的，是可变的。前者决定了国家利益概念的抽象性、客观性和全民性，后者则决定了国家利益的具体性、主观性和阶级性。

第三节　国际政治中的权力关系

国际政治关系通过行为体的对外行为和相互行为体现出来。任何一种国际行为和相互行为，都体现了一种关系，西方主流学者称这种关系是一种“权力关系”。权力关系是国际政治关系的基本组成部分之一，国际权力关系体现了国家在国际体系结构中的位置和次序，因而权力关系反映了国际政治核心的内容。任何国家的对外行为和相互行为都是建立在一定的权力关系基础上的。因此，行为体对权力的追求及权力关系的基本结构推动着国际政治的发展。

一、国际政治中的权力

在国际政治关系中，权力被认为是至关重要的。西方传统的国际政治学理论就是以权力为核心的，无论是传统现实主义，还是新现实主义，都不否认权力的重要地位，区别只在于如何界定和评价权力的作用，以及如何理解权力关系的内容。非西方的国际政治学理论同样重视权力问题，但是其出发点是根本不同的。

1. 权力的界定

“权力”（power）一词有多重含义，可译为强权、强力、强国、权威、政权、力量等。国际政治学中的权力包含了上述含义的主要部分，即强权、强力、强国和力量。权力是西方政治现实主义的传统概念。德国思想家尼采曾在其《权力意志》一书中对此做过系统论述①。根据西方传统的国际政治学理论，“权力‘是指人支配他人的意志和行动的力量’”②，是指“某个政治单位在国际关系中将自己的意志强加给其他政治单位的能力”③，是“在冲突中一国对另外一国取得优势和在国际关系中克服障碍的能力”④。在他们看来，权力的最核心内容就是“控制力”。

权力作为一种政治概念和政治现象是客观存在的，国际政治中的权力主要是指：在国际政治互动关系中，一个国家影响或改变其他国家行为的能力。这一定义包含三层含义：第一，由于权力主要是一个政治的或政治学的概念，因而我们强调它是一种影响国际政治

---

① 尼采. 权力意志. 北京：商务印书馆，1994.
② 摩根索. 国家间政治：寻求权力与和平的斗争. 北京：北京大学出版社，1990：37.
③ 阿隆. 和平与战争：国际关系理论. 北京：中央编译出版社，2013：46.
④ 多伊奇. 国际关系分析. 北京：世界知识出版社，1992：29.

关系或国家间政治关系的因素。第二，作为一个关系范畴或互动范畴，权力只有在相互作用的条件下才能发挥作用，对权力的双方或各方均形成一定的制约。权力关系表面上体现的是一种单向的施行过程，即一方影响或改变另一方的行为。但是实际上，这种关系是相互影响、相互作用的。一方在对另一方施加影响或改变他者的同时，也会受这种权力关系的影响和制约。第三，权力体现的是一种能力，即我能够对你施加影响。要具备这种能力，一定的物质实力是必需的，但是这并不等于谁的实力强，谁的权力就大。能力是受到多方面因素制约的。

2. 权力与其他相关概念的比较

权力作为一种能够影响或改变其他国家行为的能力，所包含的要素涉及与之相近似的其他一些概念。其中比较容易相混的有：影响力（influence）、武力（force）、实力（strength）、能力（capability）等。

（1）影响力。权力和影响力之间存在着密不可分的关系，甚至在一些情境中，两者是等同的。两者之间的主要区别在于手段。从严格的意义上讲，影响力所涉及的互动关系不包括强制力，即影响"可以劝说，但不能强迫"，西方学者也承认这一点①。而权力则不排除强制力，西方学者一般将强制力看作权力发挥作用的主要手段。权力包括强制性的直接影响和非强制性的间接影响。

（2）武力。西方学者认为武力是权力不可缺少的组成部分，没有武力做后盾，就无真正的权力可言。但是也有一些学者认为，必须将权力与武力——实际使用的暴力相区别，"作为威胁或潜在威胁的武装力量，是一国获取政治权力的最重要的物质因素"，但是，一旦武力付诸实际运用，政治权力的内涵就改变了②。武力是国际政治中权力关系的重要内容，是改变他人行为的重要手段，或者更确切地说，是在无法有效地对他人施加影响时所使用的最后手段。

（3）实力和能力。实力和能力都是与权力密切相关的概念，但实力与能力又有所区别。在许多场合，实力与权力是等同的，汉斯·摩根索在《国家间政治：寻求权力与和平的斗争》一书中对实力与权力并未进行区分。但严格说来，狭义上的实力是指一国所具备和拥有的各种力量的总和，如地理、人口、经济、军事等物质力量，以及民族特征、国民士气、政府效能和外交性质等精神力量，因而也称为综合国力。实力是国际政治行为体对外施加影响和发挥作用的重要基础，是国际政治权力关系的物质前提。而能力则是指国家以实力为基础对其他国际行为体发挥影响和作用的条件和手段，是使实力真正转化为权力的途径和方式。实力与能力都是权力形成不可缺少的构成要素。没有一定的实力，权力便失去了物质来源；不具备一定的能力，实力本身很难影响和改变其他国际行为体而形成真正的权力。

总之，权力应当是一个综合性的概念，它并非仅仅是大国和强国才可能拥有的，它也不应当仅仅是一种大国和强国对小国和弱国实行控制的关系状态。

3. 权力与利益

权力与利益是现实主义理论的两个核心概念，也是国际政治学研究的两个基本范畴，权力与利益之间存在一种相辅相成、相互作用的有机联系。在国际政治中，权力与利益的

---

①② 摩根索. 国家间政治：寻求权力与和平的斗争. 北京：北京大学出版社，1990：37.

关系表现在两个方面：

一方面，权力本身就是利益的体现，就是国际政治的目标。汉斯·摩根索认为："用权力界定的利益概念是帮助现实主义找到穿越国际政治领域的道路和主要路标。"① 在国际政治学中，国家利益的内涵就是国家权力，国际政治就是国际行为体为获得权力的斗争。"国际政治像一切政治一样，是追逐权力的斗争。无论国际政治的终极目标是什么，权力总是它的直接目标。"② 国家实现国家利益的具体内容就是谋求国家权力，追求权力自然成为国家对外政策和对外行为最主要的目标。

另一方面，权力是实现国家利益的手段。在国际政治中，权力的运用是与国家利益和国家目标联系在一起的，国家在国际政治中为实现自身特定的利益而自觉运用权力来影响或改变其他国家的行为。国家利益在不同环境下表现出不同的内容，而这些内容的变化是由权力来界定和确定的。权力作为实现利益的手段，国家的权力越大，国家利益实现得越多。反之，国家权力越小，国家利益实现得就越少。

二、权力关系

权力是一种关系范畴，在国际政治中，权力关系是其中最核心的政治关系，是一种行为体之间相互影响和相互作用的现实。国际政治的互动过程实际上就是行为体围绕国际利益的权力使用和相互作用的过程。因此，行为体之间的互动关系最终形成权力关系。

1. 权力关系是国际政治的主要内容

国际政治学本身就是研究国际行为体之间以政治关系为代表的相互关系及其发展规律的学科，而政治关系的核心就是权力关系。国际政治权力反映的是行为体之间政治关系的互动。传统现实主义认为，行为体之间的相互合作在许多领域并不涉及权力关系。爱德华·卡尔指出："政治总是权力政治。通常，人们使用'政治'的时候，并不是指国家所有的活动，而是指那些涉及权力冲突的问题。"③ 汉斯·摩根索说："并非一国对另一国采取的任何行动都含有政治性质。一般说来，许多活动都是在完全未考虑权力因素的情况下进行的，而且也不会对从事这些活动的国家的权力产生影响。大量的法律、经济、慈善和文化活动均属此类。"④ 只有行为体出于政治意图的互动，体现的才是权力关系。

然而，第二次世界大战后，特别是20世纪70年代后，世界经济的一体化和全球化进程不断加速，世界经济和国际政治相互渗透、相互作用的趋势日益明显。许多所谓的"非政治性"或"非权力性"的活动往往也带有浓厚的政治色彩。如国家在国际法院提出诉讼或仲裁，在国际经济组织提出的针对某国的起诉和裁决，出台对外贸易制裁政策等，实际上都具有维护本国国家利益，促使他国改变对内或对外政策的目的，因此也具有政治权力的性质。今天的国际政治中，经济、文化和社会等大量被传统现实主义认为是"低政治"领域的问题越来越受到重视，也具有了权力关系的性质。尽管如此，权力关系仍然是当今国际政治的核心内容。国际政治学关注"低政治"领域的问题，正是因为这些问题与政治

① 摩根索．国家间政治：寻求权力与和平的斗争．北京：北京大学出版社，1990：5.

② 同①35.

③ 卡尔．20年危机（1919—1939）：国际关系研究导论．北京：世界知识出版社，2005：98.

④ 同①36.

权力关系相互影响、相互作用，折射和反映了政治权力关系，已经具备了权力关系的性质。

2. 追求权力和权力均衡是大国政治的直接目标

近代以来的国际政治历史表明，权力一直被大国、强国视为在国际社会维护自身优势地位的重要目标。汉斯·摩根索说："国际政治像一切政治一样，是追逐权力的斗争。无论国际政治的终极目标是什么，权力总是它的直接目标。"① "所有政治现象都可以归结为三种基本类型之一，……或者是保持权力，或者是增加权力，或者是显示权力。"② 在不同的历史时期，大国对国际政治权力的追求实质上就是追求霸权。无论是资本主义早期的葡萄牙、西班牙、荷兰和英国轮番争夺世界霸主的地位的世界单极格局，还是 19 世纪后期世界殖民体系建立，英国、法国和德国对殖民地的瓜分与重新分配利益及帝国主义战争都表现了各大国对世界霸权的争夺。第一次世界大战后美国世界霸权的确立，第二次世界大战后苏联对美国霸权的挑战最终形成国际政治的两极格局，国际政治的历史总是体现了大国对霸权的追求。

不仅如此，权力关系在国际政治中的一个重要表现形式就是权力均衡。现代意义的国际政治产生以来，世界各国，特别是世界大国在追求权力优势的同时，总是试图推行一种权力均衡的政策，以达到权力均衡的实际结果。汉斯·摩根索在谈到国家权力的限制时说："一些国家无论试图维护现状还是推翻现状，都表现出对权力的追求。这种权力欲势必导致所谓权力均衡的态势。"③ 接着，他还分析了权力均衡的不同方式，即分而治之、补偿政策、军备和结盟。所谓权力均衡就是均势，国际政治中大国追求权力均衡的历史就是大国的均势政策和使国际政治呈现均势状态的历史。近代以来，均势原则一致是欧洲国际政治实践的指导原则，英国曾经长期充当欧洲均势的"平衡者"角色。1814 年法国拿破仑战败后欧洲形成了英、俄、奥、普、法五国均势体系，即"维也纳体系"。欧洲各大国在推行均势政策方面互不相让，各显神通。之后的普鲁士"铁血首相"俾斯麦，更是将均势政策推向了高峰。

3. 权力关系的排列组合反映了国际系统的结构

国家因综合国力的大小和行为能力的高低，在国际舞台上的权力地位也是千差万别的，一国权力的大小及其在世界权力关系中的位置是国际系统结构形成的基础。沃尔兹在分析政治系统结构的定义时谈道："结构是根据单元之间力量的分配来界定的。"④ "国际体系的基本结构是无政府状态，即不存在合法的集中控制力量。结构的变化以及随之而来的国际体系的变化，是由各单位实力对峙的变化所造成的。更简单地讲，是由大国数量的变化而造成的。"⑤ 尽管沃尔兹这里谈到的力量有时也被理解为实力或能力，但我们可以将其宽泛地理解为权力。国家不论大小、强弱，总具有自身的实力、能力和权力，国家间的互动关系实际上就是一种权力关系。在国际权力关系中，国家因自身权力的大小，在国

---

① 卡尔. 20 年危机（1919—1939）：国际关系研究导论. 北京：世界知识出版社，2005：35.

② 同①64.

③ 摩根索. 国家间政治：寻求权力与和平的斗争. 北京：北京大学出版社，1990：220.

④ 沃尔兹. 国际政治理论. 北京：中国人民公安大学出版社，1992：119.

⑤ 同④3.

际系统的结构中按照其权力分配所处位置和次序也不尽相同，这就形成了各自的权力地位。特别是其中处于权力关系结构顶端的大国，大国的具体数量及它们具体的排列位置和次序决定了国际系统的具体结构，即国际政治格局的具体形式，如单极格局、两极格局、多极格局和各种过渡型格局。

权力与实力和能力相关，而实力与能力因政治经济发展不平衡规律的作用总是在发展变化之中。因此，国家的权力地位和权力关系也是处于发展变化之中的，这主要表现在国家在权力结构中的位置和次序的改变。沃尔兹认为，"结构是由组成部分的排列来界定的，只有排列的改变才是结构上的改变。"① 一般来说，弱小国家权力地位的变化比较不易引起国际系统结构的变化，而强大国家权力地位的变化则可能导致大国数量和具体排列位置的变化。一旦发生这样的变化，权力关系的结构就会发生改变，国际系统的结构即国际政治格局也就因此而改变。

三、权力的基本属性

如上所述，权力和权力关系在国际政治中的地位和作用是如此重要和突出，权力与权力关系也就自然成为国际政治学研究的主要内容。如果我们对权力进一步分析，我们发现权力具有下列基本属性：

1. 权力的绝对性与相对性

国际政治中的权力常常让人感觉到是一种绝对的存在，但同时更多的是在相互比较中显示出一种相对性。世界上一切事物都具有绝对性与相对性，权力也是绝对性与相对性的对立统一。

一方面，权力具有绝对性。汉斯·摩根索认为："国际政治必然是权力政治。"② 这就足以说明权力本身的绝对性。尽管传统现实主义者将政治关系和经济、法律、文化和社会关系分开，认为这些关系不具有权力关系的性质。但是第二次世界大战后国际关系发展的现实告诉我们，任何将国际政治关系与经济、法律、文化和社会关系相分离的企图不仅在理论上是无益的，而且在实践中也是不可能的。在当代国际政治中，世界经济与国际政治相互联系、相互渗透、相互影响、相互作用。因此，我们将政治关系看作国际关系中最积极、最活跃、最具代表性的关系，看作其他关系的集中反映者和折射体，并以政治关系为核心，将国际关系串联成一个有机联系的、有规律可循的系统。从这个意义上讲，包括经济关系、军事关系、法律关系、文化关系和社会关系的其他所有关系也都具有了权力关系的色彩。权力的绝对性体现在所有的国际政治关系几乎都具有权力关系的性质。正是从权力关系是普遍存在的意义上看，权力具有绝对性的意义。

另一方面，权力具有相对性。权力是一个相对的概念，这表现在以下两个方面：首先，横向的比较和空间上的比较。一国权力的大小和强弱总是在与他国的比较中才能确定。摩根索说："权力概念总是一个相对的概念。当我们说美国是目前世界上最强大的两个国家之一的时候，我们实际说的是，如果我们将美国的权力同所有其他国家的权力（各

① 沃尔兹．国际政治理论．北京：中国人民公安大学出版社，1992：95.

② 摩根索．国家间政治：寻求权力与和平的斗争．北京：北京大学出版社，1990：43.

国目前的权力状况）相比较，我们就会发现，美国比所有其他国家都强大。”① 权力在投入使用时，总是根据其所使用的对象来进行界定的，即大国相对于小国、强国相对于弱国。其次，纵向的比较和时间上的比较。一国权力的大小强弱和权力地位的高低总是会发生变化。摩根索曾举例说明 1919 年与 1940 年的法国权力地位发生的变化，由第一次世界大战结束后的世界最强大的国家变成第二次世界大战中军事惨败、被德国占领并向其投降国家。所谓“兵无常势，水无常形”，一个国家在国际社会中的权力地位是处在不断变化发展中的，一国不可能永远居于国际权力的中心地位。历史上大国兴衰所带来的权力地位的更替已经证明了这一点。

事实上，相对性与绝对性本身就是辩证统一的关系，相对和绝对是反映同一事物的既相互联系又相互区别的两重属性的，世界上一切事物既包含相对的方面，又包含绝对的方面。人们认识真理的过程反映了真理的相对性与绝对性。同样，我们在认识国际政治中的权力时也要看到权力的相对性与绝对性。

2. 权力的目的性与手段性

国际政治中的权力既是一种国家追求的目的，又是一种实现国家利益和国家安全的手段。因此，国际政治中的权力又表现出目的性与手段性的统一。

一方面，权力是国际政治的目的。汉斯·摩根索提出了一个“以权力界定利益”和“被界定为权力的利益”的说法，即认为一个国家利益的实现，取决于一个国家拥有权力的大小，一个国家要最大程度地实现自己的国家利益，就必须最大程度地寻求和行使自己的权力。“无论国际政治的终极目标是什么，权力总是它的直接目标。”② 因为在国际政治中，利益已经被界定为权力，所以国家追求国家利益就是追求权力的最大化。国家的目标从国家利益就这样自然而然地转换为权力了。从另外一个意义上讲，或许仅仅是因为权力能够带来利益，那么，权力最大化也就成了国家行为的目标。近代以来，国际政治发展的历史一再证明，大国追逐权力，谋取和巩固本国在国际政治中的优势地位的对外政策贯穿整个国际政治发展过程的始终。

另一方面，权力是实现国家目标的手段。肯尼思·沃尔兹认为，“新现实主义理论对于手段和目的、原因与结果的考察是不同的。汉斯·J. 摩根索是他那个时代最杰出的现实主义者，他认为‘理性的’政治家就是孜孜不倦地致力于积累越来越多的权力。权力被视为是目的本身。新现实主义则不同，它把权力看作一种有可能使用的手段，国家拥有的权力太小或太大都会有风险。力量软弱会招致攻击，力量强大则会使对手不敢发动进攻。力量过于强大则可能刺激其他国家，使他们增加军备并联合起来对付它。权力是一种可能有用的手段，明智的政治家总是力图拥有适度的权力。在重要关头，国家始终所关心的并不是权力，而是安全。”③ 在这里，沃尔兹认为国家安全才是国家的真正目标，而权力则不过是实现安全的手段。而且为了实现国家安全，权力并不一定要追求最大化。实际上，如果我们并不十分强调“以权力界定利益”，强调在国际政治中利益就是权力，而是将利益

① 摩根索. 国家间政治：寻求权力与和平的斗争. 北京：北京大学出版社，1990：208.

② 同①35.

③ 沃尔兹. 国际政治理论. 北京：中国人民公安大学出版社，1992：2.

和权力作为两个相互联系又相互区别的概念，那么国家利益是对一国有好处的各种因素，而权力是能够影响和改变他国的能力。这样一来，利益的目标性更加明显，而权力对于利益而言，其手段性则更加得以确定。

事实上，目的和手段也是人类活动中两个相互联系的因素。唯物辩证法认为，目的是人类在观念上事先建立的活动的未来结果，手段是实现目的的方法和途径。借助于一定的手段实现一定的目的，是人类自觉对象性活动的根本特点。目的和手段是辩证的统一，不能将目的和手段分离开来。实现目的必须依靠手段，而所有的手段本身也就具有了目的的性质。不仅如此，目的是具有阶段性的，也就是人们常说的近期目的、长远目的和最终目的等。所有前期的目的都是后期目的的手段。目的和手段的关系实际上与因果关系密切相连，如果将手段看成原因，那么目的就是结果，因果关系在特定的条件下是可以相互转化的。目的和手段的关系也反映了原因与结果的辩证统一的有机联系。因此，权力也是目的性与手段性的辩证统一。

3. 权力的强制性与自愿性

国际政治的权力与权力的使用经常表现出一种强制力和强制性，但有时也会体现出自愿性和非强制性的特点。因此，国际政治中的权力也体现出强制性与自愿性共存的特性。

一方面，国际政治权力具有强制性的特点。国际政治中的权力关系是一种国家间相互作用的特殊形式，其特殊性就在于权力本身所具有的一定强制性。所谓强制性权力是指在国际政治互动中，一方运用强制力或暴力的方式，把自己的意志强加给其他行为体、迫使其他行为体违背自己的意愿改变政策或行为。权力的强制性并不等于使用武力或以武力相威胁，也包括各种非暴力手段和方式，如极限施压、经济制裁、经济封锁、舆论谴责等。在正常的权力关系中，权力的强制性主要体现在一个国家如果不按照某国或一定的国际规则行事，就会受到相应的惩罚。世界大国往往利用自身的强权地位对违背自身利益的其他国家独自施加强制性权力，迫使对方改变原来的政策。同时，他们也可以通过国际制度及国际组织施加强制性权力。《联合国宪章》第四十一条、四十二条中就有包括军事行动在内的强制执行和国际制裁的条款。一些地区性国际组织也有类似条款。我们看到，尽管各种国际法、国际制度和国际组织日益完善，和平与发展已经成为世界的共同主题，但在国际政治现实中，强制性权力的运用仍然是经常发生的。

另一方面，国际政治权力也具有自愿性和非强制性的特点。在国际政治的历史和现实中，经常会有一些国家，主要是实力强大的国家，在运用权力的时候会采取许诺或签约的方式，对其他行为体提供军事保护、发展援助、社会促进等优惠条件，吸引其他行为体自愿地改变原来的政策和行为，从而更加符合大国的国家利益目标。除此之外，约瑟夫·奈还提到了一种非强制性权力，即软权力。他认为软权力是一个国家对其他国家所具有的吸引力，表现为“一个国家想追随它、崇尚它的价值观，学习它的榜样，渴望达到它所达到的繁荣和开放程度”①。软权力是用非强制方式，在思想文化、价值观念、生活方式等方面通过文化或观念来影响其他行为体，使其自愿改变自己的行为，并达到追随权力大国的

① NYE J S. The paradox of American power：why the world's only superpower can't go it alone. New York：Oxford University Press，2002：8.

目的。在大多数情况下，这种非强制性的权力可能比强制性权力能更有效地影响或改变对方。

总之，国家之间运用权力关系来实现相互影响的方式可以是多种多样的。施加影响既可以是暴力的，也可以是和平的。接受影响的方式也不是单一的，既可以是被迫的，也可以是主动的或自愿的。

第五章

国际政治的互动形式

重点问题

- 国际行为及其产生与发展
- 国际行为的基本特点
- 国际冲突及其实质
- 国际冲突的根源
- 国际冲突的解决途径
- 国际合作的基础
- 相对获益与绝对获益
- 国际合作中的“搭便车”问题
- 国际制度的构成和功能

国际行为体之间相互联系、相互对立的矛盾运动，是推动国际政治发展演化的直接动力，而这种矛盾运动是有其实在的物质内容的。国际政治中的矛盾运动，实质上是一种行为体基于其利益而发生的互动过程。国际互动可以从以下几个不同的角度加以分析：一是根据互动的具体内容，包括国际贸易、相互安全、技术合作、旅游、殖民主义、军备控制等；二是根据互动所涉及的领域或手段，如政治、经济、军事、文化等；三是根据互动的一般样式，如竞争、冲突、战争、和平、合作等，其中冲突和合作是最基本的互动形式。

第一节　国际行为与国际政治互动

国际政治关系是国际行为体尤其是国家行为体间的政治关系，这种关系通过行为体的具体行为（action）和相互行为或互动体现出来。对国际行为体对外行为及其相互作用形式的研究，一直是国际政治学研究的基本内容。

一、国际行为及其产生与发展

1. 国际行为

国际行为是指国际行为体的对外行为及相互行为，它是人类政治生活发展的必然产物。

国际行为体为了实现自身的特殊利益，总是要确定自己的对外目标，制定对外战略和对外政策，而当国际行为体实施对外战略和对外政策时，就发生了对外行为。国际政治并非单个角色或行为体的行为过程，而是它们之间不断做出反应并相互作用的过程。所谓相互作用、相互行为或互动，是指两个或两个以上的行为体之间在对外行为上的相互影响，其中每一方的行为均会对另一方的行为产生影响，或引起另一方的某种反应。所有的相互作用均具有某种直接或间接的交往或交流的形式。国际行为的产生及其普遍化与国际社会的形成和发展直接相关。

2. 国际行为的产生

人类从原始部落向政治社会的过渡经历了一个漫长的发展过程，国家的出现标志着这一过程的基本完成。自国家出现以后，就有了国家的对外行为和相互行为。如中国古代的诸侯纷争、七国争霸，古代中国与西域诸国之间的经济、文化交往，古希腊时期的城邦国家之间形成的相互联系等。但在相当漫长的历史时期内，这种对外交往还是有限的、局部的、偶然的，人类的政治生活还主要是一种内在的或一国范围内的活动。17 世纪中叶前后，资本主义生产方式的出现和发展打破了这种状况，主权-民族国家开始出现，欧洲区域的国际体系基本形成。民族国家间的对外行为和相互行为也开始出现。

3. 国际行为的发展

19 世纪末 20 世纪初，随着资本主义从自由竞争发展到垄断，帝国主义列强将世界瓜分完毕，整个世界从经济上和政治上联结成为一体，国际体系基本形成，国家的对外行为和相互行为已经成为国际社会不可缺少的重要组成部分，无论是宗主国还是殖民地半殖民地国家，都不可能脱离国际社会而孤立地生存下去。但是这个时期的国际体系并不是完全意义上的全球体系，即没有形成全球范围内的“主权-民族国家”世界体系。

在殖民体系下，国际体系带有明显的封建“等级制”色彩，即主权-民族国家之间的关系虽然已经出现，但是其范围仍是有限的，国家间关系的状态仍然是非现代的。首先，主权-民族国家体系仍主要局限于垄断资本主义国家之间，特别是欧洲国家之间。第二次世界大战前，国际体系的基本特征之一就是“以欧洲为中心”。世界主要发达国家中的绝大多数地处欧洲，世界经济和国际政治的重大事件也大都发生在欧洲，国际体系是不完整的。其次，国家间关系的社会结构状态不仅在事实上，而且在形式上都是完全不平等的，即国际社会是一种“殖民宗主国-殖民地半殖民地”的“统治-被统治”关系。广大殖民地半殖民地国家并没有权利参与国际社会的主要活动。或者说，它们并不是国际体系的正式成员。在这种状态下，国际行为只能是少数国家的对外行为，而广大殖民地半殖民地国家既无国际行为能力，也无国际行为权利。

第二次世界大战以后，特别是 20 世纪 60 年代以后，随着民族解放运动在全世界范围内的扩展，越来越多的国家实现了民族独立，殖民体系彻底崩溃。第二次世界大战前，亚非拉只有 36 个独立国家，第二次世界大战后至冷战结束前，有 90 多个国家获得独立。正是由于殖民体系时代的结束，世界范围的主权-民族国家体系才成为真正全球意义上的社会体系，国际社会的成员才在形式上实现了主权平等的关系状态，国际社会才成为一个完全、完整的社会。直到这时，国际行为才成为国家行为体的普遍行为状态，而非国家的国际行为体则由于这种国际行为的普遍化而在第二次世界大战后迅速发展起来。

二、国际行为的基本方式

国际行为体在实施其对外战略和对外政策时，可以采取外交方式、经济方式、军事方式和文化方式等各种国际行为方式。

1. 外交方式

外交方式是指各国政府通过其驻外使节或政府官员的谈判和协商来调整和处理国家间的相互关系。它包括：正式的外交活动，如建立或中断外交关系、派驻外交使团、进行协商和谈判；非正式的外交活动，如社会外交活动和非法外交活动。外交方式也被称为一种政治行为方式。

2. 经济方式

经济方式是指通过制定和实施一定的经济政策，采取某种经济行动，影响他国的对外行为或相互关系。它包括国家间的贸易、国家的对外援助或制裁。经济方式既是谋求自身经济发展和共同经济发展的重要手段，又是一种发展相互政治关系、谋求自身政治利益和制约他国对外行为的政治手段。

3. 军事方式

军事方式是指通过对外实施暴力或威胁使用暴力来支持或打击特定的行为对象。它包括：公开的军事方式，如直接动用或威胁使用暴力来进行军事干涉或武装自卫及威慑；秘密的军事方式，如秘密派遣武装人员非法潜入他国领土进行暴力活动。军事方式既可作为一种支援手段，亦可作为一种惩罚手段，既有合法的暴力，又有非法的暴力。

4. 文化方式

文化方式或称为信息手段，即通过宣传媒介或其他宣传方式，影响对象国的公众舆论或公众思想，以向该国政府施加压力，借以影响该国的对外行为。它包括：宣传，即形成舆论；示意，即通过语言或行动来传递某种特定的信息。

三、国际行为的基本特点

国际行为的方式多种多样，一个国际政治行为体在参与国际事务、处理自己的对外关系时采取何种方式或以何种方式为主，均受到行为体本身的条件、发生行为的对象、行为所及的问题和领域的限制。制约国际行为的主要因素主要有下列三种：

1. 国际行为都是为一定的利益和目标服务的

国家对外行为的基本动因是维护和增进各自的国家利益，国家对外行为的目标就是依据各自的国家利益而确定的。国家的对外行为和对外政策，与其国内政治密不可分，是整个国家行为和国家战略的重要组成部分，是以其国家利益和国家目标为导向的。非国家行为体的国际行为，同样也要受到利益关系的支配，这就是非国家行为体内部各个组成部分的共同利益和共同目标。

国家根据国家利益和国家目标制定对外政策和展开对外行为，并不是说国家对外政策的实施都会有利于国家利益和国家目标的实现。在国际政治中，由于环境的复杂性与不确定性，也由于人类自身计算能力与认识能力的限制，国家决策者不可能知悉全部备选方案，也无力精确计算所有备选方案的实施后果。换言之，由于“国家理性”是有限的，国家不一定能够选择实现其利益和目标的最优方案。不过，鉴于国家利益和国家目标是国家对外行为的基本动机，人们可通过对国家利益和国家目标的认识来评价具体的国际行为。

2. 国际行为总是在一定的范围或领域内进行的

国家对外行为的作用范围一般取决于对外行为的对象范围，并因此分为双边行为和多边行为、地区性行为和全球性行为等。国家对外行为的作用范围一般还取决于对外行为的问题领域，并因此分为外交行为、经济行为、军事行为、文化行为等。无论是从对象范围还是从问题领域来看，任何国际行为的发生都有一定的边界限制。

非国家行为体国际行为的日益增多表明，随着跨国家和全球性问题的增多以及政治、经济之间相互作用的加强，全球性行为的不断增加已成为当代国际行为发展的一个必然趋势。各个国家、各种国际的或跨国组织及政党，越来越注重涉及整个人类生存与发展的基本问题。

国际行为在一定的范围或领域中发生，并不意味着不同范围或领域中发生的国际行为不会相互影响。“蝴蝶效应”① 生动地说明了一个行为领域中微不足道的事件却可能在另一个行为领域中引起轩然大波。在一个全球性日益加深的世界中，许多在特定领域中发生的国际行为都会相互影响、相互作用，从而产生了“系统效应”。此外，随着全球化与相互依赖的迅猛发展，国际政治议程与国内政治议程之间的界限也日益模糊和淡化。传统上属于国内事务的问题领域，如惩治犯罪、环境污染、公共卫生、水资源开发和利用等都进入了国际政治议程，从而使国际行为的作用范围和领域更加复杂多变。

3. 国际行为是以一定的经济、军事实力为基础的

任何国际行为都要达到一定的目标，实现一定的利益，而利益的实现和目的的达成均需要一定的行为能力。国际行为能力的大小与其总体实力的强弱，特别是与经济、军事实力的强弱紧密相连。行为体总体实力的大小，直接影响着其行为方式的取向。大国和强国往往可以根据其自身的需要而采取或变换各种不同的行为方式，小国和弱国的行为方式则受到一定的局限。

但是，国际行为能力并不总是同行为体本身的总体实力成正比，总体实力强大的国家不一定都能发挥与自身实力相称的作用，而实力弱小的国家有时也可以在国际事务中或者国际政治的某些问题领域中发挥重要的作用。实际上，不同的问题领域往往具有不同的权力结构，而这些结构可能在不同程度上独立于经济、军事力量的全球分布状况。当某一问

---

① 所谓“蝴蝶效应”，用混沌学的语言说就是，一个混沌系统具有将很小的微观活动放大成为宏观行为的能力。或者说，一个细微的变化通过某种非线性的反馈系统可能会引发出始料不及的、影响巨大的后果。这一观念有助于解释某个人或实体的某些偏离常规的行为，是如何酿成整个系统行为的巨大而无法预知的变化。参见：张宇燕．经济发展与制度选择．北京：中国人民大学出版社，1992：278-279.

题领域中的权力资源用于其他问题领域时，就会失去部分或者全部的效力。罗伯特·基欧汉和约瑟夫·奈举过几个生动的实例：“沙特阿拉伯、伊朗和科威特等国在石油问题上一言九鼎，但在海洋、世界粮食问题，有关制成品贸易的关贸总协定规则等国际机制问题上，这些国家就无足轻重了。同样，在石油问题上，澳大利亚这样的粮食大国或瑞典这样的重要贸易国难以发挥主要作用。”①

第二节　国际冲突及其解决

无论是在国家作为一种政治组织形式出现以后还是自民族国家体系成为世界政治的基本组织形式以来，国际战争或者更为广义的国际冲突都是最为引人注目的国际政治现象。据弗朗西斯·A. 比尔的不完全统计，从公元前3600年至20世纪80年代，全世界共发生了超过14 500场战争，其中只有公元292年是和平的年份，这些战争共造成了约35亿人死亡②。20世纪发生的两次世界大战惨绝人寰，战争所造成的死亡人数将近5 000万。其后持续近半个世纪的冷战则是一场没有硝烟的战争，虽然美苏两个超级大国没有直接发生战争，但世界各国发生的局部战争至少有200多次。不仅如此，世界各国耗费了不计其数的资源并使人类处于对核战争的深切恐惧之中。冷战结束后，长期以来被两极格局所压抑的各种矛盾如同被打开的“潘多拉魔盒”纷纷被释放出来，民族、宗教和领土之争此起彼伏，不断产生新的国际热点。20世纪90年代以来日益猖獗的国际恐怖主义势力则和民族、宗教问题相互纠缠，为冷战结束后的国际冲突赋予了前所未有的特点。

一、国际冲突及其实质

1. 国际冲突的内涵

国际冲突是指国际行为体之间为实现各自的利益和目标而进行的对抗性或敌对性的相互作用，是国际行为体之间由于所追求的利益和目标的不同而处于自觉地对立之中的相互行为和相互活动。

冲突是人类生活中极其普遍的一种社会现象。美国哥伦比亚大学教授昆西·赖特指出，冲突概念有时用来表示社会实体之间动机、意识、目标、要求的不一致，有时用来表示解决这些不一致的过程。他认为，从社会学意义上看，应当将其含义限定在后者之上。无论从以上哪个角度看，国际行为体之间利益和目标的不一致是国际冲突的内在前提和基本条件。

国家利益是与一个国家的政治、经济和社会历史发展阶段相联系的概念。国家利益上的差异与矛盾是国家作为独立的国际行为体而存在的基本特征。因此，利益要求上的不同是存在于一切国家或国际行为体之间的。当今世界的国家之间以及其他国际行为体之间，由于政治经济发展的不平衡性，以及社会历史和文化传统的差别，不同国家之间的发展战

① 基欧汉，奈．权力与相互依赖：转变中的世界政治．北京：北京大学出版社，2002：52.

② 李少军．国际政治学概论．上海：上海人民出版社，2002：184-185.

略、重点方向、基本目标，以及生存和发展的具体要求是千差万别的，因而国家利益上的矛盾和差异是普遍存在的。基本社会制度不同的国家，由于政治制度、经济制度的不同，其社会发展的基本要求和目的方向有着重大区别，存在着国家利益上的明显差异；社会制度相同的国家，也会因社会经济发展水平的不一致，以及社会历史和文化传统上的不同而存在着利益上的差异。

2. 国际冲突的本质

詹姆斯·多尔蒂等学者认为，冲突通常是指这样一种情形：某一可自我认同的群体（无论是部落群体、种族群体、具有相同语言的群体、具有相同文化的群体、宗教群体、社会经济群体、政治群体，还是其他群体）有意识地反对一个或几个其他可自我认同的群体，原因是它们追求的目标相互抵触或看上去相互抵触①。冲突作为一种人与人之间的互动，是以利益、观念、政策、纲领的敌对性对抗为特征的，是政治性相互活动的基本形式。

国际冲突具备冲突内涵的一般规定性。国际冲突是一种以对抗性或敌对性为主要特征的国际相互作用形式，是国际行为体之间有意识的对抗性活动。在国际冲突中，有关各方的目的往往不仅仅在于提高自己的地位和获取更大的利益，更在于压倒对方、削弱对方或损害对方，从而往往以“零和博弈”为结局，即一方利益之增长以另一方利益的减少或丧失为条件。换言之，只有当各方有意识地通过降低对方的地位来提高自己的地位，通过阻挠对方目标的实现来增进自己的目标，或通过损害对方的利益来实现自己的利益，甚至通过消灭对方来保障自己的生存时，国际相互作用才具有冲突的属性。

与一般的冲突相比较，国际冲突对冲突各方的身份有着特殊的规定，即国际行为体之间的相互冲突。国际行为体可以分为国家行为主体和非国家行为体。由于国家拥有合法的暴力垄断权，国家与国家之间的相互冲突至今仍然是国际冲突的主要形式。但是国际冲突不仅局限于国家与国家之间的冲突，非国家行为体参与的国际冲突也很常见，主要类型包括国际组织之间的冲突或国际组织与国家之间的冲突、跨国公司与国家之间的冲突、其他跨国行为体与国家之间的冲突等。例如，北约与华约之间的冲突、联合国对伊拉克的制裁、以色列与黎巴嫩真主党武装之间的冲突等。

作为国际政治中最常见的一种相互作用形式，国际冲突集中表现在国家间政治、经济和军事关系领域。霍尔斯蒂列举了几种国际冲突行为的特征或表现：（1）两个或两个以上的国家对各自目标或多或少之不相容的确认；（2）一个国家通过它的决策人感觉或预感到，另一国家为实现其目标所采取的政策、要求和行动已经损害或威胁到它的利益和价值；（3）两个认识到各自目标并不相容的国家之间存在的、用以支配或影响各自行动的规则；（4）一国意识到自己的利益与他国利益相悖后，为了保卫自己的利益而抵制别国的要求，或为改变他国的行为而采取的一定的行动。

3. 国际冲突与国际竞争的联系和区别

竞争与冲突是国际相互作用形式中最一般的两种有紧密联系的形式。国际竞争是指各行为体之间为实现各自的利益和目标而进行的一种竞赛或争胜。它是国际政治中的一种最普遍的相互作用形式，存在于所有的领域（政治、经济、军事、文化等等）和所有国家间

① 多尔蒂，普法尔茨格拉夫．争论中的国际关系理论：第5版．北京：世界知识出版社，2013：197.

关系中。竞争的目的是提高自己的地位并努力超过对方。竞争也是社会矛盾运动的一种方式，处于竞争状态的国家之间的利益关系是处在矛盾之中的，这种矛盾可能具有对抗性，也可能不具有对抗性。敌对国家之间存在竞争关系，非敌对国家或友好国家、联盟国家之间同样存在竞争关系。

在国际相互作用中，冲突和竞争是相互联系的。首先，冲突和竞争是互相包容的。冲突在一定程度上也可以说是竞争的一种形式，即对抗性、敌对性竞争。同时，竞争也能成为双方冲突的一种形式，竞争中可能存在冲突的因素。其次，冲突和竞争是相互转化的。竞争往往会在一定条件下发展成为冲突。同样，冲突在一定程度上的解决，也可以使冲突转化为竞争。最后，冲突和竞争是相互区别、自成一体的。竞争与冲突毕竟是国际相互作用形式的两种范畴，是国际政治的两种基本状态。在实际内涵上，冲突更多地意味着目标和利益的直接对立和交锋，具有某种直接对抗性，大都以零和结局为基础。冲突中各方相互关系一般定位为敌人；竞争则更多的是一种攀比、超越和追赶的状态，竞争双方可以保持一定的距离，不涉及利益目标的相互作用，一国的目标实现可以不影响他国的目标和行为。竞争中各方相互关系一般定位为对手。

国际竞争和冲突的存在是人类社会发展过程中的必然状态，是不以人的意志为转移的。马克思曾经论及商品生产条件下竞争存在的必然性及其作用，“社会分工则使独立的商品生产者互相对立，他们不承认任何别的权威，只承认竞争的权威，只承认他们互相利益的压力加在他们身上的强制”①。这同样适用于冲突。国际竞争和国际冲突与一般意义上的竞争与冲突又有所不同，国际竞争与冲突是在主权国家及其他国际行为体之间展开的。在竞争与冲突中，竞争双方所追求或维护的不是个人或某个社会集团的利益，而是整个国家、民族的利益。国家所拥有的暴力工具使得国际竞争与冲突之间的相互转化更容易，使得国际竞争与冲突的烈度往往超过任何其他类型的竞争与冲突，也使得竞争与冲突更为普遍。由于竞争与冲突是难以避免的，因而进行公平、合理的竞争，缓和国际冲突，防止冲突转化为战争，就成为当今世界面临的重要问题。

二、国际冲突的类型

作为一种以对抗性或敌对性为主要特征的国际相互作用形式，国际冲突在不同的环境中可以是暴力的或非暴力的、显性的或隐性的、可控制的或不可控制的，从而具有多种多样的表现形式。根据观察问题的不同角度，我们可以把国际冲突分为以下几种类型：

1. 从冲突的内容上区分

国际冲突在国际政治中的各个问题领域都有显现，但是主要集中在政治、军事、经济等领域。

政治冲突可以采用各种各样的非暴力手段，包括声明、宣言、照会、抗议、通牒等文字形式和召回大使、驱逐外交官、降低外交级别、断绝外交关系等实际行动形式。

经济冲突可以发生在国际贸易、投资和金融等各个领域，因而具有更加复杂多样的形式，其中较为常见的形式如经济制裁、贸易禁运、提高税率、征收外国资产、冻结外汇账

---

① 马克思，恩格斯. 马克思恩格斯全集：第23卷. 北京：人民出版社，1972：394.

户和"货币战"等。

军事冲突则是使用武力或以武力相威胁的国际冲突形式，包括战争，也包括不构成战争状态的军事对抗行动。军事冲突是国际冲突的高级形式，往往由政治冲突或经济冲突转化而来，但是只有少数的政治冲突或经济冲突会转化为军事冲突。

随着全球化和相互依赖的迅猛发展，国际冲突不再局限于传统的政治、军事和经济领域，而逐渐扩散到环境保护、生态、资源利用、民族文化保护等新领域。例如，美国与欧盟在防止全球气候变暖的《京都议定书》批准问题上针锋相对，产生了激烈的言辞对抗。又如冰岛试图恢复在国际海域捕鲸的行动，美国政府威胁要采取制裁行动，以迫使冰岛放弃这种打算。再如法国政府为了维护法语的纯洁性，抵制英语对法语的渗透而采取了一系列措施，从而引发了法国与美国的争执。在这些问题领域中发生的冲突一般不会转化为暴力冲突。但是，如果冲突没有得到妥善解决，其中的一方对合理解决不抱幻想，从而陷于绝望境地，在这些领域中发生的冲突也会转化为暴力冲突。

2. 从冲突的性质上区分

国际冲突可以分为暴力冲突和非暴力冲突。暴力冲突可以采取战争的形式，也可以采取非战争的形式。一般来讲，在国际冲突中，战争的承担者是民族国家及其常备军，非战争的暴力形式的使用者往往是特殊的利益集团和个人①。非暴力冲突有的是显性的，有的是隐性的，显性的非暴力冲突如经济制裁、驱逐外交官等，隐性的非暴力冲突如心理战、汇率政策上的不合作政策等。由于国家领导人的言辞往往并不能够准确揭示国家的真实意图，在现实中很难明确区分隐性的非暴力冲突与非暴力冲突性质的行为或活动，因而通常人们所关注的国际冲突主要是暴力冲突和显性的非暴力冲突。

国际冲突又可以分为局部的冲突和全面的冲突。局部的冲突是指局限在某一问题领域中的对抗性或敌对性活动，全面的冲突是指在主要的问题领域中同时发生的对抗性或敌对性活动。局部的冲突的主要特点是有限性，即局部的冲突一般采取非暴力的形式，即使采取暴力的形式也会受到严格的限制。绝大部分国际冲突都是局部的冲突。全面的冲突往往采取暴力的形式，同时伴以非暴力的方式，最终的结局通常是一方压倒另一方。20 世纪的两次世界大战就是全面的冲突。全面的冲突往往由局部的冲突转化而来，即局部的冲突积聚到一定程度就可能引发全面的冲突。例如，第一次世界大战前的一系列局部危机使同盟国和协约国两大集团间的战争如箭在弦，一触即发，终因萨拉热窝事件点燃了第一次世界大战的战火。

国际冲突还可以分为根本性的冲突和非根本性的冲突。根本性的冲突是指国际行为体所追求的根本利益或目标不同，从而处于自觉的对立状态。非根本性的冲突虽然也包含对抗性或敌对性行动，但是不涉及国际行为体的根本利益或目标。根本性的冲突往往指向国家的基本战略目标。例如，希特勒的目标在于征服整个世界，这种目标使纳粹德国与其他大国的冲突是根本性的。根本性的冲突还往往与尖锐的意识形态对立有关。例如，拿破仑时期的法国与欧洲大陆各封建君主国，冷战期间的美国和苏联等。意识形态为现实生活提供了一套完整的阐释框架，其内核与外围的具体行动规则具有紧密的联系，通常不允许其

① 王逸舟．当代国际政治析论．上海：上海人民出版社，1995：282.

坚定信仰者采取权宜之计而进行妥协。非根本性的冲突和根本性的冲突并非一成不变的，而是可以相互转化的。例如，第一次世界大战后魏玛共和国时期的德国与英法美等战争国之间的冲突是非根本性的冲突，但是希特勒上台后就转化为根本性的冲突，而当盟军占领德国并对德国进行民主改造后，德国与其他西方国家在各个问题领域中的冲突又成为非根本性的冲突。

3. 从冲突的烈度上区分

国际冲突可以分为国际战争、国际危机、一般性冲突和语言象征性冲突等。

国际战争是烈度最高的一种国际冲突。当国际冲突的一方或各方认为除了诉诸最后的暴力手段外，无法维护其重要利益和基本目标时，就会调动一切资源进行战争。国际战争的行为体是主权国家，其他行为体之间的武装冲突，例如阶级、民族、种族、教派或国际组织，如果没有通过主权国家之间的战争行为表现出来，就不构成国际战争。例如，卢旺达胡图族和图西族之间的种族屠杀就不属于国际战争。此外，战争还有规模上的限定，不仅要求暴力手段的使用，而且要求大规模暴力的使用。例如，1969 年中苏边界上的“珍宝岛”事件就不属于国际战争，而 1979 年的中国对越自卫反击战就是国际战争。

国际危机是和平与战争之间的转折点。国际危机是指国际行为体的基本利益受到严重威胁，需要在有限的时间内迅速做出决策的情势。国际危机是一种战争一触即发的紧张状态，冲突各方必须在很短的时间内做好摊牌的各项物质与心理准备。一旦国家最高领导人做出了战争决策，国际危机就马上转化为国际战争，因此国际危机是通向战争的最后一个阶梯。例如，1998 年 3 月，随着以美国为首的北约对南斯拉夫联盟的轰炸，持续了几个月的科索沃危机最终转化为科索沃战争。反过来说，如果在这一阶段各方愿意并且能够达成妥协，危机就可以化解，战争就可以避免。如 1962 年的古巴导弹危机中，肯尼迪和赫鲁晓夫各自做出了妥协，一场可能的核大战最终得以避免。

一般性冲突是国际冲突最常见的一种形式。一般性冲突是指已有了实际行动，但可控性较大的冲突，包括前面列举过的经济制裁和外交制裁等。冲突的双方或各方一般都会把自己的行为限制在一定范围内，但如果一般性冲突失去控制，也会转化为国际危机乃至引发国际战争。

语言象征性冲突属于最低层次的国际冲突。它一般只停留在语言、文字等象征性形式上，所采用的手段包括传递外交文书、发表谈话声明、表明谈判立场等。语言象征性冲突不包含其他具体的冲突性行动，通常也不涉及不可调和的利益关系，一般可通过正常外交途径妥善解决。

国际冲突还可以根据其他的标准进行类型划分，例如，卡尔·多伊奇在《国际关系分析》一书中就把国际冲突分为以下几种类型：（1）拼到底（bitter-end）/共存（joint-survival）。拼到底的冲突就是你死我活，冲突各方只能生存一个；共存的冲突则是冲突各方不得不实现共处，因为任何一方都不可能彻底消灭对方。（2）根本性（fundamental）/偶然性（accidental）。前者长期存在，反复出现，后者转瞬即逝。根本性冲突不一定非拼到底，偶然性冲突不一定是共存的。例如，冷战期间美国与苏联的冲突是根本性冲突，但是双方却不得不实现共存。（3）可驾驭（manageable）/不可驾驭（unmanageable）。前者是当事国有节制地控制自己，使冲突保持在一定范围之内，如朝鲜战争、越南战争等，是否介入，是否升级，投入多少军队、军种、武器，最终接受何种结局等，在冲突过程中都受到控制；后者与此相反，对自己和形势均失去控制，导致悲剧的发生，如第一次世界大战等①。

三、国际冲突的根源

在西方社会科学理论中，冲突理论是相当重要的内容，各派学者均对冲突及其根源做过大量的论述。根据对冲突根源的不同理解，冲突理论家可以分为两大派别。一是微观分析派，主要是一批心理学者、社会心理学者、生物学者、博弈论者和决策论者。他们从个人行为的角度去分析冲突何以发生，特别是从人性的角度去探究冲突的根源。他们通常认为，人天生具有侵略性，加上社会环境中各种冲突的诱因，国际冲突是不可避免的。二是宏观分析派，大多数国际政治学者属于此派。他们主要是从国家内部和外部两方面来探寻冲突的根源。就国家内部而言，他们主要关注国家体制的问题。几乎所有的国际冲突均有其内在根源，包括政治制度的不完善、经济鸿沟的扩大、社会矛盾的加深等。就国家外部而言，他们主要是从国家之间的利益差异、制度的对立、均势的打破、体系自身的不稳定和经济差距的存在等方面进行分析，其中比较集中的是对国际体系与利益冲突的分析。

肯尼思·沃尔兹在其名著《人、国家与战争》一书中对关于冲突/战争起源的三种基本概念（image）进行了区分：第一种基本概念是“人性与国际冲突”，根据这种基本概念，战争源于人类的本性和行为；第二种基本概念是“国家与国际冲突”，即从国家的内部结构中去寻找冲突的根源；第三种基本概念是“国际体系与国际冲突”，即国际无政府状态是导致国际冲突的原因②。任何对国际冲突根源的理论解释都是在这三种基本概念中的某一种或某几种的基础上展开的。

1. 人性与国际冲突

早期的学者往往从人性的角度来阐发冲突起源的第一种基本概念。他们通常认为，人类本性是恶的，恶的本性决定人类必然要发动战争。除了这种“性恶论”以外，他们将冲突的根源还归结为以下几点：第一，人类的求生本能，即生存竞争，根据社会达尔文主义的基本观点，不同社会集团为了生存而彼此冲突；第二，人类固有的占有欲，包括对物质的占有欲和对权力的占有欲，人们为了占有而采取强力，以强力实现占有而导致冲突；第三，失意感（frustration），即人们由于未能满足自己的愿望或要求而发生冲突；第四，错觉，即出于人的想象和意向，认为对方将有害于己，可实际上对方并没有这样的意图；第五，社会知识和经验，例如，一个国家因为和另一个国家以前曾经发生过冲突，所以认定彼此之间的冲突在以后也不可避免，先入为主地将某些国家视为敌国。

以汉斯·摩根索为代表的经典现实主义者认为，理解国际政治，首先必须理解“社会赖以生存的法则”。汉斯·摩根索指出：“政治法则的根源是人性，而从中国、印度和希腊

---

① 多伊奇. 国际关系分析. 北京：世界知识出版社，1992：173-177.

② 华尔兹. 人、国家与战争：一种理论分析. 上海：上海人民出版社，2012：14，65-66，126.

的古典哲学努力发现这些法则以来，人性没有发生变化。”① 按照对于人性的这种理解，无论国际环境中发生怎样的变化，由于人性具有上述不可避免的缺陷，国际冲突都无法消除。

除了以上从人类的共性角度解释冲突的根源外，我们还可以从决策者的个性角度来理解国际冲突。国际冲突通常是由各国政府中掌握决策权的个人所发起或应对的，因此了解决策者个人的思想和行为可以帮助我们理解国际冲突的起源。例如，第二次世界大战后初期，美国总统杜鲁门对苏联对外行为的理解和他的前任罗斯福有很大的不同，如果罗斯福没有在刚刚开始其第四个任期时就溘然长逝，美苏之间的冷战也许就不会那么快爆发。因此，理解杜鲁门的个性和思想有助于我们理解冷战的起源。但是必须指出，这并不是说杜鲁门的接任导致了冷战，冷战的发生具有一系列复杂的背景和因素。正如约瑟夫·奈所指出的：“个人层次的解释是不够充分的，因为国际政治的性质是由国家而非个人决定的。过于关注个人的动机会使我们忽视人们意想不到的个人行为的后果，这样的行为后果是由一个更大的体系所导致的。”②

2. 国家与国际冲突

西方政治思想家很早就开始从国家的内部结构入手分析国际冲突的根源。例如，最早提出主权概念的法国思想家博丹就说过：“维持一个国家的最好的办法，即一个国家防治暴乱、叛乱和内战的最好的办法就是使有关各方和睦相处，而要做到这一点，就需要找一个共同对付的敌人。”

澳大利亚学者伯顿在《全球冲突：国际危机的国内根源》一书中分析了美苏两国国内体制的缺陷对两国冲突的影响。他认为：美苏之间的冲突既不是因为双方的核威胁，也不是因为资本主义与共产主义之争，而是因为两国国内体制的问题。第一是领导人权力过大，个人好恶、情绪和心理起重要作用。在古巴危机、柏林危机、越南战争的决策过程中，都可以看到这种个人因素的作用。第二是利益集团对政府的影响过大。第三是政府与公众脱节，公众无法有效监督政府。

近年来在美国学术界颇为流行的“民主和平论”也是从国内结构的角度来分析国际冲突的根源。这个理论的基本假定是，民主国家不相互打仗。这一理论从制度约束力和文化约束力两个角度来讨论民主政体对对外政策的影响。从制度约束力的角度看，对民主国家使用武力的内部制度约束包括权力制衡机制、政党政治竞争、外交决策多元化，特别重要的是公众舆论；外部制度约束则包括跨国利益集团的游说、贸易收益机制的作用、经济相互依赖的影响和联盟机制的作用等。从文化约束力的角度看，在国内，妥协的“民主规范”能够解决利益集团之间的冲突，在民主国家之间，这些“规范”同样能够解决它们之间的利益冲突③。

即使在西方学术界，“民主和平论”也没有得到广泛的接受，许多学者对“民主和平论”的观点持怀疑态度。但是国家的意识形态、政治制度、经济结构和社会分层等，的确

① 摩根索. 国家间政治：寻求权力与和平的斗争. 北京：北京大学出版社，1990：4-5.

② 奈. 理解国际冲突：理论与历史. 上海：上海人民出版社，2002：52.

③ 资中筠. 国际政治理论探索在中国. 上海：上海人民出版社，1998：195-196.

可以成为国际冲突的诱因。例如，1979 年伊朗“伊斯兰革命”发生后，伊朗新政权奉行“不要东方、不要西方、只要伊斯兰”的“霍梅尼主义”，从而与西方国家发生了冲突。实际上，当代许多国际冲突的诱因都与形形色色的政治思潮有关，包括民族主义、新干涉主义乃至恐怖主义等。

马克思列宁主义揭示了资本主义国家间冲突的深刻国内根源。马克思明确指出，私有制是民族压迫的根源，“现存的所有制关系是一些国家剥削另一些国家的条件”①，“民族内部的阶级对立一消失，民族之间的敌对关系就会随之消失”②。

列宁对帝国主义战争根源的揭示是马克思列宁主义对国际政治理论的重要贡献之一。所谓帝国主义战争，就是帝国主义国家为瓜分和重新瓜分殖民地，为争夺世界霸权而进行的战争。帝国主义战争包括帝国主义国家之间的战争、帝国主义国家对殖民地半殖民地进行的战争、帝国主义国家对社会主义国家进行的战争。帝国主义战争是垄断资本主义的典型现象，是垄断发展的必然产物。垄断使帝国主义的世界霸权政策导致帝国主义国家之间的战争，垄断使重新瓜分世界的斗争只能采取暴力手段来进行，垄断使“生产力的发展和资本的增长业已超出单个民族国家的狭隘范围并促使‘大国’竭力去奴役其他民族，去抢夺殖民地作为原料来源和资本输出场所”③。在垄断资本主义条件下，“只要**无产阶级还没有足够的力量来结束资本主义制度、彻底推翻资本主义**，帝国主义就会用接连不断的战争来威胁世界”④。上述情况在第二次世界大战之前表现得极其明显，在战后仍以各种不同的形式继续存在。

3. 国际体系与国际冲突

自国家出现以来，特别是自国际体系形成以来，国际政治体系和国内政治体系的基本特点就出现了分野。国内政治体系的基本特点就是具有强制性力量的政府权威，与之相反，国际政治体系的基本特点就是无政府状态。

国内社会的各阶级、政党和社会集团之间的利益矛盾同样也是普遍的和客观存在的，甚至统治阶级和被统治阶级之间的矛盾有时还是直接对立的。国内社会存在着完备的政府机构，而且政府机构可以通过军队、警察、监狱和一整套完备的法律体系等强制性暴力手段来保障政府的协调统一作用，解决国内的利益差异和矛盾。

在无政府状态的国际社会里，缺乏健全的、真正有约束力的国际规范和法律体系，不存在一个凌驾于主权国家之上的世界政府或国际机构来协调国家之间的利益冲突。即使有某种国际机构，也缺乏强制性的力量和措施来保障国际规范和法律的执行。各国依据国家主权自行其是，各国之间彼此相互平等、完全独立，各自的利益要求亦不相同，国家实力大小的权力原则仍然是建构国际秩序的基础。因此，解决国家利益上的矛盾和差异的主要措施和手段还是依靠国家实力的较量。第二次世界大战后，理想主义者和希望和平的人们都曾经努力健全国际法体系，努力建立并发挥超国家的国际机构的协调作用，但这种协调作用在实践中由于缺乏强制力而受到了种种限制，并未改变国际社会无政府状态的基

---

① 马克思，恩格斯. 马克思恩格斯选集：第 1 卷. 2 版. 北京：人民出版社，1995：308.

② 同①291.

③ 列宁. 列宁全集：第 26 卷. 2 版. 北京：人民出版社，1988：378.

④ 同③221.

本特点。

无政府状态这一国际政治体系的基本特征导致了“安全困境”（security dilemma）的产生，从而使国际冲突难以避免。美国学者约翰·赫兹最早提出了“安全困境”的概念。赫兹指出：“这样的无政府社会无论存在在哪里——在某种程度上它在已知历史的大部分时间里已经存在——哪里就会出现人的、集团的或他们的领袖的可以称为‘安全困境’的现象。生活在这样一个体系中的个人或集团必须，而且事实上关心自己的安全，以免被其他个人或集团攻击、奴役、统治或者消灭。为获得安全，避免这种攻击，他们被迫取得越来越多的实力以免受外来势力的威胁。反过来，这又让别人觉得不安全，迫使他们做最坏的打算。既然在一个由相互竞争的个体组成的世界上，没有一个人觉得是完全安全的，实力的竞争就随之而来，安全和积聚实力的恶性循环就发生。”①

但是“安全困境”概念并没有告诉我们什么样的国际政治体系更容易导致国际冲突，或者说什么样的国际政治体系最容易抑制冲突。许多学者认为，均势体系最有利于抑制冲突。所谓“均势体系”，指在国际政治体系内，各国力量通过分化、合作的方式达到力量分布的大体平衡，任何一国不可能处于绝对优势或控制全局的地位。根据他们的看法，如果某个国家权力处于弱势地位，就会激起强国的侵略野心，从而引发战争；如果主要国家之间的实力大致均衡，就会抑制国家发动战争的动机。在历史上，1815 年维也纳会议后英、法、俄、普（德）、奥之间的多极均势和 1945 年以后美苏之间的两极均势就是均势体系的典型。但是，究竟是两极结构还是多极结构更容易抑制冲突呢？

卡尔·多伊奇和戴维·辛格等学者认为，多极结构比两极结构更为稳定。多伊奇和辛格指出：“对于任何一个社会体系来说，影响其稳定性的最大威胁是缺乏选择性。”就任何一种两国间的双边关系来说，如果它们同时还可以和其他多个国家进行互动的话，就会形成相互交织的忠诚，从而减少它们之间的敌意。例如，国家 A 在某一个问题上与国家 B 意见不同，但是它需要国家 B 的支持来处理它与国家 C 之间的问题，因为在这个问题上，国家 A 和国家 B 的共同利益都遭到了国家 C 的反对。多个国家围绕多个问题而进行互动，其结果是盘根错节的利益关系和相互交织的忠诚②。考虑到这些交织的利益关系和忠诚的问题，在多极结构下的同盟具有相当程度的灵活性，由此产生的不确定性给每个国家的外交政策都带来了有益的谨慎，每个国家在决定是否与别国开战时都必须慎重从事，从而形成了国际冲突的“制动阀”。

肯尼思·沃尔兹对此提出了质疑，指出多极结构下的不确定性不能使国家具有应有的谨慎，不能增大和平的可能性，而只能导致战争。在多极系统中，国家数目如此之多，以至于它们中的任何一个都不能在盟国和敌国之间画出一条明确而又固定的界线。这种同盟的灵活性使得友好和敌对关系变化不定，并使每个国家对当前和未来的力量关系的估计捉摸不定。而在两极结构下，双方通过“内部”而非“外部”的手段相互平衡，它们依靠的是自己而非盟国的力量。沃尔兹认为，内部平衡要比外部平衡更可靠、更精确，国家在判断自己的相对力量时所出现的错误可能要少于它们在判断敌对联盟的实力和可靠性时所出

---

① 拉西特，斯塔尔. 世界政治. 北京：华夏出版社，2001：52-53.

② 多尔蒂，普法尔茨格拉夫. 争论中的国际关系理论. 北京：世界知识出版社，2013：130.

现的错误①。因此，两极结构能在相当程度上减少导致国际冲突的不确定性，从而更有利于维护世界的和平与稳定。

理查德·罗斯克兰斯对多伊奇-辛格的多极结构稳定论和沃尔兹的两极结构稳定论均持批评态度，他提出了一个两极多极体系。他批评沃尔兹的两极结构稳定论，认为在两极体系中，两个超级大国都密切而紧张地关注所有重大国际事件的结果，这从根本上讲是一场“零和游戏”。所以，比起多极体系来，两极体系中的两个集团领导的扩张意图要强烈得多，它们之间发生冲突的可能性也要大得多。罗斯克兰斯同样批评多伊奇-辛格的多极结构稳定论。他认为，虽然多极体系中的冲突烈度要低于两极体系中的冲突烈度，但是多极体系中冲突发生的次数要多于两极体系，因为多极体系中的利益和需求更加多样化。此外，多极体系降低了实力均衡变化的重要性，但却增加了这些变化后果的不确定性。因此，它使决策复杂化，难以实现体系的稳定。

罗斯克兰斯认为，在两极多极体系中，两个强国将扮演其他国家之间冲突的规则制定者的角色，而其他国家则将作为两个强国之间冲突的调停者和缓冲国。在这两种情况下，冲突都不会被根除，但却可能受到控制。两极强国，特别是两个超级大国，会相互遏制以避免对方取得优势，同时也会为了共同利益而采取行动，尽可能减少来自全球多极地区的冲突和挑战。至于多极强国，虽然它们因看问题的视角和国家利益多样性而相互敌对，但它们在反对两极强国的野心这一点上有共同利益。因此，两极多极体系中爆发战争的可能性要比两极体系和多极体系低②。

其他一些学者从国际体系变革的角度来讨论国际冲突的根源。罗伯特·吉尔平在《世界政治中的战争与变革》一书中指出，国际政治的变革在历史上主要表现为居支配地位的大国的衰落与新兴大国的崛起。对于居支配地位的大国的衰落来说，最有吸引力的反应是消除产生这个问题的根源。“当衰落的国家还拥有军事优势的时候，它常常依靠发动防御性战争来消灭或削弱新兴的挑战者。”因此，“在面前出现衰落或战斗的选择时，政治家大多选择战斗”③。吉尔平认为，解决国际体系结构与权力分配之间不平衡的主要手段是战争，尤其是霸权战争。

奥根斯基所提出的权力转移理论也同样强调权力分配的变化会增加战争爆发的危险。奥根斯基认为，当权力差距缩小时，尤其是一个敌对的力图改变现状的挑战者与曾经较为强大的现状维持者之间实力接近时，战争的可能性就会增加。换言之，战争源于大国间的增长速度不同，特别是当主导国与挑战者增长速度的不同使后者能够超越前者时。与吉尔平所不同的是，奥根斯基不仅认为居于主导地位的国家可能对挑战者进行预防性打击，而且认为挑战者如果认识到主导国家的这种意图，也可能发动战争，出其不意地首先进行打击，并从中占得先机④。

乔治·莫德尔斯基所提出的霸权周期理论强调战争与国际政治体系周期性转变的关系。莫德尔斯基认为，世界的政治与经济发展呈现一种长周期的特性；每一个周期由一个

---

① 沃尔兹. 国际政治理论. 北京：中国人民公安大学出版社，1992：202-203.

② 多尔蒂，普法尔茨格拉夫. 争论中的国际关系理论. 北京：世界知识出版社，2013：139-140.

③ 吉尔平. 世界政治中的战争与变革. 北京：中国人民大学出版社，1994：194-195.

④ 同②326.

霸权国家所主导，大约持续一百年；一个周期又可分为世界战争、霸权、非正统化和分散化四个阶段；整个周期呈现一种平衡—非平衡—平衡的循环过程。他认为，世界上自 16 世纪起有五个霸权周期，其中每个周期中的霸权国家分别是葡萄牙（1518—1608）、荷兰（1609—1713）、英国（1714—1815）、英国（1816—1945）和美国（1946 年至今）。根据这种理论，霸权国家与挑战国家的交替出现和相互冲突是国际政治体系变动的必然结果。

值得注意的是，以上几个从国际政治体系变革的角度来分析国际冲突根源的学者都或明或暗地认为：当国际政治体系中某一个居于主导地位的国家足够强大时，国际政治体系就能够保持相对稳定；当这个居于主导地位的国家走向衰落时，国际社会就会出现动荡和发生冲突。这种观点实际上是强调由一个霸权国主导的单极结构能够减少或抑制国际冲突，在西方学术界被称为“霸权稳定论”（hegemonic stability theory），从而与沃尔兹的“两极结构稳定论”和多伊奇-辛格的“多极结构稳定论”形成了分野。

肯尼思·沃尔兹从人性、国家和国际体系三个层面分析冲突根源的理论对国际政治学关于国际冲突原因的分析产生了重大的影响。但在 20 年后，沃尔兹本人在其经典著作《国际政治理论》中已经不再将三个概念中的“人性”作为重要的分析因素，而主要集中于对国家和国际体系层次的分析。沃尔兹认为，按照科学哲学的要求，人性是难以检测的。人性有恶的一面，也有善的一面。国际冲突的根本原因不是人性，而是国际社会的无政府状态。这是他对摩根索传统现实主义以及他本人此前理论的重要修正。

因此，国际关系学者一般认为，导致国际冲突的主要原因包括：从国家层面来讲是国家之间在利益和目标上的不一致，即国家利益上的差异和矛盾是国家之间的矛盾和冲突的内在根源，从而使各国之间的冲突具备了可能性；从国际体系层面来讲则是国际社会的无政府状态，即缺乏强制性的权力机构管控和治理国际事务是国际冲突发生的外部条件。正是国际社会的无政府状态才使得国际冲突的可能性变为现实性。

首先，国家利益上的差异与矛盾是国家间冲突的内在前提。国家利益是与一个国家的政治、经济和历史发展阶段相联系的概念。当今世界之所以还是由不同的国家行为体所构成，就是因为国家利益上的差异与矛盾是国家作为国际行为体而存在的基本特征。因此，利益要求上的不同是存在于一切国家或国际行为体之间的。当今世界的国家之间以及国际行为之间，由于政治经济发展的不平衡性，以及社会历史和文化传统的差别，不同国家之间的发展战略、重点方向、基本目标，以及生存和发展的具体要求是千差万别的，因而国家利益上的矛盾和差异是普遍存在的。社会制度不同的国家，由于政治制度、经济制度的不同，其社会发展的基本要求和目的方向也有着重大区别，因而存在着国家利益上的差异；社会制度相同的国家，也会因政治发展目标的特殊性、社会经济发展水平的不一致，以及社会历史和文化传统的不同而存在着国家利益上的差异。

国家利益上的差异和矛盾是国家之间的矛盾和冲突的内在根源，从而使各国之间的冲突具备了可能性。事实上，世界各国之间的冲突是不可避免的，区别只是冲突的程度以及解决冲突的方法不同而已。其根源就在于国家利益上的矛盾是普遍存在的。

其次，国际社会的无政府状态是国际冲突的外部条件。国家利益上的矛盾和差异是国际冲突的基本前提和根源，但国家利益的实现是在国家对外行为和相互作用中体现出来的。若不与外部世界发生联系，就无所谓维护国家利益。因此，国际社会的基本特点构成了冲突的外部条件。

自国家出现以来，特别是国际社会形成以来，国际社会和国家内部社会的基本特点就出现了分野。国内社会的基本特点就是具有强制性力量的政府权威，与此相反，国际社会的基本特点就是无政府状态。国内社会的各阶级、政党和社会集团之间的利益矛盾同样也是普遍的和客观存在的。甚至统治阶级和被统治阶级之间的矛盾有时还是直接对立的。但是由于国内社会存在着完备政府机构，而且政府机构可以通过军队、警察、监狱和一整套完备的法律体系和强制性暴力手段来保障政府的协调统一作用，解决国内的利益差异和矛盾。

在无政府状态的国际社会里，缺乏健全的、真正有约束力的国际规范和法律体系，不存在一个凌驾于主权国家之上的世界政府或国际机构来协调国家之间的利益冲突。即使有某种国际组织和国际制度，也缺乏强制性的力量和措施来保障国际规范和法律的执行。各国依据国家主权自行其是，各国之间彼此相互平等，完全独立，各自的利益要求亦不相同，建立在国家实力基础上的权力原则仍然是建构国际秩序的基础。因此，解决国家利益上的矛盾的主要措施和手段还是依靠国家实力的较量。第一次世界大战结束以后，理想主义者和希望和平的人们都曾经努力健全国际法体系，努力建立并发挥超国家的国际组织的协调作用，但在实践中这种协调作用由于缺乏强制力而受到了种种限制，并未改变国际社会无政府状态的基本特点。因此，国际冲突就从可能变成了现实。

四、国际冲突的解决

1. 内部解决

冲突的发展过程实际上也是冲突各方试图实现其利益和目标的过程。当冲突的各方或其中一方意识到，冲突的发展无益于自身的利益和目标的实现时，或者受到冲突波及的其他各方认为冲突的发展会损害其利益时，就会争取在冲突的某一阶段采取措施，使冲突得到解决。

霍尔斯蒂在《国际政治：分析的结构》一书中列举了冲突解决的六种方式：(1) 回避，这是自动避免冲突的方式，冲突中的一方决定放弃原来的立场，终止敌对行动，从而使冲突刚刚开始就得到解决。(2) 征服，通过武力的使用把对手完全压倒，使之不能抵抗，冲突因此平息。用暴力解决冲突，并未从根本上解决冲突，有时需要辅助手段。(3) 屈服，也称为撤退。屈服不同于被征服，被征服是武力实际使用的结果，屈服则是武力尚未使用，但在武力威胁面前被迫同意对方。(4) 妥协，冲突各方一致同意部分收回原来的目标、要求、立场。各方让步大致相等。(5) 裁决，冲突各方将问题交给一个有权威的第三者裁决。冲突的裁决一般以国际法为准则，但国际法缺乏强制力保障实施，有时即使做出裁决，冲突仍有可能继续。(6) 消极解决，冲突双方暂时冻结冲突行为，既不升级，也不解决。它是冲突采取上述任何方法也未能解决，形成一种为各方所接受的既成事实的局面。

上述解决方式除了裁决是最终由冲突各方邀请外部力量介入以外，一般都是内部解决方式，即冲突各方之间的内部解决。实际上，国际冲突还可以采取外部解决方式，即冲突方以外的其他各方介入冲突解决，从而涉及国际干预和集体安全的问题。

2. 国际干预

在当代世界，随着全球化的不断发展和国家间相互依赖的日益加深，国内政治经济的国际化和国际政治经济的国内化相互交织，任何冲突不仅对冲突当事国造成直接的损害，对世界上的其他国家都可能产生程度不同的影响。因此，在一定条件下，某些中立的国家或国际组织等第三方通过斡旋、调停、调解、仲裁和司法解决等对冲突进行适当的干预，已经越来越常见，也被认为是符合国际法的原则的。尤其是一些具有国际权威的国际组织，如联合国以及一些地区性国际组织，有责任对其成员的争端和冲突进行干预和协调，对危及和平的侵略行为加以制止。这种解决类似于上述第五种冲突解决方式即裁决方式，但又有不同。裁决往往是由冲突各方自愿寻找的第三者进行，而干预则是国际社会主动进行的甚至经常是带有强制性的行为，即通过减少或控制冲突资源，依靠合法的强制性武力制裁或威慑，有权威或有实力的第三方的介入，来达到阻止恶性冲突行为发生的目的。具体措施如限制保留武器的种类与数量、裁军、武器禁运、经济制裁、维持和平行动等。

国际干预可以分为联合国体系内的干预和联合国体系外的干预。前者是指联合国直接组织的干预或联合国授权某个国家或国际组织所进行的干预，例如，联合国维持和平行动。后者是在联合国体系之外所进行的国际干预，干预主体可以是大国、邻国或联合国以外的其他国际组织，其特点是没有得到联合国的批准或授权。1999 年，北约在科索沃问题上绕过联合国，对南斯拉夫联盟政府和阿尔巴尼亚族武装之间的冲突进行干预，就是联合国体系外干预行为的典型例子。

冷战结束初期，联合国在柬埔寨问题、索马里问题、波黑问题上都采取了积极的国际干预行动，虽然在促进柬埔寨的民族和解上取得了成功，但是在索马里和波黑的维持和平行动却遭到了失败。北约对科索沃的干预更加暴露了联合国在冲突解决上的局限性。但是联合国的授权仍然是国际干预取得合法性的基本条件，联合国在冲突解决中仍然具有独一无二的地位和作用。联合国的这种权威性与集体安全有密切的关系。

3. 集体安全

所谓集体安全，就是以集体的方式威慑或制止侵略，从而保障国家安全的设想与原则。根据集体安全理论，一国如果侵犯其他国家，必然遭到其余所有国家的反对和制约，从而使任何侵略行为遭到失败，使潜在的侵略意图得到抑制。集体安全方案包含两个原则：威慑原则和普遍性原则。威慑原则指的是，试图使用武力者将立即遭到一个反侵略国际联盟的反击；普遍性原则指的是，所有国家对侵略者的认识一致并反对之，所有国家都有义务以适当的方式加入反侵略行动中。这样，集体安全通过形成压倒性的反侵略联合力量来威慑或抑制侵略，从而促成国际冲突的解决。

历史上的国际联盟和今天的联合国都是实施集体安全机制的普遍性国际组织，《国际联盟盟约》和《联合国宪章》集中反映了集体安全机制的构想。虽然集体安全机制在现实中的运作远非完美，但的确为反对侵略、增进互信和缓解安全困境提供了重要手段。例如，1990 年伊拉克入侵科威特之后，联合国安理会通过第 678 号决议，授权安理会成员国与科威特政府合作，采取一切必要手段来恢复国际和平和地区安全。根据联合国授权，美国领导的多国部队解放了科威特，恢复了科威特的主权独立和海湾地区的和平。

第三节　国际合作及其保障

国际合作与国际冲突都是国际互动的基本形式。虽然国际冲突在世界历史中似乎占据了中心位置，但是国际合作也同样是不可或缺的基本政治现象。三十年战争之后的欧洲各国为了结束战争状态，保持各自的主权独立，经过长达四年的和谈，签订了《威斯特伐利亚和约》，开创了多边国际会议解决国家之间重大问题的先例，确立了以民族国家为基本组成单位的现代国际体系。没有一定程度的国际合作，相互承认国家主权的民族国家体系就无法确立，因此国际合作的出现与现代国际体系的形成是相辅相成的。随着国家间相互依赖和全球化的发展，国家之间的共同利益不断扩展，需要国际协调的领域也日益增多，国际合作成为越来越普遍的国际互动形式。

一、国际合作的实质

1. 国际合作的内涵

国际合作是国际互动的一种基本形式。国际合作是指国际行为体之间基于相互利益的基本一致或部分一致，而在一定的问题领域中所进行的政策协调行为。

作为国际社会行为体相互关系发展中的一种必然现象，国际合作是人类共同体生存、发展的内在要求。在资本主义世界体系产生以后，过去那种地方的和民族的自给自足和闭关自守的状态，被各民族的各方面的互相往来和各方面的互相依赖所代替了。随着经济全球化的迅猛发展，特别是由于科技革命所产生的巨大引擎作用，人类社会之间的相互依赖关系日益深化，相互依赖使国家间利益关系形成你中有我、我中有你的复杂局面，国家利益的冲突性和一致性相互交织。国家利益的自动和谐状态是不切实际的幻想。为了尽可能多地实现不断扩展的共同利益，防止潜在的利益冲突演变为现实的国际冲突，国家之间进行合作的趋势不断加强。

2. 国际合作的实质

国际合作的实质是国际行为体在一定的问题领域中所进行的政策协调行为。各个国家都以自身的利益为依据来制定对外政策。由于相互利益的不完全一致性，国家所制定的对外政策之间往往出现差异和碰撞，从而使国家间关系陷于纷争状态。为了保障共同利益的实现，国家需要对本国制定的对外政策进行调整，以使自身的政策和其他国家的政策兼容。这种调整往往是双方或多方同时或相继进行的，例如，在欧洲共同体框架内法国和德国以及其他成员国相互之间的政策协调。当然，也存在一方单方面进行政策调整的情况，例如，冷战期间勃兰特担任联邦德国总理后对苏联东欧国家所推行的“新东方政策”。通过政策调整过程，如果国际行为体将自身的行为调整到适应其他行为体“现行的或可预料的偏好上”，合作就会出现。如果政策经过调整后仍然不能适应其他行为体的利益需求，国家之间仍会陷于纷争之中。

不容否认，第二次世界大战后，发达资本主义国家之间的政策协调比历史上任何时期主要国家之间的政策协调都要广泛。发达资本主义国家之间相互协调的样式、程度、规模都在不断发展。从协调与联合的效果看，确实有利于发达资本主义国家缓和彼此间的矛盾，推动各自国家的经济发展和政治稳定。例如，欧洲联盟对于促进其成员国国内的工农业发展、对外贸易、金融地位和科技进步均发挥了积极作用，特别是在缓和欧洲宿敌法德之间的矛盾方面具有重要影响。再如西方七国首脑会议，自 1975 年举行以来，从一个最初以讨论经济问题为主的协调会议，发展成为议题包罗万象的西方国家战略协调中枢。虽然发展中国家之间的政策协调无论在深度上还是在广度上都滞后于发达国家之间的政策协调，但是在某些区域或某些领域中也不乏成功的范例。例如，东南亚国家在区域经济问题上的合作和石油输出国组织成员国在国际石油市场上的协调等。

3. 国际合作与冲突和竞争

国际合作与冲突和竞争也有着密切的联系，彼此相互作用、相互渗透。国际合作与国际冲突是国际关系的两种最一般、最基本的形式。二者看上去迥然不同，但实际上也往往彼此交织在一起。冲突并不完全排斥合作，敌对国家之间在特定的情势下仍有可能进行合作；合作中有冲突，在现实的国际社会中，合作只能是在一定范围内进行的，在特定领域内的合作并不排除在其他领域的冲突；合作与冲突相互影响，合作或许并不能完全消除冲突，但是有可能缓和冲突。当然，完全消除冲突还有赖于其他条件。在国际关系现实中绝对的冲突和绝对的合作都是罕见的。

国际合作与竞争在国际生活中无处不在、无处不有。国际合作与国际竞争并不绝对地互相排斥。竞争中有合作，竞争有时会促进合作，无竞争也就没有合作的必要；合作中有竞争，合作是为了更好地竞争，合作会推动竞争更好地发挥其积极作用；竞争与合作应建立在同样的基础之上，即公平、合理、平等的合作与竞争。国际行为体间的竞争、冲突与合作，构成了当代国际关系的基本构架和多彩画面。

罗伯特·基欧汉指出："合作并不意味着没有冲突，相反，它显然是与冲突混合在一起的，并部分说明要采取成功的努力去克服潜在或现实冲突的必要性。"① 换言之，只有在国际行为体认为它们的政策处于实际或潜在冲突的情况下，而不是和谐的情况下，国际合作才会发生。正如基欧汉所说："合作不应该被视为没有冲突的状态，而应该被视为对冲突或潜在冲突的反应。没有冲突的征兆，也就没有必要进行合作了。"②

二、国际合作的类型

作为一种普遍存在的国际政治形式，国际合作具有多种多样的类型或样式。随着国家间相互依赖的加深和共同利益领域的扩展，国际合作的程度不断加深，层次不断提高，领域不断扩大，形式不断变换。依据划分的不同标准，国际合作可以分为不同类型。

1. 国际合作的范围

按照合作所覆盖的范围，国际合作可以分为全球性合作、区域性合作、多边合作和双边合作等。全球性合作是在国际政治关系具有全球性特点后逐步出现的。第一次世界大战后建立的国际联盟是国际关系史上第一个具有广泛职能的全球性国际组织。第二次世界大战后全球范围内的国际合作空前扩展，其原因至少包括三个方面：第一，战后建立的以联合国为中心的国际组织体系（联合国体系）为全球性合作提供了组织平台。第二，美苏冷战把全球主要政治力量分成两大阵营，即使是区域内的冲突与合作问题也经常需要提交到全球性协调的层次上解决。第三，人口、环境、能源、粮食以及跨国犯罪、恐怖主义等全球性问题的兴起，要求各国在全球层次上进行有效的协调与合作。

---

① 基欧汉. 霸权之后：世界政治经济中的合作与纷争，上海：上海人民出版社，2001：64.

② 同①64-65.

区域性合作是特定区域内的行为体就共同关注的问题展开的国际合作。区域主义（regionalism）的兴起可以看作区域性国际合作发展的标志。所谓区域主义，就是某一区域范围内各个国家强调彼此合作的价值，并且为之做出各种努力的倾向。这些努力包括形成共同的区域意识、扩展相互交往的层次和采取统一的政策行为等，其核心是形成一套区域性制度安排。区域性制度安排的构建过程就是区域化。例如，欧盟委员会、欧洲理事会、欧洲议会、欧洲法院、欧洲中央银行等制度安排为欧洲一体化提供了强大的制度保障，制度建设成为欧洲区域化的核心内涵。冷战结束后，区域化与全球化成为并行不悖的两大发展趋势，不仅欧洲一体化运动如火如荼，北美和亚太的区域主义也方兴未艾，其标志是北美自由贸易区和亚太经济合作组织的成功组建。

国际合作可以分为多边合作和双边合作。多边合作在国际关系史上最早可以追溯到1648年的威斯特伐利亚公会，但是多边合作真正成为普遍的国际合作方式，还是在第二次世界大战以后。第二次世界大战后建立了以联合国为中心的国际组织体系和以国际货币基金组织、世界银行和关税及贸易总协定为支柱的多边经济组织，从而为全球性多边合作提供了基本的组织框架。第二次世界大战后欧洲一体化的发展则确立了区域性多边合作的典范。随着多边合作的发展，多边主义（multilateralism）在国际舞台上逐渐兴起。根据约翰·鲁杰的定义，“多边主义是一种在广义的行动原则基础上协调三个或者更多国家之间关系的制度形式，也就是说，这些原则是规定合适的行动的，它们并不考虑在任何特定条件下各方特殊的利益或者战略紧急情况”①。例如，最惠国待遇完全禁止成员国之间的待遇歧视现象，就是经济领域中多边主义的一个典型例子。又如，在2003年伊拉克战争爆发之前，法国和德国坚持捍卫多边主义原则，要求对伊拉克动武必须得到联合国的批准，而美国和英国绕开联合国发动了对伊拉克的军事行动，从而违反了多边主义原则。

双边合作是传统的国际合作方式。但是，即使是这种传统的合作方式，在新的时代条件下也具有了新的特点。例如，双边合作的形式和内容越来越多地受到多边国际条约和国际准则的束缚，类似于1939年《苏德互不侵犯条约》那样划分势力范围的合作协议在现在的时代条件下几乎不可能为世界各国所接受。双边合作也往往在多边合作的框架内进行，例如，法国和德国在欧洲联盟框架内的紧密合作，即所谓欧洲一体化建设的“法德轴心”。

2. 国际合作的目标

按照合作目标的层次，国际合作可以分为战略性合作和一般性合作。所谓战略性合作，是指在国家战略目标基本一致的基础上进行的国际合作。这些战略目标一般涉及国家生存、发展与繁荣的根本利益。在这种情况下，不同国家对实现战略目标的政策工具或手段也许有不同认识，但是由于战略目标的基本一致，这些国家通常能够通过政策调整来弥合分歧，即使是分歧无法弥合，也不会影响相互关系的大局。第二次世界大战后美国与西欧盟国之间的合作就是典型的战略性合作，其根本目标在于维护发达资本主义国家在全球政治经济中的主导地位。即使国际环境中发生苏联解体等重大变化，由于根本战略目标的一致，美国与欧洲之间战略性合作的基础也没有发生动摇。

---

① 鲁杰．多边主义．杭州：浙江人民出版社，2003：12.

一般性合作是指国家在具体问题领域中基于共同利益而进行的合作。这种合作一般具有“就事论事”的特点，此时此刻在此领域的合作并不意味着彼时彼刻在彼领域就会进行合作。因为，一般性合作没有战略性合作所具有的超稳定性。随着相互依赖的加深和共同利益的扩展，不失时机地把与主要合作伙伴之间的一般性合作推进为战略性合作，是对政治家和外交家勇气和智慧的考验。当然，能否推进战略性合作，最终取决于国家间战略目标的一致程度。20 世纪 90 年代后期，中国在日益融入国际社会的同时积极推进大国外交，尝试与主要大国建立战略性合作关系，就是这样一种努力的表现。

3. 国际合作的形式

按照合作的形式或正式程度国际合作可以分为默契、国际条约和国际组织。默契可以看作一种非正式的国家间合作。与正式的国家间协议相比，默契具有快捷性、简单性、灵活性和隐私性的优点。所谓快捷性，是指默契无须经过各国国内冗长的批准手续；所谓简单性，是指默契无须各国在合作形式或文字表达上进行漫长的讨价还价；所谓灵活性，是指默契不受既有文本的束缚，可以根据情势的变化进行相应的调整；所谓隐私性，是指默契无须像国际条约那样直接面对国内公众。但是默契的缺点也很突出，即不稳定性。默契对国家行为无法形成严格的束缚；默契缺乏国内政治程序的有力支撑，也无法保证政府更迭时继任者会继续遵守默契，而且表现为默契的国际合作有时与单边行动无法做出明确的区分。

通过国际条约或国际组织进行的合作属于正式的国际合作。国际条约是国家及其他国际法主体间所缔结而以国际法为准并确定其相互关系中的权利和义务的一种国际书面协议①。与默契相比，国际条约能够清晰界定各方的权利义务关系，一般需要各国立法机关的批准，并因此拥有更大的权威性和稳定性。国际组织是以国家间多边条约为基础建立起来的。由于国际组织具有常设的组织机构，能够在维护基本国际准则的同时更有效地适应国际环境的变化。

4. 国际合作的领域

按照合作的领域，国际合作可以分为政治合作、经济合作、军事合作以及科技、文化、环境等领域的合作。

5. 国际合作的形成

按照合作形成的方式，还有自愿合作和强制合作等。国际合作一般都是建立在自愿基础上的，是互利的，即合作的各方均确认，采取某种形式的协调或联合有助于维护和促进各自的利益，从而愿意结合在一起。但是也存在非自愿性合作的情况，即一方强迫另一方采取某种合作形式，在这种合作中，国家地位往往是不平等的，国家间利益分配也是不均衡的。

三、国际合作的基础

国际合作的形成，既有其内部原因，也有其外部原因，它们共同构成了国际合作的基础。国际行为体相互利益的部分一致是根本性的，它是国际合作产生的内在基础，而国际

---

① 王铁崖．国际法．北京：法律出版社，1981：319.

社会的相互依存的加深则是国际合作的外部条件。行为体之间相互利益的共同点的增加为合作提供了更多的可能性，而国际社会相互依存的加深则提供了行为体之间共同利益不断增加的源泉，同时使国际合作从可能变成现实。

1. 国家利益的部分一致是国际合作产生的内在基础

国家利益是国家对外行为的基本出发点，国家之间的利益关系既有对立和冲突的一面，也有协调和重合的一面。国际合作并不要求国家利益完全一致。如果国际行为体之间的利益完全一致，国际政治就处于和谐状态。在和谐状态中，虽然行为体仍然追求自身利益而不顾及他者利益，但是由于行为体之间的利益完全一致，一方追求其利益的政策能自动地促进其他行为体目标的实现。在这种理想化的世界中，不仅任何行为体的政策都不会损害其他各方，而且任何行为体追求自身利益的政策都会自动增进其他行为体的福利。因此，行为体进行合作也是多余的。如果国际行为体之间的利益部分一致，也就是说国家之间的利益关系既有一致性，又有冲突性。当共同利益或一致利益大于冲突利益或差异利益时，国家为了保障共同利益的实现，就需要进行相互合作。

国家利益的一致和协调与差异和矛盾是同时存在的，国际合作与国际冲突从国际政治形成之后就是相伴而生的。事实上，国家之间的利益关系既有矛盾冲突的一面，也有协调重合的一面。《威斯特伐利亚和约》的签订表明国家之间的利益关系是有共同点和重合部分的，在特定时间和特定国家之间，这种利益之间的共同点可能还是主要的。理想主义者一直认为，国家之间在维持和平和避免战争方面的利益是一致的。在错综复杂的国际关系中，敌我友的阵营是客观存在的，敌国的敌国可能与本国在反对共同敌人方面取得利益的一致，其中一方追求自身利益和目标的行为将会有助于另一方实现自身的利益和目标，因而会赢得相互支持，从而产生合作的行为。

2. 国际社会相互依存的加深是国际合作展开的外部条件

随着世界经济一体化和全球化的发展，人类社会的相互依存不断增强，促进了国家之间的共同利益不断增加，国际合作成为越来越常见的国际相互作用的基本形式。国际社会越来越多地出现了通过国际合作，各方的利益得到同时增进的情形，也就是所谓的国际关系的非零和博弈中的正和博弈的状态，出现了双赢和多赢的博弈结果。国家间利益和目标的部分一致为国际合作奠定了基础，国际社会的相互依存使得行为体之间的利益关系变得更为错综复杂，相互之间利益出现一致性的概率大大增加。这就为国际合作创造了更加充分的前提。而国际合作又反过来进一步加深了国际社会相互依存的发展趋势，从而为新一轮的国际合作提供了更为广阔的前景。

相互依存是国家（或国际行为体）之间普遍存在的相互影响和相互制约关系。马克思和恩格斯早在 19 世纪中叶就提出了资本主义生产方式导致了国家间的相互依赖的情形。当代西方国际关系理论对相互依存进行了系统的论述。卡尔·多伊奇、罗伯特·基欧汉和约瑟夫·奈等都对其进行了专门的研究。他们提出在世界经济一体化的冲击下，国际社会的相互依存和复合相互依存不断发展并日益加深，同时分析了相互依存的对称性、平等性和方向性问题。

总之，国际社会相互依存是当今国际关系发展的趋势，随着经济全球化的进一步发展，它也将更加深化。国际社会相互依存的加强使得国际行为体的联系得到加强，导致了国家间及国际行为体间利益关系的交叉渗透。国际相互依存的加强还导致了一系列全球性问题的产生，而解决这些问题必须经过国际社会的努力合作。政治上的共同生存和经济上的共同发展，要求彼此之间加深沟通、加强合作，全人类的利益和国家间的共同利益日益增加，从而为更大范围、更多领域、更深程度上的国际合作创造了外部条件。

四、国际合作的障碍

国际合作的重要基础在于国际行为体之间利益关系的基本一致或部分一致，但是共同利益并不能够保证国际合作的自动实现。共同利益是国际合作的必要条件而非充分条件。换句话说，没有共同利益，国际合作就无从谈起，但是有了共同利益，国际合作并不必然实现。如果国际行为体希望达成相互合作，它们还必须克服一系列障碍，包括信息不对称、“搭便车”和国家对相对获益的关切等。

1. 信息不对称

国际合作的障碍首先来自国际行为体之间的信息不对称。信息不对称是指这样一种状况：缔约当事人一方知道而另一方不知道某一信息，甚至第三方也无法验证，即使能够验证，也需要耗费大量资源，在经济上是不划算的。由于知悉其他行为体比自己拥有更多的信息，并且因此可能操纵双方的关系乃至进行成功的欺骗，国际行为体之间存在着达成协议的严重障碍。如果国际行为体打算从合作中获得共同利益，就需要克服这一障碍。正如詹姆斯·多尔蒂和小罗伯特·普法尔茨格拉夫所指出的：“国际合作必然是在分散化、缺乏有效制度和规范的背景下进行的，必然是在文化上相异、地理上相分离的实体之间进行的，因此要进行合作，就有必要充分了解各种成员的动机和意图，克服因信息不充分所带来的问题。”①

必须强调的是，只有当欺骗行为成为可能时，信息不对称才会阻碍国家间合作。在一个以自助为特征的国际体系中，国家追求自身利益的动机是强烈而复杂的，会随机应变、投机取巧，包括有目的地、有策略地利用信息，按照国家目标对信息进行筛选和扭曲，以及违背对未来行动的承诺等。虽然这并不意味着国家在任何可能的情况下都会采取欺骗行为，但是由于信息不对称，国家不能确定哪些国家在哪些时候会采取欺骗行为，因此国家不能保证其合作伙伴不会采取欺骗行为。正是在这个意义上，约翰·米尔斯海默指出：“确实，体系中的所有国家也许都非常仁慈善良，但它们不可能确信这一判断，因为意图不能得到百分之百的保证。”②

2. “搭便车”

国际合作所能带来的收益经常具有公共物品（public goods）的性质。在公共选择理论中，同时具有非排他性和非竞争性的物品被称作公共物品③。所谓非排他性，是指一种物品一旦被生产出来，可以同时供一个以上的个人联合消费，无论个人是否对这种物品支付了价格，要排除他人消费这种公共物品是不可能的或很困难的。非竞争性是指一个人对

① 多尔蒂，普法尔茨格拉夫．争论中的国际关系理论．北京：世界知识出版社，2013：544.

② 米尔斯海默．大国政治的悲剧．上海：上海人民出版社，2003：43-44.

③ 方福前．公共选择理论：政治的经济学．北京：中国人民大学出版社，2000：32.

公共物品的消费不减少或不影响其他人对这种物品的消费。

公共物品的生产特点和私人物品的生产特点不同。曼瑟尔·奥尔森所阐释的“集体行动的逻辑”揭示了这个特点。在此之前的多数经济学家和政治学家都或明或暗地认为，如同单独的个人为他们的个人利益而行事那样，由个人组成的集团也为这些个人在集团中的共同利益而行事。奥尔森在对集体行动进行分析后发现，这种论断从根本上说是错误的。他指出，如果由于某个个人的活动，整个集团的状况有所改善，我们就可以假定个人付出的成本与集团获得的收益是等价的，但是付出成本的个人只能获得其行动收益的一个较小份额。在一个集团范围内，集团收益是公共的，也就是公共物品，集团中的每一个成员都能共同地分享它，而不管他是否为之付出了成本。因为阻止集团的其他任何成员使用公共物品是困难的，所以从这种物品中受益的人都具有避免为其承担成本即付费的动机，这就是公共物品生产中的“搭便车”问题（free-rider problem）①。集团收益的这种性质促使集团的每个成员都想“搭便车”而坐享其成，其结果便是没有一个集团成员愿意提供公共物品。

国际合作经常为“搭便车”的问题所困扰，特别是当国际合作涉及多个行为体时。作为追求自身利益的行为体，国家在从事国际合作时往往具有“搭便车”的动机。例如，治理国际水域（波斯湾或多瑙河）能够给周边所有国家带来好处，因为每个国家都期待拥有清洁的水域，但是如果每个国家都等待别的国家行动，而不愿自己承担相应的成本，那么这片国际水域就会永远得不到治理。又如第二次世界大战爆发前，英国、法国、苏联和美国都意识到纳粹德国的重大威胁，但是它们都不愿意挑头承担遏制德国的成本，从而在战前无法形成有效的国际合作。

3. 国家对相对获益的关切

在决定是否与其他国家进行合作时，国家不仅考虑能否从合作中获得收益，在许多情况下还需要考虑合作所带来的收益分配是否对其他国家更有利。如果一个国家能够确定自己会从国家间合作中得到好处，但是认为这种合作对其他国家更有利时，它就可能放弃与其他国家的合作。如果该国不仅能够从合作中获得收益，而且能够得到比合作伙伴更多的好处时，它就会具有更强的动机去推进合作。

一个国家从合作中获得的收益超出合作伙伴收益的部分，称为相对获益（relative gains）。这个国家从合作中获得的收益本身，称为绝对获益（absolute gains）。在一个以自助（self-help）为特征的国际体系中，为了确保国家的生存、安全与独立，国家在与他国合作时对相对获益的关切是很自然的，特别是在国家间关系中暴力的使用并未完全消失的情况下。肯尼思·沃尔兹在《国际政治理论》中生动地描述了国家对相对获益的关切：“当多个国家面临可通过合作共同获利的有利时机时，对这种‘共同致富’安心不下的国家一定会问，所得的利益将如何分配？它们非问‘谁将得到的更多’不可，而不问‘我们俩都能赚一把吗’。在对一份预想将获得的利润进行分配时，比方说，以二比一的比例进行分割时，其中一国就会借自己获得的不均衡的利润来推行一项新政策，力图损害对方，或使对方的希望落空。只要双方还是担心对方把增大了的能力用于不利于自己的活动，那

① 奥尔森. 集体行动的逻辑. 上海：上海人民出版社，1995.

么，即使有这种动人的前景、双方都可以大捞一笔，它们还是不会合作的。”①

新现实主义者认为，国家对相对获益的关切构成国际合作的主要障碍。新自由主义者更加关注国际合作中的绝对获益，但也没有完全排斥相对获益的作用。其实，一个国家对相对获益的关切究竟能够在多大程度上阻碍国际合作，将取决于两个判断：第一，其他国家是否可能将合作的收益转化为伤害这个国家的能力。第二，其他国家是否有意愿伤害这个国家。例如，美国对中国之所以出现巨额的贸易逆差，其中的一个原因是美国对高科技产品出口的严格限制，中美两国本可以从高科技产品的贸易中获得丰厚的收益，但是美国国内保守势力担心中国对美国可能的敌意，认为这些高科技会增强中国的军事实力从而危害美国的国家安全。

五、国际合作的保障

由于信息不对称、“搭便车”以及国家对相对获益的关切等，国际合作面临严重的障碍。在很多情况下，能够带来潜在收益的国际合作往往无法达成。为了克服这些障碍，获得由国际合作带来的福利改善，国际社会在大量问题领域建立了各种各样的国际制度（international institutions）。简言之，国际制度的主要作用在于促进国际合作的实现。

根据罗伯特·基欧汉的定义，国际制度是指“持久的、相互联系的正式和非正式规则，这些规则规定行为角色、限制行动并塑造预期”②。基欧汉认为，国际制度包括以下三个组成部分：第一，国际组织（international organizations）。国际组织包括正式的政府间组织或跨国的非政府组织。这些组织是具有目标指向的实体。其中，正式的国际组织为国家所特意建立和设计，能够监督成员国的行动并对其行为做出反应，并具有官僚组织或科层组织的一般特征，负责制定明确的规则和执行具体的任务。第二，国际机制（international regimes）。机制是有着明确规则的制度，这些规则为政府所一致同意，并从属于国际政治的一组特定领域。范例包括：1944 年于布雷顿森林创立的国际货币机制，经联合国在 20 世纪 70 年代发起的谈判而建立的海洋法机制，以及美苏之间的有限军备控制机制。第三，国际惯例（international convention）。惯例是非正式制度，具有塑造行为体预期的含蓄规则和谅解，能使行为体在没有明确规则的情况下相互理解并协调它们的行动。例如，外交豁免曾作为惯例存在了数个世纪，直到 20 世纪 60 年代才被写入有关的国际公约中。

第二次世界大战后以来，国际制度以前所未有的速度、广度和深度扩散于国际政治的几乎所有问题领域。在经济领域中，以国际货币基金组织为重要杠杆的国际货币机制和以关税及贸易总协定为中心的多边贸易体系对国际经济关系协调发挥了重要作用。在安全领域中，国际核不扩散机制具有比较完备的结构和功能，联合国维持和平机制为缓和地区冲突做出了重要贡献。在环境和生态领域，在防止全球气候变暖与臭氧层保护、国际捕鲸、保护生物多样性等问题上也建立了一系列的国际制度。那么国际制度是如何

① 沃尔兹. 国际政治理论. 北京：中国人民公安大学出版社，1992：124.

② KEOHANE R. International institutions and state power：essays in international relations theory. Boulder：Westview Press，1989：3.

促进国际合作实现的呢？

1. 改变国家间的信息不对称状况，使国家获得进行合作所必需的重要信息

首先，国际制度通过其造成的“跨政府”关系网络促进了国家间的信息传输。在传统的国家间关系中，政府与外部世界交流的唯一渠道是不可分割的官僚机构之间的正式交往，由此获得的关于其他国家政府的信息是极其有限的。这不仅是因为官僚机构正式交往的频率较低、范围较窄、时间较短，也是因为这种交往的正式性质难以适应某些信息的传播与交流。与这种传统的国家间关系相对照，当前有效的国际制度经常与各国官员间大量的非正式交流与沟通相联系。无论是否经过授权，各级事务性官员之间都保持了持续性沟通，由此形成了各国政府官员之间的跨政府关系网络。在这些跨政府关系网络中，信息传递具有快捷性、灵活性、广泛性与非正式性的特点，能够克服传统国家间关系中信息传递的某些“瓶颈”，从而使国家决策者获得通过传统外交途径难以获得的重要信息。

其次，作为国际制度组成部分之一的国际组织能够向其成员国直接提供相关信息。一般来说，主权国家基于其国家尊严与荣誉以及某些具体的现实考量，更愿意向国际组织而非特定国家提供关于自己的某些信息。在许多国际组织中都有大量并不具备政治倾向性的技术专家从事信息的收集、加工与综合工作。与主权国家所披露的信息相比，国际组织所披露的信息具有更大程度的公正性和客观性，从而更容易为有关国家所接受。例如，世界银行、国际货币基金组织对于世界经济形势的监测与评估报告，联合国有关机构对于裁军与军控领域有关公约执行情况的检查结果，都会对各国政府的决策产生重要的影响。制度化水平较高的区域性与专门性的国际组织具有更为明显的信息服务功能，因为它们能够向其成员提供非成员难以获得的内部共享信息。

再次，国际制度所提供的国际行为规范有助于各个国家获得判断其潜在合作伙伴未来立场的必要信息。在国际政治经济中，希望推进合作的有关国家不仅需要关于其他国家拥有的资源和当前协商立场的信息，而且需要它们未来立场的信息。后者对于判断它们能否遵守国际协议至关重要。任何国家的政府对于信息的加工处理能力都是有限的，都不可能将未来的不确定性全部引入决策过程，即使是建立了完善信息处理系统的大国或强国也不例外。这时，一国政府的声誉就会成为诱导他国与之签订协议的重要手段。国际制度可以提供规范国家行为的基本标准并把不同领域的这些标准联系起来，从而有助于各个国家对他国的声誉进行评价。对于国家声誉的评价有助于政府简化其决策程序，根据其潜在伙伴以往的行为方式去推断该国未来最有可能的行为方式，从而产生对于该国未来立场的合理预期。

最后，国际制度有助于国家降低对于收益分配问题的敏感度。由于对相对获益的关切，某个国家参与还是放弃与其他国家的合作，将部分取决于它对其他国家未来意图的判断。在该国判断其他国家未来意图的预期形成过程中，国际制度具有重要的作用。当该国通过国际制度能够确定某些国家的意图并认为它们的收益有助于自己的生存、安全与独立时，该国会积极参与到与这些国家的合作中来。当该国无法通过国际制度确认这些国家的未来意图或认为这些国家的收益有害于自己的生存、安全与独立时，该国经常会放弃与这些国家的合作。例如，在冷战早期，美国有意识地加强它在欧洲与东亚的盟国的经济力量，即使这些国家在未来可能形成对自己的经济挑战，与之相对照，它却极力限制中国与苏联的技术竞争力，即使它可以从与这些国家的技术贸易中得到利益。罗伯特·基欧汉以此为例说明国家对相对获益的敏感度并不总是正的①。新现实主义者约瑟夫·格里科也承认，国家对相对获益的敏感度是一个变量而非常量，在多边安全共同体中，国家对相对获益的敏感度可能降低②。

2. 确立权利界定的原则和权利行使的范围，提供权利争议的解决程序

首先，国际制度确立国家权利界定的基本原则。任何行为体间的权利界定都是在一定的原则指导下进行的，在不同的原则指导下，会有不同的权利边界划分。在由民族国家构成的现代国际体系中，国家主权原则不仅在实践中指导着国家行为，而且上升到国际制度层面，构成国际社会的"宪法秩序"。由主权原则派生出来的互不侵犯与和平解决国际争端原则、互不干涉内政原则、平等互利原则以及和平共处原则等，都已成为指导国家间权利界定的基本原则。此外，某些国际制度还对国家间权利界定的方式做出原则性规定，例如，某些国际条约与国际组织具有"退出条款"，关税及贸易总协定在确定规范缔约国贸易政策的基本原则之外又规定了若干例外条款。

其次，国际制度直接确定国家权利的行使范围。例如，在联合国大会通过的《各国经济权利和义务宪章》中明确宣称："每个国家对其全部财富、自然资源和经济活动享有充分的永久主权，包括拥有权、使用权和处置权在内，并得以自由行使此项主权。"对于国家在其领土、南北极、海洋、空气空间与外层空间、居民、自然资源、技术转让上的权利，国际法都进行了较为细致的规定，这些规定构成国际制度的重要内容。在当代国际社会中，随着全球性问题的不断涌现与相互依赖的日益加深，任何国家都不可能确立完全排他性的主权。同时，主权国家仍然是某一区域人群福祉的最有力保障，主权原则还是最基本的国际准则。面对这种复杂的形势，对于国家权利行使范围的既有界定已经不能满足不断扩大的国际合作的需要，这就要求建立一个关于国家权利的更为复合的制度或法律结构，由此形成了国际制度创新的巨大动力。

最后，国际制度为国际合作中的权利争议提供了解决程序。在充斥着不确定性的国际环境中，国家之间不可能签订一个能够预测未来所有可能事件的完全契约。在合作协议条款的解释与适用问题上，各缔约国就有可能围绕着其权利义务关系而产生诸多争议。如果没有一定的国际制度，国家间的权利争端可能会导致合作的终止和协议的废弃。国际制度的存在使多数争端与需要解释的问题能够通过特定的程序得以提出。国际制度确定了解决争端的程序乃至作为第三方的仲裁机构，从而使各缔约国看到了在不终止合作的情况下解决争端的前景。例如，在国际贸易领域中，各国经常会依据世界贸易组织的规则来解决它们的贸易争端，而不诉诸单边的贸易报复。

3. 改变国家对外行为的成本-收益，使国家遵守合作协议

国际政治学者经常使用"囚徒的困境"模型来揭示国际合作面临的障碍③。由于担心其他国家采取背叛战略而使自己陷入最坏的境地，在背叛战略与合作战略之间，追求个体

---

① 基欧汉．制度理论和冷战后时代现实主义的挑战//鲍德温．新现实主义和新自由主义．杭州．浙江人民出版社，2001：279.

② 格里科．理解国际合作：新自由制度主义的限度和现实主义理论的未来//鲍德温．新现实主义和新自由主义．杭州：浙江人民出版社，2001：322.

③ 苏长和．全球公共问题与国际合作：一种制度的分析．上海：上海人民出版社，2000：154-161.

利益最大化的国家会选择前者，从而无法实现双方的合作。但是，如果博弈不是一次博弈而是多次博弈，考虑到自己的背叛会导致他国的报复，国家战略的报偿结构就会发生变化：当报复给自己造成的损失大于背叛战略带来的收益时，国家转而会采取合作战略。一般将这种战略称为互惠（reciprocity）或“针锋相对”（tit-for-tat）。美国学者罗伯特·阿克塞尔罗德通过计算机模拟与对“囚徒的困境”的理论分析，已经证明基于互惠的战略在促进合作上是非常有效的。在冲突与互补利益相混合的诸多情势下，即非零和博弈中，行为者具有实施互惠战略的动机。较之其他各种策略，基于互惠的策略能够产生相对较高的报偿。进而，行为者通过惩罚采取不合作战略的背叛者，使整个共同体受益。因此，“当报偿结构是‘囚徒的困境’时，可以期待互惠的实践者将其制度化为一般的惯例，这样他们可以从其他行为者的实践中获益”①。

正如阿克塞尔罗德所证明的那样，在国际政治经济中的许多情况下，国家基于某种自我利益而具有违反国际协议的明确动机，但是它们仍在遵守这些协议，因为如果它们不这样做，其他国家就有可能采取制裁措施。当这些制裁措施与国际制度的规则相符时，就具有了权威性，从而更容易形成“可信的威胁”。这样，我们就能理解已经加入某个国际制度的国家即使是在违反协议有利可图的情况下也会遵守协议。进而我们还能理解，即使国家认为某个国际制度从整体上看对其是不利的，该国仍会遵守这个国际制度的规则。对于后一情况，基欧汉在《霸权之后：世界政治经济中的合作与纷争》一书中为我们提供了更为具体的解释。

基欧汉指出，如果在世界政治中只存在一种制度，或者每种制度相互孤立或隔离，当自私的国家行为体遵守某一制度的机会成本高于采取某些易行的替代性行动方案时，它们就会抛弃这一制度。这时，国家行为的出发点是“短视的自我利益”，即“当某一特定问题与其他问题孤立开来进行考虑时，政府对可选择行动方案所进行的成本收益计算”②。然而，在当今的国际政治经济中，存在着多个问题领域和多个政府间协定，每个国家都处于“问题网络”之中。违反某一制度规则并不仅仅影响这一制度管理的问题领域，还可能影响在“问题网络”中的其他制度。对于根据理性原则进行损益计算的国家而言，违反制度规则的净收益必须超过由于这一行动对其他国际制度的影响而产生的净成本。如果其伙伴国在其他问题领域采取制裁，那么它就要把这种制裁给其带来的损失纳入成本-收益分析中。

但是，互惠或针锋相对战略并非总是有效的。“有效的互惠依赖三个条件：第一，行为者能够辨别背叛者；第二，他们能够对背叛者进行集权报复；第三，对背叛者存在足够的报复诱因。”③ 如果上述条件并不具备，其他国家难以采取及时有效的制裁措施，或者制裁给其带来的损失小于违反制度规则的收益，那么国家是否就可以肆意违反或破坏国际协议与国际制度呢？如果国家“考虑到先例或认为它们的声誉处于危险之中”④，国家在

---

① 阿克塞尔罗德，基欧汉．无政府状态下的战略和制度合作//鲍德温．新现实主义与新自由主义．杭州．浙江人民出版社，2001：104.

② 基欧汉．霸权之后：世界政治经济中的合作与纷争．上海：上海人民出版社，2017：121.

③ 同①94.

④ 同②127.

此情况下仍有动机遵守规则。国家担心由于自己违反规则而开辟坏的先例，从而刺激其他国家也违反规则。这样，违反规则可以创造单个国家的收益，但是它产生了“公害”，这种“公害”对违规国家效用的影响可能在一定条件下超过其违反规则的收益。

如果一个国家认为违反规则不足以产生上述后果，那么国际制度又将如何减少国家违反合作协议的行为呢？在一个没有“世界政府”的国际体系中，一个国家决定和谁达成协议和在什么条件下达成协议，在很大程度上取决于它对其伙伴遵守协议之意愿与能力的预期。有较好声誉的国家更易于达成较为有利的国际协议，而声名狼藉的国家在与他国进行合作时会面对更为苛刻的要求。因此，声誉的重要性构成国家遵守国际制度的一个基本动因。

这样，由于对报复的恐惧、对先例的关注以及对声誉的珍视，追求自身利益最大化的国家即使是在基于“短视的自我利益”的要求与国际制度的要求不相一致时，也可能遵守国际规则，恪守对合作协议的承诺。国际制度通过以上方式制造了“未来的阴影”（shadow of the future），从而促进了国际合作的实现。

在当今世界相互依存不断加深的条件下，国际制度的力量和作用日益凸显，国际合作带来的预期收益也越来越显而易见，国际合作将和国际冲突一样成为国际政治互动的基本形式之一。

国际政治的外部环境

重点问题

- 地缘政治学理论的产生与发展
- 自然环境对国家综合国力和对外行为的影响
- 自然环境对国家间相互关系的影响
- 世界经济是国际政治的基础与前提
- 经济实力对国家综合国力和国际格局的影响
- 经济因素影响国家的对外行为
- 科技因素对国家实力和对外行为的影响
- 科技因素对国际政治的影响不断增强

国际政治的外部环境，实际上只是在理论分析中将以权力为核心的国际政治关系视为一个相对独立的系统，而将其外在的影响因素视为这一系统的外部环境。研究国际政治的外部环境，就是分析这些环境因素对国际政治的影响作用。随着人们对环境理论的日益重视，环境因素本身的范围也在不断扩大，除了包括地理环境外，世界经济与科学技术因素也被看成国际政治的外部环境。尽管它们在现实的国际社会中总是与政治因素相互交织在一起的，但在理论分析中将其加以区分仍然是必要的。

第一节　自然环境对国际政治的影响

自然界是指客观的物质世界，广义的自然界是指整个存在的世界，既包括大自然的无机界和有机界，也包括人类社会；狭义的自然界则单指自然科学研究的无机界和有机界，它与人类社会是并列的两个范畴。然而，自然界与人类社会是对立统一的世界，它们总是相互联系、相互作用的。而人们常说的自然环境则是指以人为中心的一切客观事物的总和。因此，自然环境研究将自然因素与人类社会更加紧密地联系在了一起。

19 世纪末 20 世纪初，西方开始出现了诸如地缘政治学等有关政治行为的环境理论，并着重分析这种环境理论对国际政治的影响。第二次世界大战以后，地缘政治学由于在战时直接为德国法西斯的侵略扩张服务而背负恶名，环境理论的研究也一度陷于停顿。第二次世界大战之后，随着世界经济一体化和全球化的发展，自然环境与国际政治和世界经济相互联系的趋势开始出现，有关国际政治的环境理论再度引起众多国际政治学者的注意，人们越来越重视诸如地理、人口、资源等因素对国际政治的重要作用。

一、自然环境及地缘政治学理论

1. 自然环境

自然环境通常是指环绕人类社会的自然界，其中包括作为生产资料和劳动对象的各种自然条件。它是人类社会存在和发展的自然基础，是社会物质生活必要的条件。它包括一个国家所处的地理位置、幅员大小、地形地貌、土地与资源状况、气候条件、人口数量和质量与人口结构等自然地理内容。

人类是在一定的自然环境条件下得以生存和发展的。超越国界所发生的一切国际政治活动也都不能离开人类居住的“地球村”。因此，自然环境不仅与国家的力量、地位、外交政策以及国家间关系密切相关，而且对整个国际政治体系的运行有重大影响。从宏观角度来看，自然环境因素既是综合国力的构成要素，又是国际政治的重要内容之一。因此，自然条件在全世界范围内的分布及其发展趋势，一方面必然制约国力和国际力量对比，对国家对外行为产生重大影响，另一方面也会给国家间相互关系带来重大影响。

2. 自然环境的构成要素

与国际政治密切相关的自然环境大致包含以下几项基本内容：

（1）地理因素。其中包括：1）地理位置，即某个国家或某种政治力量在地球上所处的位置特征。以海陆为标志，表现为内陆国、沿海国和海岛国等不同形式。2）国土面积，包括国土面积的大小以及表现为方圆、狭长、紧凑和分割等不同的国土面积的形状。3）地形地貌，即某个国家地表形态的总体状况，像高山、丘陵、平原等。4）自然气候，由温度和湿度两大因素构成，有热带、温带、寒带和雨林气候、沙漠气候等。以上地理因素的各种要素之间也是相互制约、相互联系的，如地理位置在相当程度上决定了自然气候等。

（2）人口状况。人口状况既是指世界人口的总体状况以及人口在世界各国及地区的分布情况，又包括某一国家的人口状况。就某一国家而言，人口状况包括人口的数量和质量两方面内容。人口问题之所以作为自然环境的一部分，主要是因为环境分析中人-地关系的不可分割性，特定的领土和人口是主权国家相互关联的基本属性。而且人口问题的基本状况是相当长的时间内相对稳定的客观存在，并不会因实行某种人口政策而得到迅速改变。

（3）自然资源。一般是指天然存在的自然物，不包括人类加工制造的原材料。如土地资源、矿藏资源、海洋资源、生物资源、水利资源等。它们既是生产资料的基本来源，同时也是人类生产劳动的对象。

3. 地缘政治学关于自然环境影响的理论

地缘政治学又称地理政治学，产生于19世纪末20世纪初。19世纪末德国的地理学家弗里德里希·拉采尔使用了“人类地理学”的概念，把地理学、人类学和政治学综合到一起，由此产生了一门新的学科——政治地理学（politics geography）。20世纪初，瑞典地理学家鲁道夫·谢伦将拉采尔的学说加以发展，首次提出了地缘政治学（geopolitics）的概念，并以此描述国家权力的地理基础。此后，地缘政治学逐步发展成为一种解释政治现象与地理因素关系的理论，并进而成为在国际政治中利用地理知识来支持和指导国家决策的一门学科。地缘政治学在不同时期的代表人物所提出的理论学说，对当时各大国的对外决策都产生过直接的影响。

20世纪以前，国际社会的联系除了铁路将少数欧洲大陆国家相连以外，主要是通过海上航线建立的。美国的海军退役军官、历史学家阿尔弗雷德·马汉提出了地缘政治学的海权理论，强调制海权对于国际政治和国家权力地位的重要意义。他认为，谁控制了世界重要的海道与海峡，谁就能有效地控制海洋，就会成为世界强国；而要称霸海洋，还取决于一国的地理位置、领土结构和疆域等地理因素，特别是其海岸线的长度和港口的质量。马汉的理论对20世纪初美国扩大海上力量、谋求世界霸权的对外政策产生了直接的影响。

20世纪以来，由于铁路、公路等陆上交通的发展，大陆地理对海权重新占据优势。20世纪初，英国地缘政治学家哈尔福特·麦金德提出了以“心脏地带说”为代表的陆权理论，强调大陆地理对于国际政治和国家权力的重要意义。麦金德认为，整个欧亚大陆与非洲可以看成是一个“世界岛”，其中从东欧到西伯利亚平原这片内陆地区的河流体系极少注入世界主要海洋，而北面的北冰洋又是一片冻土，因而形成了所谓的“心脏地带”，它被德国、土耳其、印度和中国等边缘国家构成的“内新月形地带”所包围，而整个世界岛又被英国、南非和日本等“外新月形地带”所包围。心脏地区的人力、物力资源丰富，边缘地带极易受到心脏地区的攻击，而心脏地区则由于海权国家无法进入得以保证其安全。因此，心脏地区是世界政治的“轴心地区”。在以上分析的基础上，麦金德提出了著名的三段式名言：“谁统治东欧谁便控制心脏地带，谁统治心脏地带谁便控制世界岛，谁统治世界岛谁便控制世界”①。第二次世界大战结束前，美国学者尼古拉斯·斯拜克曼在吸收了麦金德学说的基础上提出了所谓的“边缘地带说”。他认为，欧亚大陆的沿海地区，即麦金德所说的“内新月形地带”，应当被看成边缘地带或中间地带，它处于心脏地区与海权国家之间，是海上强国与大陆强国发生冲突的地带。因此“谁统治边缘地带，谁就能统治欧亚大陆；谁统治欧亚大陆，谁就能控制世界的命运”②。麦金德与斯拜克曼的学说从地理因素角度分析了陆权对于国际政治的影响，对于第二次世界大战后美国政府长期推行的冷战与遏制战略以及控制边缘地带的霸权扩张政策提供了直接的理论依据。

地缘政治学对国家对外决策的指导作用在第二次世界大战前夕的德国得到了登峰造极的表现。以卡尔·豪斯霍弗为代表的德国极端主义学派提出的“生存空间论”认为，生存空间，即一国的土地面积和自然资源，是国家实力的象征。国家之间的边界是一条“能动

① 帕克. 二十世纪的西方地理政治思想. 北京：解放军出版社，1992：23.

② 同①133.

的疆界”，即强国拥有扩展自己生存空间的自然权力。一国应当争取在自己生存空间以外的地区，即人口稀少的缓冲区建立疆界，把自己同强大的邻国隔开。豪斯霍弗把对地理因素的研究同德国法西斯的侵略扩张战略联系起来，得到了纳粹政府的重用，对希特勒策划和发动战争起到了重要的作用，在客观上为帝国主义的侵略扩张和强权政治提供了理论基础。以至于战后豪斯霍弗本人也被美军逮捕，最终以自杀了结此生。

从第二次世界大战结束前的地缘政治学理论的发展及其对国家对外决策的指导作用可以看出，地理因素对一国决策的制定具有重要的影响。客观地讲，这一时期的地缘政治学对国际政治学基本理论的形成起到了推动作用，对国际政治的环境理论研究也开了先河。然而，它在哲学层面上是以唯心史观和庸俗进化论的观点观察社会与政治生活的，在逻辑论证上片面夸大地理因素在国际政治中的作用，单纯从地理因素中寻找政治行为的根源，忽视或淡化了其他因素对国际政治的影响，歪曲了社会生活的本质，从而走向了“地理环境决定论”的极端。汉斯·摩根索曾经对此评价说：“地缘政治学是门假科学，它把地理因素高举起来，当作一项可以决定国家权力和命运的绝对因素。它的基本观念是空间，可是空间虽然是静态的，但居住在地球表面空间的人却是充满活力的。”①

第二次世界大战后，地缘政治学经过一个时期的沉寂之后重新开始活跃。特别是 20 世纪 60 年代之后，美国和法国的地缘政治学者开始关注更为广泛的地缘因素对世界和平和经济发展等重大问题影响的分析，纠正和弥补了传统地缘政治学的错误与不足。与传统地缘政治学不同的是：第一，战后地缘政治学将地理因素作为或然因素，而不是决定因素，改变了地理因素决定论的局限和偏颇。第二，将研究视角从国家主义走向全球主义，从关注国家实力和对外政策层面转向全球政治经济的层面。第三，从传统的国家安全开始转向全球面临着资源、粮食、人口和生存环境等涉及人类生存与未来发展的共同危险。冷战结束后，地缘政治学又出现了地缘政治经济学和批判性地缘政治学等学派的新发展，表明了地缘政治学作为环境理论研究具有强大的生命力。

二、自然环境对国家综合国力和对外行为的影响

自然环境是人们在进行政治行为分析时最早加以研究的环境因素。事实上，这种研究早在古代就已初步展开，如中国春秋时期的孙武曾将地理因素作为决定战争胜负的重要因素。古希腊的希罗多德也十分注重研究人与地理环境的关系。近代法国的思想家博丹与孟德斯鸠对自然环境进行了较为深入的研究和分析。然而，直到 20 世纪初，一些西方的学者才对自然环境与国际政治的关系进行了较为系统的研究。

1. 综合国力中的自然环境

西方国际政治学者对自然环境与国际政治的相互关系理论研究的突出特点，就是将自然环境看作国家综合国力的有机组成部分。现实主义大师汉斯·摩根索在分析国力的构成要素时列举了地理、自然资源、工业能力、军备状况、人口、民族特征、国民士气、外交质量及政府质量等项，并将国力区分为相对稳定的要素和易于不断变化的要素，他指出：“一国权力所依赖的最稳定的因素显然是地理……另一个对相对于他国的权力具有重要影

① 摩根索. 国家间政治：寻求权力与和平的斗争. 北京：北京大学出版社，1990：213.

响的相对稳定的因素是自然资源。”① 法国学者雷蒙·阿隆则将其分为三类：第一是某一政治单位占据的空间，第二是资源（包括物力和人力），第三是集体行动能力。

由此可见，国家实力是由多种要素构成的，其中有可见的、有形的物质要素，也有不可见的、无形的精神要素，而自然环境则是构成有形的物质要素的最基本的成分。它主要体现在国家所处的位置、国土面积、人口及自然资源等各个方面。

2. 自然环境对综合国力的影响

自然环境本身所包括的上述各种要素，作为一种有形的物质存在，对国家综合国力的构成产生着直接的甚至是巨大的影响。

首先，从地理因素方面来看。地理位置优越、幅员辽阔、土地肥沃、自然资源丰富的国家比较容易发展成大国和强国。与之相反，较差的自然环境条件会给一个国家发展成为力量强大的国家制造障碍。一些控制世界战略要地的国家，也会因此得以提高其国际地位。如土耳其因控制黑海出海口而受到重视，埃及、巴拿马因其运河而身价倍增等。此外，国土面积的大小与一个国家的国防能力成正比。土地幅员辽阔的国家在战争时期的回旋余地大，敌人很难将其全部占领和征服。1812 年拿破仑进攻俄国，第二次世界大战时期日本侵略中国和德国入侵苏联，最终都以失败而告终，幅员辽阔的地理条件应当是重要的原因之一。而国土面积呈狭长或分割状态的国家则比相对方圆而紧凑的国家更易遭受敌人的攻击而不易防守，如 1971 年印巴战争中的巴基斯坦就是如此。另外，高大山脉可以阻碍交通运输，起到天然屏障的作用；一个小国因为其地理位置处于某个战略要地而增加了在国际舞台上的分量，提高了自己的影响力。

其次，从人口状况看。人口是从事经济生产和战争必不可少的因素之一，一定数量的人口是一国成为大国的先决条件之一。纵然现代科学技术的发展在一定程度上降低了人口因素的作用，但机器毕竟不能完全取代人的作用。在其他条件相同的情况下，人口的多寡和人口素质的高低往往成为国家实力的决定性因素。人口众多的国家，便于发展更大的规模经济，为军队提供充足的兵员，国家整体力量因而更加强大。当然，人口的数量超过一国的生产能力或人口结构比例严重失调时，往往会成为国家经济发展的负担，削弱国家力量。

最后，从自然资源方面看。一个国家拥有丰富的自然资源，就奠定了它成为政治经济强国的基础。当今国际政治中的强国往往都拥有丰富的自然资源，因为自然资源是大工业发展必不可少的原材料和能源的来源，而只有拥有强大工业基础的国家才能够成为经济大国和军事大国，进而在国际政治中取得与之相适应的地位。同时，一些控制重要战略资源的国家如中东产油国等，在国际舞台上也因此备受重视。

3. 自然环境对国家对外行为的影响

自然环境对一个国家的对外决策和对外行为具有制约作用。这是因为一国所处的自然环境在一定时期内是相对稳定的因素，它并不以人的意志为转移而改变。自然环境不仅直接影响了本国在国际舞台上的实力地位，而且能对一国所面临的外部世界的客观环境产生决定性影响，因而也就限制了其国家利益的具体内容和实现手段，同时也深刻地影响着国

① 摩根索. 国家间政治：寻求权力与和平的斗争. 北京：北京大学出版社，1990：152-155.

家对外目标的选择和对外行为的特点，所有这些都直接影响着对外决策全过程的各个环节。因而，自然环境对一国的对外决策的制定和实施都产生着重要的制约作用，对国家对外行为的特点也有重要影响，并为其提供了直接的物质力量。

首先，从地理因素的各方面来看。拥有良好港口和长海岸线的国家的地理位置决定了它们在对外行为中把发展海上力量放在首位，如 15 世纪以来逐次称霸海上的西班牙、荷兰、英国等。彼此相邻的大国之间，或敌或友，相互关系和相互影响总是表现得更为直接。在彼此为敌时，漫长的共同边界需要耗费大量的人力和物力资源来建立强大的军事机器，并保持高度的戒备状态，如 20 世纪六七十年代中苏、中印之间的相互关系状态；在彼此为友时，共同的边界可以加强相互地缘经济亲和度，如已经提升为新时代中俄全面战略协作伙伴关系的中俄两国关系。小国与大国为邻，易受大国的控制与影响。而处于两强或多强之间的小国，要投靠一方势必损害自己的国家利益，要左右逢源又不可能，只有选择中立和不结盟的政策。如瑞士这样的中欧小国，历史上长期与列强为邻，第二次世界大战后又处于东西两大阵营之间，严酷的地理政治现实迫使它奉行永久中立的基本国策。

其次，从人口状况来看。一个国家拥有相当数量与质量的人口，不仅提高了其综合国力，还增强了其国际政治的行为能力和影响作用，并进而促使其积极参与国际事务，主动发挥影响，往往奉行具有独立色彩的外交政策。

最后，从自然资源来看。一个拥有丰富而全面的自然资源的国家在对外政策上就不怕国际上的孤立与制裁，其独立性更为明显，外交上的选择范围也因此扩大。而像日本这样资源严重匮乏的国家，在第二次世界大战前主要依靠军国主义的侵略政策来掠夺资源以弥补其经济发展的先天不足。第二次世界大战后，由于殖民地国家的大批独立和日本的战败国地位，日本只能依靠在国际贸易基础上实行经济外交，在政治上则容易受制于外界的压力和影响，只能依靠与美国结盟，很难在国际舞台上坚持独立的立场，发挥其与经济大国相称的政治作用。

三、自然环境对国家间相互关系的影响

自然环境对国际政治的影响和作用不仅表现在对一个国家的综合国力以及其对外决策与对外行为的制约作用上，还表现在国家之间的相互行为与相互作用方面。这是因为在国际政治中，一国的对外行为势必引起其他国家的各种反应，并在它们之间发生相互作用。由此构成了错综复杂、五光十色的国际政治现象。自然环境对国家间相互行为和相互关系的影响主要表现在以下几个方面：

首先，由于自然环境对一国综合国力的影响，自然环境在全球范围内分布的基本状况也就影响了一定时期内各国之间的实力对比关系，从而对整个世界格局的发展与演变产生制约作用。地球上陆地、海洋、岛屿以及人口与资源等因素在各主权国家的分布情况，对一定时期的国际政治的内在结构发挥着相对稳定和持续的影响，是我们从宏观角度把握和分析世界政治经济格局的基本前提。

其次，由于地理位置对国家行为能力和国家利益的重要制约作用，大凡地处海峡、海道以及陆上战略通道等战略要地的国家与地区，因其扼守着大国谋求世界霸权的咽喉，往往成为国际政治争夺的热点地区。第二次世界大战后东欧因其地处东西方两大阵营的前沿

以及所谓心脏地区的边缘而成为美苏激烈争夺的对象，两次柏林危机、波匈事件和布拉格事件，以及西方国家的遏制战略等构成了美苏冷战的主要内容。此外，像中东地区、中美洲地区、东南亚地区等，也因地处重要的海上战略通道而与大国的战略利益密切相关，成为第二次世界大战后国际政治中长期动荡和多事的地区。

再次，自然资源相对集中的地区必然引发各种利益的交错与碰撞，对自然资源的全面控制与争夺是国际政治的一个重要内容。在垄断资本主义阶段，帝国主义国家间发生的战争，包括第一次和第二次世界大战，大都包含着争夺资源的重要原因。第二次世界大战后中东地区频繁爆发战争，冲突持续不断，除了由于其极为复杂的种族、宗教、历史以及重要的战略地理位置以外，更重要的原因就是这一地区蕴藏着世界石油总储量的60%以上的石油资源。第二次世界大战后，随着科技革命和工业的发展，各国对能源的依赖日益加深，石油已成为与国家利益密切相关的战略资源。美国参谋长联席会议 1985 年度军事态势报告明确承认，美国在中东的战略利益集中在石油资源方面。1990 年 8 月因伊拉克侵占科威特而爆发的海湾危机，以及 1991 年 1 月以美国为首的多国部队对伊拉克进行攻击而爆发的海湾战争，其实质就是一场资源争夺战。可以这么说：只要人类尚未发现可以替代石油的更为有效的新能源，中东地区就难以完全平静。

最后，由于第二次世界大战后科技革命的发展与应用，环境问题已成为当今国际政治的重要内容，成为全球所面临的共同性问题。科技革命的发展一方面扩大了人类控制自然环境的能力，给自然环境增添了新的内容，使人类与自然的关系更为密切；另一方面也使人类面临着一系列意想不到的新的问题与挑战。联合国世界环境与发展委员会的调查报告曾列举了人口激增、土壤流失和退化、沙漠扩大、森林锐减、能源消耗与日俱增、化学品滥用、大气污染严重、水和海洋污染严重、大气“温室效应”加剧等生态环境恶化的一系列问题。所有这些都威胁着人类的生存与发展，同时也使各国之间的相互依存日益加深。为解决这一全球性问题，必须加强各国的协同行动，因此，自然环境问题也成为推动世界各国加强合作与联系的重要因素。

由此可见，自然环境对一国的综合国力、对外决策的制定与实施以及国家间的相互关系等方面均具有重要的制约作用。当然，自然环境的这些影响与作用并不是孤立的和绝对的，总是在与其他因素相互结合时才能充分体现出来。同时，自然环境并不是静止不变的固定因素，它往往因科学技术和经济发展的影响而发生变化。一些原先不突出的要素现在会变得至关重要，一些过去重要的因素现在则可能显得无关紧要了。例如，在 20 世纪前的大多数时间里，中东地区只是人烟罕见的荒芜沙漠，而随着石油的发现和苏伊士运河的开凿，这一地区的地理位置变得重要起来。

第二节　经济因素对国际政治的影响

在当今国际社会中，主权国家的国际政治行为、作用和影响在很大程度上受到经济因素的影响。所谓经济因素对国际政治的影响，实际上是将通过国际经济关系而联结起来的世界经济体系视为一个相对独立的系统，并将其作为国际政治的外部环境来分析它对国际政治关系的影响与作用。

关于政治与经济相互关系问题，历史唯物主义的一般原理认为：经济是政治的基础，而政治是经济的集中表现；经济决定政治，而政治对经济也具有反作用。世界经济与国际政治的相互关系无疑也反映了这一原理。然而在国际政治的现实中，政治与经济的关系远比一般原理要复杂得多。经济因素既然作为一个独立的系统，其本身也就包括几个不同的层次：世界范围内各种生产方式的相互关系；各种经济力量的对比关系结构，即国际经济格局；国家之间在国际分工、国际贸易和国际金融领域的经济交往和经济关系；对外经济战略、政策和行为。不同层次的经济因素对国际政治的影响和作用也不相同。20 世纪 70 年代以来，西方国际政治研究中出现了一门新的综合性学科——国际经济政治学，其主要研究的是伴随着新科技革命而出现的世界经济政治化和世界政治经济化的交叉过程。美国学者丹尼斯·皮雷奇斯认为，“在工业时代，国际政治主要是有关狭隘的军事问题”，而现今时代，“新的国际政治是研究经济问题的国际化”①。所有这些都反映了当前国际政治中政治与经济相互渗透、相互影响的现实。由此可见，在当前研究经济因素对国际政治的影响具有十分重要的意义。

一、世界经济是国际政治的基础和前提

世界经济是国际政治得以产生的基础和前提，并影响着当代国际政治的特征和发展，这主要表现在以下三个方面：

1. 世界经济是国际政治形成和发展的基础

资本主义生产方式产生以前的历史时期，由于种种历史条件的限制，世界上多数国家处于闭关自守状态，现代意义上的国际政治体系尚未出现。18 世纪中叶以后，随着资本主义生产方式的出现并在欧洲各主要国家取得统治地位，越来越多的国家被纳入资本主义国际分工和世界市场中来。而正是世界市场的建立加强了国家间的交往与联系，促成了最初的国际政治体系的出现。

19 世纪 70 年代后，资本主义开始由自由竞争向垄断发展。帝国主义国家通过国际贸易和资本输出推动了国际分工的发展，并开始在经济上瓜分世界。所有这些，极大地加强了各个国家、各个民族之间的经济联系，统一的世界市场和统一的资本主义世界经济体系终于形成。在此基础上，世界各国间的政治关系也越来越密切，整个世界被划分为压迫民族与被压迫民族，国际政治现象已扩大到一切国家和地区。但世界有 72%的土地和 65%的人民处于帝国主义殖民统治之下。经济与政治上的依附性，使这些国家和地区被排除在国际政治的行为体之外，同国际政治体系相隔绝。

第二次世界大战以后，一系列社会主义国家出现，世界经济体系中出现了社会主义的生产方式。而殖民地半殖民地民族解放运动的高涨促成了帝国主义殖民体系的瓦解，亚非拉广大地区出现了一大批新兴的民族独立国家。与此同时，国际贸易和资本输出大幅增加，国际分工进一步发展，促使世界经济体系的规模不断扩大，把不同经济类型的国家纳入世界经济洪流之中。正是在这个世界经济体系的基础之上，才形成了今天 190 多个主权国家和数以万计的非国家行为体相互联系的全球意义的现代国际政治体系。

---

① 倪世雄. 当代美国国际关系理论流派文选. 北京：学林出版社，1987：225.

2. 世界经济体系的基本结构决定了国际政治的基本力量构成

从第二次世界大战后初期世界经济体系的成分性质来看，由于一系列社会主义国家的出现以及资本主义国家对社会主义国家实施的封锁、包围和孤立的政策，在相当长的一个时期存在着资本主义与社会主义两大经济体系并存的局面。这两大经济体系的相对独立的运行，促成了当时帝国主义与社会主义两大阵营的形成，同时也加剧了两大阵营间尖锐对峙的国际政治态势，构成了冷战的经济基础。

20世纪60年代以后，一大批民族独立国家出现，发展中国家逐渐成为世界经济体系中的一支重要力量，两大体系的对抗被三种类型的国民经济所替代。由于经济基础的不同，这三种类型的国民经济在世界经济体系中的地位也不相同。三种类型的国民经济不仅决定了世界经济体系的发展趋势，同时也决定了当今国际政治舞台上的三种基本力量，并由此产生了国际政治的一系列基本问题。

3. 生产力的性质和水平、生产方式的特点决定了国际政治的基本特征

国际政治发展的历史表明，某一时期占主导地位的国际政治的形式、结构和共同性的基本问题，都是依生产力的发展水平、性质以及主要生产方式的特点而转移变化的。在自由资本主义时期，由于完成了由工场手工业到机器大工业的过渡，资本主义的生产力水平大大提高，由此出现了商品过剩。于是资本家开始奔走于世界各地寻找新的市场，从而也决定了这一时期国际政治的主要特征和基本问题，即资本主义国家的殖民主义对外掠夺与扩张以及殖民国家之间的相互争夺。

在垄断资本主义时期，由于第二次科技革命的推动，资本主义的生产力得到进一步发展，导致商品和资本的相对过剩。帝国主义国家为垄断原料产地和产品市场以及资本输出的场所，开始了瓜分世界的斗争。因此，这一时期国际政治的基本特点就是帝国主义国家间的战争与帝国主义国家内的无产阶级革命。一方面，帝国主义政治军事同盟的形成导致了集团政治的加强；另一方面，整个世界被划分为压迫民族与被压迫民族。由此而来的是国际冲突的尖锐化与扩大化。

第二次世界大战后，由于新科技革命的推动，资本主义的垄断也由一国走向世界，从而推动了国家经济的国际化发展，同时也导致大量的跨国公司与国际组织介入国际经济生活，其作用和影响不断增强，由此产生了和平、发展、核武器和生态环境等一系列国际政治中的共同性问题，同时也使战后国际政治突破了原有的以主权国家为核心的传统局面，出现了主权国家与非国家行为体相互联系、相互作用的新局面。

二、经济实力对国家综合国力和国际格局的影响

1. 经济实力是国家综合国力最根本的内容

综合国力或称为国家实力，是国家对外政治行为的基础和保障。国家在国际政治舞台上的地位与作用取决于国家的综合国力，综合国力越强，其行为能力和作用也就越大。在国家综合国力的构成中，经济实力是其中最为重要的组成部分。关于国力构成的学说尽管千差万别，但都毫无例外地将经济实力作为国家实力的基本要素。经济实力对国家实力的影响不仅在于它是国力构成的核心要素之一，还在于它对国力构成的其他要素也能产生正面的影响。

关于国力构成和国家实力评价的众多学说一般是将国家实力分为有形的物质要素和无形的精神要素两大部分。其中，有形的物质要素包括：自然地理与人口条件、经济与科技实力、军事实力等，无形的精神要素则包括：政治体制、政府效能、国民素质和国家的凝聚力等。经济因素几乎对上述各个要素均能产生重要的影响。

由此可见，经济实力是国家综合国力的核心和关键要素，具有牵一发而动全身的决定性作用。经济实力的大小，直接决定了国家实力的强弱，直接关系到一国在国际政治中的地位和作用。因此，世界各国的竞争都将经济发展放在首位。美国学者克莱因在其《世界权力的估价》一书中，将经济能力作为国家实力中物质要素的最基本成分，他甚至认为，其具体比重应当占到 2/5。其强调经济因素是国家实力基础的观点是十分引人注目的。在国际政治的实践中，经济实力的强弱不仅决定着国家的工农业生产能力和对外贸易的水平，而且直接制约着国家军事力量的发展水平与规模，同时还影响着国民的教育程度与基本素质以及国家政治的稳定等国家综合国力的其他要素。一个经济大国，不管其领导人是否愿意，它在国际政治中的影响力必然会不断增强并逐步达到与其经济实力相适应的程度。第二次世界大战后日本的经济发展以及其向政治大国迈进的图谋证实了这一点。由此可见，经济因素已成为各国在国际政治中影响力的主要内容，成为国际政治斗争的物质基础。

2. 世界经济格局的发展演变影响着国际政治格局

国际政治各种力量对比的消长和彼此间相互关系的结构状态，也是由它们各自在世界经济格局中的地位及彼此间经济实力的对比决定的。这是因为经济实力是构成一国综合国力的最基本要素之一，是国家实力最直接的物质基础。经济实力对比关系的改变，不仅直接决定了国际经济力量相互联系的结构状态，即世界经济格局，还必然促成国际政治力量对比的消长变化，导致国际政治格局的变更。从国际政治格局发展的历史进程看，国际政治格局的演进总是以世界经济格局的变化为先导的，尽管二者的演进过程并不是同步的，但方向是一致的，国际政治格局不可能长久地背离世界经济格局的现实。例如，第二次世界大战后初期至 20 世纪 60 年代，世界经济格局中两大经济力量的并行局面，为国际政治中美苏两极对峙的格局直接奠定了基础。20 世纪 70 年代后，随着西欧、日本经济实力的迅速膨胀，形成了资本主义世界经济的美、日、欧三角结构，也导致了国际政治格局由两极向多极的发展。此外，世界经济格局的特点对国际政治格局的特点具有重要影响。第二次世界大战后以来，科技革命的发展，使得世界经济格局中的各种类型和多种力量之间通过国际分工、国际贸易、国际金融等经济纽带，程度不同地联系在一起。世界经济的国际化现象使各种力量之间的相互依存关系空前地加强，构成了当前国际政治格局中多种力量并存、共处、协调和竞争，在曲折中发展的局面。

三、经济因素对国家对外政策和对外行为的影响

在经济利益和经济手段的层次上，经济因素对于一国的对外政策和对外行为也有着重要的影响。

1. 经济利益是国家对外目标的核心

经济利益是国际政治行为体在世界经济中的地位以及由此决定的经济需要的直接反

映。它表现为一国经济的发展、人民生活水平的提高和社会的繁荣等，是国家利益的重要组成部分之一。国家利益的核心是一定时期内有利于国家生存和发展的至关重要的因素的综合。经济利益既是生存的基本条件，又是发展的重要保障，经济利益在国家利益中占据重要的地位。国家对于经济利益的追求根源于人类对于物质利益的追求的一般特性。一个国家在国际社会中的活动总是直接或间接地受其国家利益的制约和影响的。国家利益是一国对外政策所追求的基本目标。而经济利益既然在国家利益中占据重要的地位，毫无疑问，它也是国家对外政策所追求的主要目标之一。事实上，国家对外政策的动力主要是经济利益，对外政策的目标则首先是保障国家的经济利益的实现。当然，经济利益本身的表现形式及其实现的方式是随着生产力和生产方式的发展（其中包括国际分工的发展）而变化的。在第二次世界大战前，资本主义国家主要是通过殖民掠夺、瓜分世界和帝国主义战争来满足自己对经济利益的追求的，而第二次世界大战后则主要是通过跨国公司的活动以及国际分工、国际贸易的方式来实现的。由此可见，国家对经济利益的追求以及其对外经济政策本身带有鲜明的政治性，是为实现其国际政治目的而服务的。

2. 经济利益的矛盾与差异是导致国际政治对抗与冲突的根源

各国间的经济利益总是相对独立的，由于国家统治阶级的性质的不同、经济发展水平和历史文化的差异，经济利益本身也呈现出多样性。一国无限制地追求经济利益势必损害其他国家的经济利益，这就是国家之间经济利益上的差异与矛盾。当今世界，发达资本主义国家为了继续保持在世界经济中的优势地位，总是试图维护国际经济旧秩序，通过不合理的国际分工和不平等的国际贸易剥削发展中国家，从而攫取高额垄断利润。而广大发展中国家为迅速发展自己的民族经济，从而巩固政治上的独立，必然要求打破这种不平等的旧秩序，摆脱对发达国家的依赖。在国际舞台上，发展中国家团结起来，以七十七国集团和不结盟运动等形式开展反帝、反殖、反霸和建立国际经济新秩序的斗争。这种经济利益上的矛盾与对立产生了当今国际政治中的一个全球性问题，即南北问题或发展问题，同时也成为当今南北之间政治冲突的主要根源。又如，在两种社会制度的国家之间，不同性质的经济制度和经济利益间的矛盾形成了东西方之间对抗性的经济关系。在同一种经济类型的国家之间，也存在着不同层次上的经济利益的矛盾，同样也会导致相互间的政治冲突。美、日、欧之间的贸易战反映了它们经济利益上的矛盾，同时也对国家间的政治关系产生了影响。发展中国家之间，由于经济发展水平和经济结构的不同，加之超级大国的插手，经济利益的冲突时常发生，这也是第二次世界大战后发展中国家之间局部冲突连续不断的主要原因。

1990 年 8 月伊拉克侵占科威特引起的海湾危机，除了种种历史原因外，谋求对石油的支配权这一经济利益显然居于十分重要的地位。经济利益的矛盾引起的政治冲突只有通过建立一种平等、公正、合理的国际经济新秩序，才能加以解决。这种新秩序的基本原则应是在谋求本国的经济利益时不应以牺牲他国的正当利益为代价。

3. 经济方式是实现政治目的常用的手段

在第二次世界大战后的国际政治现实中，国家之间在对外行为中常常使用经济手段来为达到一定的政治目标服务。经济手段对国家间关系的影响主要表现在以下两方面：

一是扩大和加强自己的势力范围。利用贷款、投资或无偿提供货币和商品等方面的经济援助，将受援国纳入自己的势力范围，这是大国政治中常见的手法。例如，美国在第二次世界大战后初期，凭借自己雄厚的经济实力，经常使用经济援助手段扩大自己的势力范围。1947 年的“杜鲁门主义”，美国决定向希腊、土耳其提供 4 亿美元的援助，以抵制所谓苏联共产主义的扩张。1948 年的“马歇尔计划”，美国决定向西欧提供 130 亿美元的援助，将西欧纳入以美国为首的帝国主义阵营。20 世纪 80 年代末以来，国际形势发生重大变化，美国和西方国家也以经济援助为诱饵，促使东欧国家朝着西方国家所期望的方向演变。这些措施与手段在特定的时期确实使美国实现了自己的政治意图，对国际政治的结构产生了重大的影响。

二是削弱和限制对手的发展。在利用经济援助扩大自己的势力范围的同时，大国也往往采用各种经济手段限制对方势力的发展，二者相辅相成。第二次世界大战后的美国政府在这方面可称为行家里手。20 世纪 40 年代末 50 年代初，中华人民共和国的诞生使美国增添了新的对手，因此美国对新中国实行了经济封锁，1950 年 12 月 2 日宣布对新中国实行贸易禁运，企图将中华人民共和国扼杀在摇篮之中。1979 年苏联军队入侵阿富汗后，美国联合西方各国对苏发动了“经济战”，采取粮食禁运、高技术禁运、信贷抵制等经济手段，向苏联经济施加压力，实行经济制裁，以期达到阻挠和破坏苏联经济发展，迫使其改变对外政策的目标。1989 年春夏之交的政治风波后，美国和西方国家又发动了对中国的经济制裁，企图迫使中国政府按照美国的意愿行事。在国际政治中，经济制裁在一定时期内会给被制裁国带来一定的经济困难，甚至能够迫使一些经济基础薄弱、经济结构不合理、依赖性较强的国家就范，从而达到制裁国有限的政治目的。然而从长期看，这种制裁的后果是消极的，它对一个具有相对完整和独立的经济体系的国家的影响并不是决定性的。同时，在当今世界经济一体化趋势下，各国之间的相互依存加深，在被制裁国经济受到损害的同时，制裁国的经济同样受到不利的影响。尽管如此，经济制裁毕竟是国际政治斗争的手段之一，能对国家间的相互关系产生一定的影响。

四、经济因素在国际政治中的作用日益突出

经济因素对国际政治的影响不仅表现在上述几个方面。在当今世界经济全球化趋势日益发展，国际政治与国际经济的联系日益密切，各种经济因素在国际政治中的地位和作用日益突出的情况下，国际经济已经成为国际政治分析必不可少的重要因素。

1. 国际经济关系是构成当代国际关系的重要组成部分

众所周知，国际关系体系包括国际的政治、经济、军事、文化及其他方面的关系，而经济关系是其中最基本的关系，经济利益是国家利益的最基本的物质内容。第二次世界大战前，由于帝国主义殖民体系的存在，国际社会内部呈现出相互分离的局面，因而国家利益的实现主要是通过战争和殖民掠夺等政治手段来达成的，国家间的关系也主要表现为政治关系。第二次世界大战后，由于大批民族国家的独立、帝国主义殖民体系的瓦解，国际社会出现了各主权国家竞争共处的相互依存的局面。世界各国为追求自身的根本利益，都面临着发展经济的共同任务，国家利益的内容更多地表现为经济上的发展。而由于在相互依存状态下战争和强权政治的地位与作用受到了限制，国家利益的实现更多的是利用经济手段来达到，国家间的关系也因此更多地表现为一种经济关系。这就是所谓的国际政治由“高级政治”转向“低级政治”的发展进程。因此，国际经济关系构成了当今国际关系的

主要内容，同时也反映了国际政治的基本现实。

2. 国际经济关系具有强烈的政治性

国际经济关系的主要方面是国家间的对外经济关系。它是国家间通过自己的对外经济政策，利用各种手段（其中主要是经济手段）而建立的经济联系。建立这种联系的目的，或是为了保证本国产品的销售市场和原料来源，或是为防止本国经济受到外部竞争的影响，或是为发展互利合作关系等。其实质都是为了促进本国的经济发展。而这一点恰恰揭示了国家间经济关系的政治性。当前，在垄断资本主义国家经济关系中围绕关税、贸易等问题展开的各种类型的经济战，尽管是在经济口号下进行的，实质上却是一种政治战。它是国家对外政策的继续，其目的都是追求国家的自身利益，谋求本国在国际事务中的影响力。因此，国家间经济关系在很大程度上是为谋求本国利益而建立的政治关系，是当今国际政治的新内容。从国家间建立对外联系的实践中，可以明确看到政治所起的重要作用。对外经济联系的发展通常取决于对国家更重要、更本质的国际范围内的政治关系，即涉及安全、政治或经济独立、国家在国际政治体系中的传统地位和作用等的关系。例如，一些国家出于政治考虑，在商品买卖中可以忍受明显的损失，为了安全利益或维护政治和经济独立的利益，在特定时期缩小对外经济联系，而当国际或国内形势发生变化时再重新建立和恢复这种对外经济联系。2018 年美国总统特朗普挑起的中美贸易战，以及随后进行的一年多的贸易谈判进程充分说明，中美两国的贸易冲突的背后反映的实际上是美国在战略上对中国发展的防范和遏制，政治意图十分明显。

3. 经济因素在国际政治中的作用更加突出

冷战结束后，东西问题不复存在，南北问题的重要性日趋上升，和平与发展成为时代主题，国家要发展，社会要进步，经济要繁荣，已经成为各国人民的强烈愿望，世界上绝大多数国家都已经把增加以经济为基础的综合国力作为基本国策，国际竞争的重点也转向以经济和科技为基础的综合国力的较量上来。因此，冷战结束后，经济因素在国际政治中的作用日益凸显出来。

首先，以经济发展为核心的南北问题在国际政治中的影响日益突出。发展中国家与发达国家的关系长期以来主要表现为一种经济关系和发展关系。不合理的国际经济旧秩序决定了南方国家与北方国家在国际经济中的剥削与被剥削、控制与被控制关系，也决定了双方在国际政治中的不平等地位。南北双方在国际政治中的不平等地位也来自国际经济旧秩序。南北双方的经济冲突也是围绕着国际新旧秩序的建立而展开的，并具有深刻的政治背景。冷战结束后，北方国家为了维护国际政治经济旧秩序，主张建立由美国独霸或以美、日、欧三极共同主宰世界的新秩序，并把战略重点由对付苏联转为对付发展中国家，要把发展中国家实行政治多元化和经济私有化作为向其提供经济援助的先决条件，在此战略的指导下，美国等西方国家在全球推进扩张战略，强迫发展中国家接受符合北方国家利益的政治、经济、文化制度以及价值观念。与此同时，南方国家关于建立国际经济新秩序的斗争已经从经济领域扩展到国际政治、环境合作等领域，斗争的焦点也由要不要建立国际经济新秩序转到建立什么样的国际新秩序问题上。南方国家主张建立有助于促进世界和平与发展的国际新秩序，这种新秩序应遵循和平共处五项原则，反对强权政治和霸权主义，在经济领域应主权平等、公平合理、互利合作、共同发展。

其次，冷战结束以后，经济因素在国家战略中的地位日益突出，军事因素的作用逐渐下降，经济实力开始成为决定各国国际地位的主要因素，国家对外政策的目标首先是保障它的经济利益的实现。例如，克林顿政府将“经济安全”列为美国对外政策三大支柱之首，中国政府也明确提出对外政策的目标是“为现代化建设争取有利的国际环境”。在未来世界多极化格局的形成中，经济因素正发挥着越来越关键的作用，各国之间的竞争也主要集中于在世界经济领域争夺优势地位，世界各国纷纷转向以经济为基础、以科技为先导的综合国力的竞争中。

最后，经济全球化和相互依存的深入发展给当代国际政治带来了许多新的问题。一方面，经济全球化和相互依存对国家主权形成了严峻的挑战，由于相互依存的日趋深入，一个国家在制定政治、经济发展战略时必须遵循国际政治、经济体系中的一系列规制，兼顾其他国家的利益，甚至让渡一定的主权。如在东南亚金融危机期间，韩国政府为得到贷款，接受了国际货币基金组织的条件，这些条件包括：开放货币金融市场、减少进口限额以及关停一些部门企业等。另一方面，某些发达国家利用经济全球化和相互依存的潮流，凭借自己在经济、政治、科技领域的优势，在国际规制制定、知识产权维护、互联网信息文化交流传播等方面推行“经济霸权主义”和“信息霸权主义”。

第三节　科技革命与国际政治

科技因素“是一种在历史上起推动作用的、革命的力量”①。它不仅推动人类社会各个方面的变革和发展，而且对整个世界的国际政治体系产生了巨大的影响。科技因素本身也包含了不同层次的内容，即全球性的科技革命浪潮，科学技术上的某项重大突破，各国之间的科技联系，某国的科技发展水平、科技实力以及科技发展战略等。这些科技因素在不同层次上对国际政治体系的各个环节直接或间接地产生影响，形成国际政治的又一个相对独立的环境系统。

一、科技革命的发展及影响

1. 科技革命的定义

所谓科技革命，是指科学技术在自身发展过程中发生的根本性的质的突破和飞跃。它必然会引起生产力的变革，改变社会生产的形式和内容，加深全球范围内政治与经济关系的联系，推动人类社会生活各方面向前发展。科技革命的这种推动主要作用于国际政治的总体结构，并决定了某一时期国际政治的基本特征。

2. 历次科技革命对人类社会的推动

第一次科技革命开始于18世纪60年代的欧洲，它是以蒸汽机的发明和应用为标志的工业大革命。这场革命造成了纺织工业、冶金工业、机械工业、造船业以及航海交通的大发展，极大地推动了当时欧洲各国生产力的发展，它们纷纷完成了从工场手工业向资本主义机器大工业的转变。生产力的发展，导致商品过剩和市场狭小的矛盾产生。因此，单一

① 马克思，恩格斯. 马克思恩格斯全集：第19卷. 北京：人民出版社，1963：375.

民族经济的发展开始超出了国界的束缚，形成了最初意义上的国际分工和世界市场。所有这一切，最终使资本主义在欧洲政治经济中占据了统治地位，并建立了以欧洲为中心的世界经济体系，现代意义的国际政治体系也由此而产生。

第二次科技革命开始于19世纪下半叶的欧洲和北美地区，它以电力技术的推广与应用为标志，导致电灯、电报、电话和电动机的出现以及钢铁工业、汽车工业、航空业和大陆铁路、公路交通的大发展，社会生产力得到了进一步的发展。这一切加速了资本主义垄断组织的出现，促使资本主义由自由竞争向垄断的过渡。世界市场也随着资本主义生产的扩大而不断扩张。那些科技革命成果应用较早的少数国家实力迅速发展，并取得了对世界上其他地区和国家的优势地位，在国际事务中起主导作用。整个世界形成了以少数欧洲国家为中心的、对世界上绝大多数居民实行殖民压迫的完整的全球体系，并导致了强权政治、霸权主义以及帝国主义国家之间的战争、殖民地革命和无产阶级革命等一系列国际政治现象的出现。

第三次科技革命开始于第二次世界大战结束后的美国，并迅速波及世界各地。它以电子计算机、原子能和空间技术的发明与应用为标志，并且紧密地与社会生活融为一体，比以往任何一次科技革命都更为强烈地推动了整个社会经济的巨大发展，也更为持久和深刻地推动了人类社会的发展。原子能和核能的利用带来的不仅是武器性质的变革和战争形式与规模的改变，而且也为社会经济生活的发展提供了新的能源与动力。人造卫星的发射和电子计算机的广泛应用，也引起了交通和通信的革命性发展。所有这些，促使社会生产力以空前的速度极大地发展，同时也扩大了国际分工的规模，加剧了世界经济发展不平衡的现象。一方面，这次科技革命为冷战奠定了物质基础；另一方面，它也促成世界经济全球化和一体化现象的发展。

当前被人们称为第四次科技革命的浪潮开始于20世纪70年代，它以材料工程、能源工程、生物工程、信息工程和宇宙工程为标志，实质上是第三次科技革命的继续与发展，只不过在深度和广度上都大大地扩展了，因此也被人称为第三次科技革命的第二阶段或新技术革命时期。它改变了第一阶段科技革命成果主要和首先应用于军事领域的状况，为世界经济的发展带来了更为直接的推动力，并对整个人类社会生活的方方面面都产生了深刻的影响。它虽然首先在发达国家兴起，但迅速扩展到相当数量的发展中国家，以至整个世界都被卷入了这场新技术革命的浪潮之中。它给世界政治和经济带来了一系列全球共同关心的问题。同时，交通工具和联系手段的发展，使得世界在时间和空间上变得更加狭小和透明。整个人类的相互依存程度不断加深和扩大，世界政治经济的全球化和整体化不断地向纵深发展。

纵观历次科技革命，犹如汹涌澎湃的海潮一般，一波接一波，一次比一次更为深刻和广泛地推动着人类社会的发展。它们不仅推动了社会生产力的发展，改变了人类的经济生活和经济关系，也给人类的政治生活和政治关系带来了一系列新的内容，成为推动国际政治经济发展的不可忽视的重要因素。因此，马克思主义经典作家将科技革命看成是第一生产力，看成是历史的有力的杠杆，看成是最高意义上的革命力量。

二、科技因素对国家实力、地位和对外行为的影响

科学技术因素对国际政治作用的途径之一就是对一个国家的对外决策和对外行为施加

影响。而这种影响又主要是通过对构成一国综合国力的诸要素的制约作用来实现的，通过制约国家的实力地位来限制国家对外目标的选择范围和对外政策的实施手段。

1. 科技因素与国家实力

首先，科技因素改变了自然环境这一国力构成相对稳定的因素。科学技术的发展使人类与自然环境的关系更加密切了。然而科技因素本身也改变了似乎一成不变的环境因素，使环境对人类政治行为的影响变得更为复杂化。现代科学技术不仅有目的地改变了自然环境，还造成了一些意想不到的新情况。科学技术的发展使地理因素对人们的影响不那么至关重要了，同时也扩大了自然资源的范围。例如，石油的发现和苏伊士运河的开凿使中东地区大片荒芜的沙漠地带变成世界能源生产中心和重要的战略通道，同时也增强了这一地区在国际政治中的地位。而随着今后科技的进一步发展，新材料、新能源的发现与应用，又可能使当前某些国家因其自然资源而拥有的地位遭到削弱。地缘政治学的发展表明，随着人类科技的发展，众多的自然环境因素的排列组合中的优先次序发生了变化。一些环境因素退居次要地位，而另一些则升居主要地位，同时还促使一些新的环境要素出现。人类并不是被动地去适应自然环境，而总是使用科技的力量去主动地改变自然。这种改变的努力并不否定自然环境的制约作用，而只是使环境因素变得更加活跃和可供人们选择了。美国学者拉边斯·克利斯多夫说：现代地缘政治学家查看地图，并不是为了弄清楚自然迫使我们做什么，而是要弄清楚自然建议我们做什么，再加上我们自己的选择。这也证明了科技因素与地理环境以及国际政治之间的密切联系。

其次，科学技术对国家经济实力的影响。科学技术是一种生产力，科学技术的发明创造和实际应用往往引起生产力的三要素，即生产工具、劳动对象和劳动者的重大改变。因而，科技因素在越来越大的程度上转化为直接的生产力，这已为历次科技革命的结果所证明。因此，科技因素的作用已经远远超出了自身的范围，它通过作用于经济领域而成为影响国家实力地位的重要因素。谁掌握了重要的科技成果，谁就能在国内经济生产中取得重大成就，极大地提高本国的经济水平和经济实力，在国际经济关系中的分工、贸易与金融等方面处于优势地位，从而在世界经济格局中增强自己的影响，最终提高和加强自己在国际政治格局中的地位与作用。这也是当今世界科技因素日益政治化的主要原因。

再次，科学技术对国家军事力量的作用。科技的发展是由人类的社会需要来推动的，国防和军事上的需要形成了对科技发展的强大的推动力，许多新的科技发明和发展往往是在军事科学领域里首先取得并应用的。像原子能技术的发明与应用，首先是出于军事目的而出现的，以后才逐渐应用于和平发展的目的。此外，军事历来是社会生活中对科学技术利用最多最快的一个领域，并且严重依赖于国家的科技发展水平。因为科技发展水平直接制约着国家军队的武器性能和质量直至军队的战斗力，从而对国家的军事实力产生直接影响，而军事因素本身则是构成国家综合实力的重要部分。

最后，科技因素对国力构成的精神要素的影响。国家科技水平的发展，极大地提高了全体国民的民族自信心和自豪感，增强了国民士气和政府的组织能力以及国家的凝聚力，从而使国家的综合实力得到了全面的提高。正因为如此，越来越多的国际政治学者将科技因素视为国家综合国力构成的决定性的、基本的要素之一。

2. 科技因素与对外政策和对外行为

正是由于科技因素对国家综合实力能够起到如此重要的作用，在各国的对外政策和对外行为中，科技因素的比重日益提高。具体表现为：

（1）科技因素本身作为国家对外行为的一种基本手段，为国家的政治目的服务。在第二次世界大战后的国际政治现实中，随着科技革命本身的发展，各国政府都已充分认识到科技因素在国际政治斗争中的重要地位，纷纷利用科技手段来实现其政治目标。特别是一些在科技领域处于优势地位、掌握高技术的国家，为了维护自身在综合国力方面的领先地位和国际政治中的影响力，防止对手赶超并威胁自己，经常采用高技术禁运等措施来限制对方的发展。例如，1949 年由美国提议建立的巴黎统筹委员会，就是西方国家为谋求世界霸权、限制社会主义国家的实力发展而设立的专门实施高技术及产品出口管制的国际性机构。此外，一些技术大国也常常采用技术转让和技术援助等手段，并附带种种政治经济条件，以图影响和控制接受国政府。

（2）科技发展战略是国家对外战略的重要内容。当今世界各国为发展本国科技而制定的科技发展战略已经与国际政治紧密地联系在一起：通过科技发展取得科技领先，从而在国际政治中取得主动地位。美国前总统里根在 1983 年提出的“星球大战计划”实质上是应用于政治、经济和军事等领域的科技发展战略。这一战略不仅是利用高技术发展太空武器系统，同时也通过这一系统促使科技革命深入发展，力争保持美国在科技领域里的领先地位，进而刺激美国国内经济的发展，提高美国在国际政治中的综合国力。西欧国家于 1985 年提出的“尤里卡计划”，日本在 20 世纪 80 年代初确立的“科技立国”战略和 1986 年提出的“科技政策大纲”等，都是在新技术革命浪潮冲击下的应对措施，以确保自己在未来科技竞争中不致落伍，巩固和发展自己在国际政治格局中的既得地位。

三、科技因素对国际政治的影响不断增强

在国际政治体系中，各国为发展本国科技实力，在科学技术具有方向性和标志性的领域展开竞争，通过其对外科技政策而建立的国际科技联系等已成为当今国际政治中的一项重要内容。同时，科技的发展又给国际政治经济关系带来了深刻的变化，产生了一系列全球性的共同问题，为国际政治增添了新的内容。

1. 科技战已成为当前国际政治斗争的重要内容

第二次世界大战后科技革命的发展，已使得越来越多国家的政府认识到，科学技术是一个国家综合国力的关键因素，国家的强弱兴衰，在很大程度上取决于它的科学技术水平。当今方兴未艾的科技革命浪潮不仅使世界各国面临着一场严峻的挑战，而且也为世界各国提供了难得的发展机遇。各个国家纷纷调整战略，加快科技领域的创新和进步。美国是当今世界第一科技和经济大国，也是信息革命的领头羊，为了保证其在未来世界格局中的“一超”地位，美国制定了以巩固和扩大目前科技优势为目的的科技发展战略，提出要在 21 世纪全面占领科技前沿，进一步加强其在信息技术领域的领先地位。日本政府正力图改变多年存在“重应用轻基础”的科技战略，提出“科研创新立国”的口号，并通过了《科技基本法》和《科技基本规划》，全力发展信息技术产业，追求在世界高科技领域的优势。欧盟也于 1999 年达成了《2000 年议程》，明确提出了将建设知识化欧洲放在最优先地位。发展中国家也力图抓住这一机遇，力争迎头赶上，否则将会加大自身与发达国家的差距，直接影响到自身的生存。因此，中国、印度和巴西等国都投入相当的力量，争取在科

技领域的某些方面取得突破性进展。这场全球范围内的科技竞争，不仅通过各国的科技发展战略进行，还通过科技情报保密、科技产品出口管制和科技间谍等方式进行。由此呈现出当今国际科技联系日益复杂的局面。

这场科技战的结果最终将对国际政治经济的秩序产生重大影响。发达国家因其经济技术上的雄厚实力，对现代科学技术的应用和发展占有先天性的优势。而发展中国家由于缺乏资金和高技术人才，发展本国科技受到经济和技术基础的制约，如果知难而退，则将迅速拉大与发达国家的距离，其结果是富者愈富、贫者愈贫，国际政治经济的旧秩序也将因此得以维持和强化，发展中国家在国际政治中的地位将更加微弱；而如果知难而进，将科技发展作为一项国家战略，制定一套适应国家经济发展的科技战略，则有可能在某些领域取得进展，在当今科技发展的大潮中缩短与发达国家的差距，进而提高自己的综合国力，推动国际政治经济新秩序的建立。由此可见，当前的国际科技关系折射了国际政治关系的基本现实。

2. 科技因素导致战争的规模与结局发生重大变化

传统的国际政治理论认为，国际战争是国际政治关系的高级形式，因为战争是通过直接较量而迅速实现国家利益的，战争也因此成为实现政治目的的有效手段。这一理论的基础是建立在对人类历史上所发生的战争及其结果的客观分析上的。然而，战争的规模、结局与武器的性质和水平有着直接的关系，而武器的性质和水平又直接取决于当时科技的发展水平。

人类历史上已经发生和正在发生的武器革命共有三次：第一次是由长矛、大刀等冷兵器向火药、枪炮等热兵器的变革；第二次是由常规武器向核武器的发展；目前进行的是第三次变革，实质上是由地面（包括陆地、海洋及大气层下空间）武器向太空（外层宇宙空间）武器的发展。这三次武器革命都是在一定的科学技术水平之上发展起来的。例如，核能的控制与利用技术、空间航天技术、电子信息处理技术是推动当前武器变革的决定性因素。

武器的性质和水平决定了战争的规模与结局形式。冷兵器时代的战争范围只局限于双方军队直接接触的狭窄区域之内，其结局往往是胜负一目了然。热兵器时代，随着飞机、大炮的应用，战争的纵深加大了，其范围扩大到几十公里（炮弹射程）甚至几百公里（飞机的作战半径）以上，但战争结局的胜负仍能区分。核武器的出现以及洲际导弹和太空武器的发展使未来战争的范围空前扩大，已经没有前方后方之分，成为真正全球性的战争。特别是核武器的出现，使战争的破坏性和残酷性空前增大——目前世界的核武器总量已足以将整个地球毁灭。因此，核大战已经没有胜利者与失败者之分，作为一种实际战争手段，已经没有任何现实意义。然而，局部的、有限的常规战争则由于科技的发展和武器系统性能的改进，其现实意义得到增强。这是第二次世界大战以后多年未爆发世界规模的核大战，而局部战争与地区冲突连绵不断的主要原因之一。

3. 科技革命加速了全球化的进程，大大丰富了国际政治的新内容

一方面，科学技术的发展与应用，使世界经济全球化的趋势深入世界各个国家和各个领域，导致了各国之间政治经济联系的日益密切。而科技发展带来了交通工具和通信手段的变革，这种快速交通和高效通信的发展，使得世界各国的地理距离日益缩小。这种时空关系的相对变化，又使得在任何遥远的角落里发生的任何事件都能迅速地影响到整个世界，地球变成与所有居民都息息相关的地球村，过去那种被自然疆界限制的地区文明变成了世界文明，地区性国际社会纳入了全球性国际社会，世界因此而变得更加透明和更加连为一体，各国之间的相互依存也进一步加深了，这是导致国际政治全球化的基础。

另一方面，科学技术的应用不仅推动了社会生产力的巨大发展和世界经济的繁荣，同时也开拓了人类社会活动的新领域和新空间，如海洋资源和宇宙资源的开发、核能的利用等。由此也产生了一系列经济及社会问题，如核武器的威胁、全球环境污染、生态平衡的破坏，以及资源衰竭、人口爆炸等。所有这些问题在相互依存的世界里已经直接威胁到全人类的生存利益，而且只有依靠各国的共同努力才能最终解决。由此，在一系列全球性的共同问题被列入国际政治议事日程的同时，人们的价值观念也因此发生了变化，并进而产生了世界范围内普遍的政治运动和政治倾向，如世界和平运动、环境保护运动等绿色政治倾向，国际政治本身也呈现出多样化和全球化的发展趋势。

第七章

国际政治的内部制约

重点问题

- 军事因素与国际政治的关系
- 军事因素改变国家间关系
- 相互依存条件下军事因素作用的变化
- 国际法与国际政治
- 国际法的基本原则及内容
- 国际法对国际政治的影响途径
- 文化因素日益参与国际政治
- 意识形态对国际政治的影响
- 宗教影响国际政治的具体途径

国际政治的内部制约，实际上也是在理论分析中专指国际政治系统内部除政治权力因素以外的各种制约因素。例如，军事因素、法律因素、文化因素和意识形态因素等。与外部环境相比，它们在本质上属于国际政治系统的内部成分，直接参与国际政治系统的运动过程，成为纯粹政治关系的直接表现者，从而制约着国际政治体系的内部结构和发展趋势。

第一节　军事因素在国际政治中的地位与作用

军事因素同国际政治的联系十分密切，因此许多研究国际政治的学者直接将战争等军事因素作为其研究的主要内容。作为现实主义学派代表人物的法国学者雷蒙·阿隆所写的《和平与战争：国际关系理论》，以及美国著名的国际政治学者肯尼思·沃尔兹的《人、国家与战争》（1959）等著作，都将战争问题作为国际政治理论研究的核心。由此可见，研究军事因素及其对国际政治的影响，在国际政治理论研究中占有重要的地位。

一、军事因素的构成及与国际政治的相互关系

国际政治中的军事因素反映的是各国的军事实力状况和对外军事战略，以及在此基础上形成的国际军事关系。它作为国际政治体系的重要构成部分，与国际政治有着密切的关系。

1. 国际政治中的军事因素

军事因素作为相对独立的子系统，其本身也包含了不同层次的许多成分。就其对国际政治的影响而言，主要有以下几种：

（1）战争。战争自有国家产生以来就同国家间的关系紧密地联系在一起，是国家间关系的一种形式。在国际政治中，战争主要是指国家与国家之间为一定的政治目的而进行的武装斗争。它是政治的继续，是流血的政治，是解决国家间政治矛盾的最高斗争形式。同时，它也是所有军事因素中最典型、最重要的因素，因而也是对国际政治影响最为直接和强大的因素。

（2）武装冲突。它是指国家之间为解决彼此争端而采取的一种剧烈的军事对抗行动。在国际法意义上，武装冲突通常是指不构成战争状态的军事对抗行动，即没有正式开战，没有宣战，只有实际上的战斗。一般说来，国际冲突与战争相比，其特点是战斗活动地区有限、持续时间较短、对抗规模及破坏性不大等。武装冲突虽然一般说来是较战争低一层次的，但在国际政治中却是比战争更为频繁出现的军事因素。当然，多数国际政治学者常常将武装冲突与战争划分为一类。

（3）军备与军事实力。它是指各国的军事编制及武器装备等，是军事因素的基本组成部分，也是影响国际政治的一种强有力的因素。巩固、加强和显示自己的军备，削弱、限制和破坏对方的军备，是国际政治斗争中司空见惯的形式。例如，军备竞赛、裁军谈判、核试验和核威慑、大型军事演习、大规模的军队集结与对峙等，都是军备与军事实力在国际政治中运用的表现形式，由此构成了国际政治的重要内容。

（4）军事集团与军事同盟组织。它是国家之间为了某种共同的政治利益而在军事领域里结成的联盟性组织。尽管这种现象本身在国际政治中早已有之，如古代的斯巴达同盟、十字军同盟，近代的欧洲反法同盟，第一次世界大战中的协约国与同盟国，第二次世界大战中的法西斯轴心国与反法西斯同盟国等。但以往的军事同盟都带有时间上的短暂性和联系上的松散性，因而其本身在国际政治中发挥的作用并不是很大。真正密切联合为一个整体并直接参与国际政治的军事集团和军事同盟组织，是第二次世界大战结束后，随着社会主义与帝国主义两大阵营的形成并且相互对抗而出现的。1949 年成立的北大西洋公约组织和 1955 年成立的华沙条约组织，以及这两大军事同盟集团的相互关系，成为第二次世界大战后国际政治的重要内容。

2. 军事因素与国际政治的关系

军事因素与国际政治的关系可以从广义和狭义两个方面进行分析。从广义上看，军事因素本身就是一种政治因素。它是国际政治关系的折射体，国际军事关系实质上就是一种国际政治关系，因为它反映了国际政治关系的基本内容，成为国际政治关系的表现形式。在现代国际政治体系产生之前的相当长一段时间内，军事因素与国际政治往往直接连为一

体而难以分开，以至于国家间的全部外交充其量不过是“战争的侍女”。当前，国际政治的行为体日益增多，国际政治的领域也不断扩大，军事因素的地位与作用的确发生了一系列变化，但仍然是直接表现国际政治关系的基本形式。离开了军事因素，就不能构成完整意义上的国际政治。

从狭义上看，军事因素是国际政治体系的组成部分之一。国际政治关系表现为政治权力关系、军事关系、外交关系、法律关系甚至文化关系等诸多方面，军事因素是其中的主要表现形态之一。此外，军事因素作为一种手段和工具，是为国际政治的现实服务的，并服从于国际政治关系的总原则。例如，战争是政治的继续，是达到政治目的的手段。它从属于政治并由政治支配。从这个意义上讲，军事因素与国际政治是一种局部与整体的关系。从广义和狭义这两个方面看，军事因素与国际政治结下了不解之缘，并对国际政治产生了重大的影响。

二、军事因素对国家实力和对外行为的影响

军事因素制约国际政治的一个重要方面，就是一个国家的军事力量和军事战略必然对其对外政策的制定与实施产生影响，并对其对外决策的目标和行为方式产生直接的影响，进而制约着国家在国际政治中的地位与作用。

1. 军事力量是构成国家综合实力的重要内容

在国家实力构成的各种要素中，军事实力占有相当大的比重。对于这一点，各国的政治家和国际政治学者都是公认的。美国学者克莱因曾将军事能力在国家综合实力中所占的分量等同于一个国家的经济能力。尽管一国的经济力量是其国力构成的最基本的物质基础，但将军事力量的重要性与之相提并论也并不过分。在国际政治现实中，由于国际社会的无政府状态，国家间的冲突是国际政治的主要形式之一，因而军事力量直接成为政治斗争的物质手段，它对国家综合实力的影响也是显而易见的。在当今国际舞台上，我们经常可以看到一些在经济上相对落后的国家，尽管在世界经济格局中的地位不高，但由于其强化军事机器，往往能在国际政治中保持强大的影响力。例如，在第二次世界大战后的国际政治中长期存在的美苏两极，就经济实力而言，苏联与美国有着相当大的差距，但苏联之所以能在国际政治中成为唯一与美国相抗衡的一极，主要原因之一是它有强大的军事力量。这一现象在地区性政治中表现得更为明显。例如，在中东和波斯湾地区，伊拉克属于经济相对落后的国家，但由于其建立了一支装备精良的百万大军而成为在本地区发挥重大政治影响的国家，以至于能在三个小时内侵吞邻国科威特，并直接威胁沙特阿拉伯等经济富国的生存。当然，军事力量的这种相对独立的作用并不是绝对的，它只是在特定的时期内和特定的问题上表现出来，不能长期脱离或背离经济因素的制约。

2. 军事因素导致对外决策的调整

军事力量对国家综合实力的上述影响，直接制约着一个国家对外政策的目标选择和行为方式。此外，军事因素制约国家对外决策的作用还表现在具体的决策过程之中。

第一，军事因素导致对外决策中价值观念的变化，促使决策指导思想发生变化。由于科学技术的日益发展，武器的性能不断改进，战争的规模与结局以及地位与作用都发生了很大的变化，例如，核武器的出现所带来的一系列军事因素的改变。军事因素的发展所导

致的各种新情况往往引起传统价值观念的改变，为决策者判断、评估国际政治中的变化因素及其力量提供了新的认识理论，从而导致了对外政策目标的调整、修改和重新确定。例如，在美苏军备竞赛的基础上，核武器的实际使用给人类带来的灾难性后果已为世界各国的领导者和决策者所认识，并导致他们决策指导思想的重大改变，进而导致他们着手调整其对外政策的基本目标。这也是当今世界局势由紧张走向缓和、由对抗走向对话的重要原因。

第二，军事因素的变化，改变了对外决策的外部环境和信息构成。由于军事因素对国家实力地位的影响，军事因素的变化也就能够引起国家间实力对比关系的改变，并促成国际政治格局和国际政治形势的演变。而国际政治的总格局与总形势则是一国对外决策所面临的外部环境。同时，各国的军备情况，如武器的数量、质量与部署以及军队的编制、训练与分布等基本情况，是决策过程中信息构成的主要依据。因此，军事因素对一国的对外决策的制定与实施能够产生至关重要的影响。

3. 军事战略是国家对外战略的重要组成部分

由于国际军事关系实际上也是一种国际政治关系，因而国家的对外军事战略直接影响到国际政治，并成为国家整个对外战略的有机组成部分。在国际政治中，大国经常通过制定其对外军事战略来谋求其在国际政治中的权力地位，以求最大程度地实现其国家利益。第二次世界大战后的历届美国政府都通过制定完整的军事战略来为实现美国遏制苏联的冷战政策服务。杜鲁门时期美国驻苏使馆临时代办乔治·凯南提出的军事上对苏遏制的战略理论，就是要以核讹诈为手段，以常规战争为基本设想，通过控制边缘地带，对社会主义国家实施战略包围。由此可见，这一军事战略本身已经体现了当时美国整个对外战略的基本内容，并成为美国政府对外决策的基本依据。此后，艾森豪威尔时期提出的“大规模报复战略”、肯尼迪时期提出的“灵活反应战略”，以及尼克松的“缓和战略”和里根的“星球大战计划”等一系列军事战略，无一不是当时美国对外政策和对外战略的核心内容。

三、军事因素对国家间相互关系的影响

军事因素制约国际政治的作用不仅表现在对一国的综合国力、对外行为和对外决策的影响上，还表现在通过一系列具体的形式，如战争、武装冲突、军备竞赛、裁军谈判、军事威慑、重大的军事部署行动和军事演习等，对国际政治体系的运行产生制约作用。这种作用的具体途径与方式表现在以下几个方面：

1. 军事因素改变国际政治的力量对比，促使国际政治格局发生演变

如前所述，在军事因素中，军备与军事实力是构成国家综合国力的重要组成部分之一。因此，军事实力的对比状态，是国际政治力量对比关系的基础，直接关系到国际政治格局的内部结构，这是军事因素制约国际政治体系的一个重要方面。不仅如此，军事因素本身还能够直接促成国际政治格局的根本改变。

战争是人类社会出现国家以来解决国家之间矛盾的最高斗争形式，国家之间经常通过战争来解决相互之间的矛盾与冲突。无论战争的胜负如何，由于战争本身是一种国家实力之间的直接较量，其结果必然造成国际政治力量的重新组合，从而改变国际政治的力量对比结构和总体格局。战争胜利的一方可能由此而获得巨大的经济利益并加强其军事力量，

同时也扩大了自己的势力范围和政治影响，从而一跃成为国际政治中的力量中心。战争中失败的一方则可能因为军事和经济的崩溃，以及人口和领土的损失，甚至国家主权的部分或全部丧失，导致自己在国际政治中的地位一落千丈，由世界霸主沦为二流、三流国家，甚至非国家的境地。这种结局会导致国际政治格局从量变到质变的飞跃。

从大规模的战争特别是世界大战来看，军事因素的这种作用最为明显。资本主义早期的战争，尽管只是涉及世界部分地区的部分国家，但也造成了国际政治格局的变化。如17世纪的三次英荷战争，导致英国取代荷兰成为世界霸主；19世纪初的欧洲各国联合反法的战争，导致拿破仑帝国的覆灭以及欧洲大国协调均势的多极格局的出现。尽管这些战争不是世界规模的战争，但由于当时国际政治的中心是在欧洲，因而战争的结果也导致当时国际政治总格局的变化。

自从19世纪末20世纪初全球性的国际政治体系建立以后，世界大战就承担了军事因素改变国际政治总格局的主要角色。由于世界大战的参战国几乎涉及世界上所有的主要国家，因而能够使全球范围内的力量对比关系发生根本变化，进而促使国际政治格局的转变。例如，第二次世界大战的结局造成了德、日、意法西斯国家的战败，使它们从横行欧亚的强国走向衰退。德国和日本甚至一度在国际舞台上丧失了作为主权国家的地位。而英、法等老牌帝国主义国家，尽管获得了战胜国的地位，但在战争中耗尽国力，元气大伤，沦为国际政治中的二流国家。美国则因为战争中经济、军事实力的大增以及政治影响的扩展而成为资本主义世界的霸主。苏联尽管经济遭到严重摧残，但军事力量因大战而增强，政治上的影响明显扩大。同时，它利用大战胜利之际在东欧帮助建立了一系列社会主义国家，建立了一个以自己为首的社会主义阵营。这样一来，第二次世界大战结束了国际政治中长期以欧洲为中心的局面，形成了由雅尔塔体系确立的美苏两极的战后国际政治格局，并且使之成为战后相当长一段时间内的国际政治基本格局。除此之外，地区性、双边性的战争与武装冲突，在现代国际政治中也扮演着重要的角色。它们往往能够改变某一地区的力量对比关系和国际政治格局。由此可见，国家之间的战争与武装冲突是对国际政治制约作用最为明显的军事因素。

2. 军事因素是实现对外目标的手段与工具

军事因素的各种表现形式作为政治斗争的手段和对外行为的工具，直接关系到国际政治目标的实现，进而对国际政治关系的发展状况产生着重大影响。

从战争和武装冲突因素看，它们总是为了一定的政治目的和政治意图而进行的武装斗争。尽管战争的起因有时也是某种经济利益和经济目的，但一旦通过国家间的战争来加以实现，它就必然地反映为服务于政治利益和政治目的，因而战争是政治性质的行动。普鲁士著名的军事理论家克劳塞维茨在其名著《战争论》中提出了关于战争的至理名言："战争无非是政治通过另一种手段的继续。"这一观点反映了战争的本质，因而为马克思主义经典作家所赞同，成为我们分析战争的基本观点。

战争是政治的继续这一经典论述不仅揭示了战争是政治的特殊形式这一层的关系，同时也揭示了战争是达成政治目的的手段这一层次的关系。古今中外的一切大大小小的战争，无论其性质如何，是正义的还是非正义的，都已表明它们是直接为实现国家的政治目标服务的，是保障国家利益的有效手段。这也是战争之所以经常爆发的根源之一。当今国际舞台上进行的现代战争，无一不包含着极为明显的政治意图，同时也加剧了国家间关系的紧张状态。

军事集团的建立及其相互对峙直接反映了国际政治关系的现实。第二次世界大战后北约和华约两大军事同盟组织的诞生就是国际政治中两大阵营及美苏对抗的政治现实的产物。两大集团在欧洲及其他地区的对峙，直接构成了美苏之间冷战关系的主要内容，同时也强化了冷战的严峻性和现实性。

军备竞赛和裁军谈判是国际政治斗争的重要表现形式。军备本身是构成国家实力的重要组成部分，因而在军备问题上出现的竞赛和谈判都是为了服务于国际政治关系，是国际政治斗争的重要手段。第二次世界大战后美苏之间冷战的一个主要方面，就是双方为了争夺世界霸权竞相展开军备竞赛，通过研制和部署尖端武器系统进行政治上的较量。第二次世界大战后美苏之间的军备竞赛水涨船高，轮番升级，从常规武器到核武器，从地表武器到外层空间武器，都展开了全面的竞赛，谋求自己在军事上的优势地位，以便威慑和压倒对方。这种军备竞赛形成的相互威慑状态，已使国际政治乃至整个人类处于一种恐怖均势之中。同时，各种形式的军备谈判也是为政治目的服务的手段：一是双方在连续竞赛而倍感疲惫之后需要一个暂时的喘息与休整时期；二是通过谈判限制对方的发展，以求达成某种均势；三是为了适应国际局势的缓和与世界和平运动兴起的压力而采取的一种主动策略。第二次世界大战后美苏之间的军备竞赛与军备谈判构成了东西方政治关系的基本内容，它们的发展趋向是解决东西问题的关键。

军事力量的集结、大规模的军事演习等也是国家为了炫耀其军事实力，向对手施加政治恫吓和心理压力，以军事形式进行国际政治的博弈，从而达到迫使对方就范或让步的政治目的。所有这些必然造成国家间关系的紧张状态。由此可见，军事因素作为实现国际政治目的的主要手段，能够对国际政治产生重大的影响。

3. 相互依存条件下军事因素作用的变化

随着第二次世界大战后世界经济一体化与科技革命的发展，特别是核武器发展到足以将整个地球加以摧毁的情况下，国际政治中相互依存的现象和趋势日益明显。如何看待相互依存条件下军事因素的作用呢？美国国际政治学者罗伯特·基欧汉与约瑟夫·奈在他们合著的《权力与相互依赖：转变中的世界政治》一书中写道：传统的政治学者强调军事力量在国际政治中的作用，军事力量总是一国国力的中心组成部分，军事力量显然是占有支配地位的权力来源。然而在当今相互依存的情况下，对多数国家来说，武力作为政策工具已是不适当的或不重要的了。因为“使用军事力量的结果不仅代价高昂而且还难以预料”①。苏联领导人戈尔巴乔夫在其《改革与新思维》一书中也阐述了类似的观点，他认为：核战争不可能成为达到政治、经济、意识形态及任何目的的手段。因为在全球性的核冲突中，既没有胜利者，也没有失败者，但世界文明将不可避免地被摧毁。这甚至不是通常所理解的战争，而是自杀。即使是非核战争，其毁灭性后果也逐渐与核战争不相上下了。因此，“过去曾作为一种经典公式的克劳塞维茨公式——战争是政治以另一种方式的

---

① 基欧汉，奈. 权力与相互依赖：转变中的世界政治. 北京：北京大学出版社，2002：31.

继续——已经过时了”，“失去了所有理智的依据”①。

应当承认，以上提到的相互依存和军事因素作用弱化的现象是当今国际政治的现实。特别是当一场全球性的核大战果真发生时，军事因素的确不能实现任何政治经济目的。然而当今军事因素对国际政治的作用和影响并不是简单地降低或消失了，而是变得日益复杂化了。基欧汉和奈在进一步的分析中提道，“诉诸武力的可能性在今天似乎也比 1945 年以前一个世纪的大部分时间内要小”，但是，“军事力量仍可用来达到政治目的。两个超级大国都继续运用武力威胁来遏止对方进攻自己或自己的盟国”，“如果问题涉及生死存亡……那么使用武力或者武力威胁又会变得具有决定性意义”②。由此可见，相互依存并不是笼统地否定军事因素以及战争作为政治手段的作用，因为军事因素本身是多层次的，并不仅仅是战争，而战争也不都是核大战。事实上，核大战在第二次世界大战后的国际关系史上仅仅是作为一种威慑手段，尽管有时也曾达到过战争的边缘，但却从来没有发生。当人们已经普遍认识到核大战对全人类造成的灾难性后果的时候，它实际爆发的可能性更是微乎其微。而有限的常规战争，以及大量的武装冲突等仍然是实现某种政治目的的重要手段。第二次世界大战后的 60 年间虽未爆发过人们所担心的世界大战或核大战，然而局部战争和武装冲突连绵不绝，从反面证实了现实存在的战争仍然是达到某种政治目的的手段，至少战争的发动者是坚持这一观点的。

第二节　国际法在国际政治中的地位与作用

国际行为体之间的竞争与冲突、协调与合作是国际政治行为的基本形式。国际社会是一个处于无政府状态的社会系统，不存在超越主权国家之上的国际权威。但是，国际社会和国际行为体的行为，又表现出一定的有序性和相互制约性。这一方面是由于拥有强力工具的主权国家之间的相互制衡，另一方面是由于国际社会存在一定的法律规范和行为准则，任何国际行为体的行为都不是绝对无限制的，都要受到来自其他行为体和整个国际社会所共同接受或认可的法律及行为规则的制约。

一、国际政治中的国际法

1. 国际法与国际政治

国际法，即国际社会之法，是在国际交往中形成的，主要用以调整国家间关系，具有法律约束力的各种原则、规则、规章和制度的总称。国际法本质上是一种具有法律属性的国际规则，是一种特殊的国际制度，是对部分国际制度法律化的结果。广义的国际法包括国际公法、国际私法和国际经济法，狭义的国际法仅指国际公法。在国际政治中国际法调整的国际政治关系属于公法范畴。因此，一般使用其狭义的概念。

国际法是调整国家间相互关系的法律制度的总和，受国际法调整的国际关系就是国际法律关系，国际法与国际政治的关系主要表现在国际法律关系与国际政治的区别与联系

---

① 戈尔巴乔夫. 改革与新思维. 北京：新华出版社，1987：177.

② 基欧汉，奈. 权力与相互依赖：转变中的世界政治. 北京：北京大学出版社，2002：31-33.

上。就广义的国际政治，即国际社会各种政治现象的总和或国际行为体之间相互关系的总和而言，国际法律关系是国际政治的组成部分，因为国际法律关系就是一种以法律形式表现出来的国际政治关系。就狭义的国际政治，即国家间政治关系的总和而言，国际法律关系是国际政治关系之外的一种法律现象或关系形态，具有其独特的法律主体、法律渊源和制定过程，对国际政治行为和政治关系具有重要的制约作用。

2. 国际法主体与国际政治行为体

国际法的主体，即国际法律关系范围内权利与义务的直接承担者和主要代表，并非指所有的国际行为体，主要是指主权国家和政府间的国际组织。

国家作为国际法主体的法律地位，自国际法出现之日起就得到了世界公认，联合国大会 1946 年 12 月 6 日通过的《国家权利义务宣言草案》指出："世界各国组成社会，共受国际法之约束。"① 国家之所以具有国际法主体资格，必须满足确定的领土、定居的居民、政府和主权四个要素，其中关键在于其拥有主权。即便是殖民地和未独立的国家，也被承认为享有国际权利与义务的国际法主体，因为民族自决权乃是主权的重要内容之一。在第一次世界大战后，特别是第二次世界大战以后民族解放和独立运动发展进程中，实际上控制一定地域，在国际上拥有一定政治组织或机构作为其代表，正在为摆脱殖民统治而斗争的民族解放运动组织也被赋予国际法主体资格，这是国际法的新发展。随着民族解放运动高潮的过去和非殖民化进程的基本完结，绝大多数此类过渡性主体已经完成向国家主体的最终转化。正在争取解放的民族或民族解放运动组织的国际法主体地位经常引起激烈争论，因为它们实际上还只是处于形成国家的过程中，具有过渡性质，对其承认涉及复杂的国际政治斗争。

政府间国际组织作为国家间多边合作的法律产物，享有国际法主体的地位。因为它是由主权国家所构成的，各国在此类国际组织中的代表，是代表主权国家行使其权利和义务，并享有国家驻外使节的特权。政府间国际组织被认为是国际法主体地位源于第一次世界大战之后成立的国际联盟，《国际联盟盟约》第七条规定："联盟会员国之代表及其办事人员当服务联盟时应享有外交特权及豁免。"② 实际上，政府间国际组织的国际法主体地位获得广泛承认是第二次世界大战以后的事。《联合国宪章》第一百零四条也规定："本组织于每一会员国之领土内，应享受于执行其职务及达成其宗旨所必需之法律行为能力。"③ 国际法院就联合国大会提出的"执行联合国职务时遭受伤害的赔偿案"咨询意见发表的答复确立了政府间国际组织的国际法主体地位。

非政府间国际组织和个人并非传统的国际法主体。但第二次世界大战之后，随着它们在国际社会中的作用日益增强，并且通过国际法保护和伸张自己的权利和义务，它们逐渐被国际法学界部分学者认为具备了国际法主体的资格，这已经成为国际法发展的一个新的趋势。

国际法主体与国际政治的行为体并不完全是一回事，前者所指的主要是具有国际法律

① 王铁崖，等. 国际法资料选编. 北京：法律出版社，1982：45.

② 同①808.

③ 同①844.

行为能力的实体，强调的是主体的法律地位；后者是指具有一般国际行为能力的实体，强调的是国际行为。国际法主体一般都是国际行为体，而国际行为体并非都具有国际法主体的资格。

由于国际法主体主要是主权国家和由主权国家所组成的政府间国际组织，因而国际法的制定主要是由主权国家进行的。国际法的主要渊源是国际条约和国际习惯，以及重要国际组织和国际会议的决议、决定。根据《维也纳条约法公约》的规定，称“条约”者，谓国家间所缔结而以国际法为准之国际书面协定。称“国际组织”者，谓政府间之组织。而国际会议也指由各国政府或政府间国际组织所召开的会议。所谓国际习惯，是指那些由于长期形成和普遍适用而被各个国家所承认为具有法律约束力的国际规范和行为准则。在这里，国际法和国际法原则与一般的国际行为准则是一致的、重合的，因为后者也是调整国家间相互关系的基本行为规范，并经国际立法或普遍公认而对国家的对外行为具有法律或道德上的约束力。同时，国际立法行为本身也是国家对外行为的一种方式，构成国际政治的重要内容。

二、国际法的基本特性

1. 国际法与国内法

对于国际法与国内法的关系问题，国际法学界争论颇大。学术界一般有二元论和和一元论两种观点。二元论认为国际法与国内法是同时存在、相互并行的，并在彼此间的联系中得以发展。一元论则认为两者具有彼此隶属的层次关系，或国内法优先于国际法，或国际法优先于国内法。其实，国际法和国内法的关系与国际政治和国内政治之间的关系相同，国际法和国内法之间是相互联系、相互作用的，很难区分谁更为优先。就一般国家间交往而言，各个国家在其对外关系中，均应遵循基本的国际法原则，这是各个国家均应履行的国际义务。从这个意义上讲，在国际政治中，国际法优先于国内法。但同时，各国在国际社会中均享有不可剥夺之神圣主权；各国不得以任何借口和任何形式干涉他国之内政；各国对外行为的根本目的，在于维护本国的国家利益，包括国内政治制度的稳定和发展。因此，就主权国家的内政而言，国内法又优于国际法。一国缔结或加入国际公约，必须经由本国立法机构的批准。《维也纳条约法公约》第二十七条规定：“一当事国不得援引其国内法规定为理由而不履行条约。”但在第四十六条又规定：“一国不得援引其同意承受条约拘束之表示为违反该国国内法关于缔约权限之一项规定之事实以撤销其同意，但违反之情事显明且涉及其具有基本重要性之国内法之一项规则者，不在此限。”在国际政治实践中，国际法与国内法究竟何为优先其实是非常复杂的问题。西方国家一般以采纳或转化的方式将国际法作为国内法的一部分，承认国际法优先于国内法。但是，当它们认为国际法有碍其“利益”的实现时，国际法的优先地位也就被置之脑后了。

2. 国际法的非强制性

国际法的一个重要特性是非强制性。国际法与国内法最大的不同就在于此。国际社会是一个由各个主权国家构成的“无政府”社会，国际法所反映的并非隶属性的关系，而是并行性的关系，其制定者和实施者均为相互独立的主权国家。而国内法则是自下而上或自上而下地由国家立法机构制定的，其实施受到全部国家机器之力量的保护，对违法者将予以惩处。因此，对国际法的实施，一般是出自主权国家的自愿。当然也有个别特殊情况除外，如依据国际强行法对于战争、破坏和平、反人道罪行的追究和惩罚——无论是在国际法体系中的数量，还是在实践中执行的频率都是个别的和特殊的情形。因此，一般说来，国际法的效力往往是以一种道德上的或规范性的约束反映出来的。主权国家应当遵守国际法，但是也并不一定就会因不遵守而受到惩罚。

3. 国际法的大国主导性

国际法理应是各平等主体间平等协商的产物，但常言道，“法之理在于法之外”，作为诞生于国际社会的法，国际法不可能不反映作为其诞生环境的国际社会的现实特征。大国的主导性是国际社会的首要特征，反映在国际法上也是如此。当然，这种主导性既可能是某一超级大国的单独力推，也可能是主要大国间相互竞争的“合力”的结果。法律主要是规定性的，强调编纂和调整国家行为的规则，至于为何是这些规则而不是其他规则，以及国家遵守与否，都是法律之外的问题①。海洋自由是早期国际法的主要内容，是后起的号称“海上马车夫”的海上贸易强国荷兰为打破《托尔德西里亚斯条约》下西班牙、葡萄牙两国对包括海洋在内的世界的瓜分，特别是葡萄牙对东印度群岛航线和贸易垄断的国家利益的直接体现。主权原则成为现代国际法的基石，与三十年战争的胜利方法国作为主权理论和实践的先行者利用主权原则确保神圣罗马帝国宗教分裂现状的国家利益密切相关。民族自决原则的兴起与“威尔逊十四点原则”以及列宁《和平法令》的倡导密切相关，战后非殖民化运动突破《联合国宪章》有关殖民地的安排同样与美苏瓦解英法等旧殖民大国势力和争夺国际舆论制高点的斗争紧密相关。在国际法的实践中，遭到主要大国反对的规则很难成为国际法规则，因为大国不仅可以拒绝签署国际法条约，也有能力以实际行动妨碍国际法习惯的形成所要求的反复国际实践。发达国家的集体抵制与发展中国家在《联合国海洋法公约》关于国际海底制度的最终妥协修改以及美国单方面采取“航行自由行动”压减沿岸国对于专属经济区权利的过度声张都是大国主导性的消极体现。

三、国际法的基本原则

国际法的基本原则，是指那些被国际社会公认的、具有普遍约束力的、适用于国际法各个领域的、构成国际法基础的法律原则。国际法的基本原则是在国际关系中发展起来的：三十年战争以后，国家主权原则、不干涉内政原则开始兴起；第一次世界大战以后，民族自决、和平共处概念开始兴起，互不侵犯原则、和平解决国际争端等原则初步确立；第二次世界大战以后，国际法基本原则的概念得以正式确立，《联合国宪章》第一次把国际法基本原则系统化，其序言和第 1 条包含国际法基本原则的因素，第 2 条更是直接而集中地规定了成员国应遵守的七项基本原则，在现代国际法基本原则体系内处于核心地位。经历以上历史时期的发展，现代国际法体系基本形成，其基本原则大致包括五个方面的内容，即互相尊重主权与领土完整、互不侵犯与和平解决国际争端、互不干涉内政、平等互利、和平共处。

---

① 费丽莫．国际社会中的国家利益．杭州：浙江人民出版社，2001：166．

1. 互相尊重主权与领土完整原则

主权原则是国际法与国际政治中最古老的基本原则。主权原则的核心是国家拥有独立自主地处理对内和对外事务的最高权力。主权原则本身包含三个方面的内容：（1）民族主权，即各民族人民特别是被压迫民族拥有建立自主的民族国家的权利；（2）国家主权，即每一个国家在对内对外政策上拥有自主性和不受外来统治的独立性；（3）人民主权，即每一个国家的人民有权根据自己的选择，确立本国的社会经济和政治制度，外国不得加以干涉。

主权原则与领土完整原则是相辅相成的，领土与主权一样，也是构成国家的基本要素之一，是国家赖以生存的物质条件。国家主权对内所表现出的最高管辖权的主要内容之一，就是对其领土的管辖；国家主权对外所表现出的独立权的重要内容，也包括领土完整的神圣不可侵犯和保护领土完整的自卫权。任何对国家领土的侵犯，包括侵入、占领、分割或肢解，都是对国家主权的侵犯。国家领土的完整性，不仅表现为领土的地理范围不受侵犯，而且表现为国家对其领土内的一切人和事物的管辖权不受侵犯。因此，主权与领土在国际法的意义上是合二为一、不可分割的。当然，国家对其领土的管辖并不是毫无限制的。《国际法原则之宣言》规定："每一国皆有义务避免在他国发动、煽动、协助或参加内争或恐怖活动，或默许在其本国境内从事以犯此等行为为目的之有组织活动。"① 国际法院在其一项判决中也宣布："不允许利用领土来进行侵犯别国权利的行为是一切国家的义务。"②

主权独立的原则，不仅包括政治上的独立和自主，而且包括经济上的独立和自主，这对广大中小国家特别是第三世界国家尤为重要。帝国主义殖民体系的土崩瓦解，并未能从根本上改变旧的国际经济格局，发达资本主义大国仍可利用它们在国际经济中的垄断地位，剥削、控制经济落后的发展中国家，从而损害这些国家的主权和独立。因此，经济主权和经济独立，是维护政治主权和政治独立的重要保障。这一问题已经引起了世界各国的广泛重视，并成为主权原则的一个重要组成部分。1962 年的《关于天然资源之永久主权宣言》、1966 年的《经济、社会及文化权利国际公约》、1974 年的《建立国际经济新秩序宣言》及其《行动纲领》和《各国经济权利和义务宪章》、1982 年的《联合国海洋法公约》等，都对此做了详细的规定。国家经济主权的核心内容就是每个国家对其全部财富、自然资源和经济活动享有充分的永久主权，包括拥有权、使用权和处置权，并能自由行使主权。

2. 互不侵犯与和平解决国际争端原则

互不侵犯原则就是指各个国家不得以任何借口使用或威胁使用武力，或炫耀武力及以其他方式侵犯其他国家的主权、领土完整或政治独立，各国均有义务以和平方式解决国际争端。

互不侵犯原则是国家主权原则的自然延伸。国家主权的基本内涵即对内的最高管辖权和对外的独立权、平等权、自卫权，国家主权是神圣不可侵犯的。互不侵犯原则的根本目

① 王铁崖，等. 国际法资料选编. 北京：法律出版社，1982：4.

② 寺源一，等. 国际法基础. 北京：中国人民大学出版社，1983：291.

的，就在于保护国家的独立与领土完整。所谓侵犯，并不仅仅指对其他国家人力、物力的伤害，而主要是指对其主权的伤害。使用武力或威胁使用武力，或其他任何形式，在本质上并无根本差别。同时，互不侵犯原则又是与和平解决国际争端原则紧密联系在一起的。国际社会反对侵犯国家主权的任何行为，尤其反对直接或间接的暴力行为，反对把武力作为解决国际争端的手段。国家间存在着不同的利益关系，不可避免地存在利益冲突和争端，和平解决国际争端是保证在不损害双方主权和独立的条件下妥善解决彼此矛盾与冲突的基本前提。

以暴力作为解决国家间争端的主要手段由来已久，古代和近代的国际法理论都把战争权作为国家主权的重要组成部分。尽管许多人很早就提出过以和平方式解决争端的种种设想，并实行了诸如调停、仲裁等多种方式，但战争始终在继续。1899 年和 1907 年的两次海牙国际和平会议通过了《和平解决国际争端公约》，但是并未能阻止第一次世界大战的爆发。第一次世界大战后的《国际联盟盟约》再次重申了和平解决国际争端的原则，但仍未否定国家的战争权，只是对采取战争的手段做了某些限制。1928 年 8 月签署的《非战公约》第一次明确规定："斥责用战争来解决国际纠纷，并在它们的相互关系上，废弃战争作为实行国家政策的工具。"这无疑是国际法和国际政治史上的一大进步，为互不侵犯原则奠定了法律基础。但是，由于居垄断地位的帝国主义的存在，以及帝国主义争夺世界霸权斗争的不可避免性，第二次世界大战最终还是爆发了。直到第二次世界大战后，随着主权与民族自决原则的普遍确立，强权政治受到极大限制，互不侵犯原则与和平解决国际争端的原则才真正成为具有明确表述和具体实施途径的国际法和国际关系准则。

联合国的成立和《联合国宪章》的颁布为互不侵犯原则的确立做出了重要的贡献。第一，《联合国宪章》进一步明确了互不侵犯的内涵。它规定："各会员国应以和平方法解决其国际争端，避免危及国际和平、安全、正义。""各会员国在其国际关系上不得使用威胁或武力，或以与联合国宗旨不符之任何其他方法，侵害任何会员国或国家之领土完整或政治独立。"① 第二，联合国大会确定了关于侵略行为的定义。联合国成立以后，多次专门讨论侵略的定义，并于 1974 年 12 月 14 日通过了《关于侵略定义的决议》。根据该定义，侵略是指一个国家使用武力侵犯另一个国家的主权、领土完整或政治独立，或以该定义所宣示的与《联合国宪章》不符的任何其他方式使用武力。第三，联合国进一步明确了和平解决国际争端的途径和保障措施。《联合国宪章》、1949 年通过的《和平解决国际争端修订总议定书》、1958 年的《仲裁程序示范规则》和 1970 年的《国际法原则之宣言》等文件中明确规定了和平解决国际争端的原则、程序、渠道及对威胁和破坏和平之行为的应对办法。

3. 互不干涉内政原则

根据联合国《关于各国内政不容干涉及其独立与主权之保护宣言》和《国际法原则之宣言》等国际文件的规定，互不干涉内政原则是指任何国家或国家集团均无权以任何理由直接或间接地干涉任何其他国家之内政或外交事务。因此，武装干涉及对国家主权或其政

---

① 王铁崖，等. 国际法资料选编. 北京：法律出版社，1982：819.

治、经济及文化要素之一切其他形式之干预或威胁企图，均系违反国际法。任何国家均不得使用或鼓励使用经济、政治或任何其他种措施强迫另一个国家屈从自己，并自该国获取任何种类之利益。任何国家均不得组织、协助、煽动、资助、鼓励或容许目的旨在以暴力推翻另一国政权之颠覆、恐怖或武装活动，或干预另一国之内争。任何国家均不得使用武力剥夺各民族之民族特性。任何国家均有选择其政治、经济、社会及文化制度之不可转让之权利，不受他国任何形式之干涉。

互不干涉内政原则与互不侵犯原则有着密切的关系，两者均为主权原则的延伸。作为国际准则来说，侵犯侧重对国家主权和领土完整的直接或间接的侵犯，特别是以武力和武力威胁的方式所进行的侵犯的表现形式较为明显；而干涉则主要是指对另一个国家内部事务和外交政策的干涉，其手段更多样，有时甚至更隐蔽。因此，国际社会比较容易在侵犯或侵略的定义上达成共识，对干涉则较难定义。特别是那些打着维护人类共同利益或人道主义旗号的否定或限制主权的理论，更使干涉的定义变得复杂化。

正如战争可区分为正义和非正义一样，干涉也有合法的干涉和非法的干涉之分。一般来讲，无论以何种手段干涉其他国家的内政和外交事务，均是违反国际法的行为，是非法的行为。但是不干涉又不是绝对的，在国际法和国际政治的实践中，存在着某些集体干涉的原则。例如：《联合国宪章》赋予安理会以维持国际和平及安全之主要责任和特定权力，它有权根据国际事态的发展，做出实行其国际行动的决议，包括对特定国家进行制裁或采取军事行动。与此同时，单个国家也可以根据外交保护权或基于人道主义的考虑而采取单独的干涉行为，包括照会、抗议和制裁。就干涉的范围而言，既包括涉及国际和平与安全的共同性问题，如海湾危机，也可以涉及某个国家的国内问题，如南非的种族主义。但是，这些合法的干涉或介入都必须有一定的尺度，即被干涉者本身的行为损害了国际和平与安全或违反了普遍的国际法准则或共同的人类行为规范。同时，干涉行为本身也要符合国际法原则和国际行为准则，即不对被干涉国的主权和领土完整造成直接的损害。正是由于干涉存在合法与非法的两重性，且国际上尚未就两者之间的尺度达成共识，使一些国家得以打着保护人权和人道主义的幌子，粗暴地干涉其他国家的内部事务。

4. 平等互利原则

平等互利原则也是从主权原则中派生出来的，它的核心即主权平等。根据《国际法原则之宣言》的规定，主权平等即“各国不问经济、社会、政治或其他性质有何不同，均有平等权利与责任，并为国际社会之平等会员国”。其主要内容包括下列要素：（1）各国法律地位平等；（2）每一国均享有充分主权之固有权利；（3）每一国均有义务尊重他国之国际人格；（4）国家的领土完整及政治独立不受侵犯；（5）每一国均有权利自由选择其政治、社会、经济及文化制度；（6）每一国均有责任履行其国际义务，并与其他国家和平相处。根据这一原则，所有国家，不论大小强弱，均享有平等的权利并承担义务，在相互关系中应平等相待、互相尊重，不得以大欺小、以强凌弱、发号施令、谋求特权。这种平等的权利、义务关系，不仅表现为政治上的平等，还表现为经济上的平等。

主权平等作为国际法和国际关系的基本准则早在资产阶级革命时代就已确立起来。可以说它是资产阶级最初提出的“在法律面前人人平等”和“受法律保护的平等”在国家间关系上的反映。在强权政治的条件下，主权平等仅仅是一种停留在法律上的平等或形式上的平等。在实践中，这种形式上的平等可以表现为国际会议中的位次排列、条约或协定中的轮换制、表决时的一国一票制等。但是大国和强国往往凭借其实力地位，迫使小国和弱国接受某些不平等的条件或屈从于大国的意志，因而表现为实际上的不平等。例如，历史上诸多的不平等条约，从表面上看都是通过谈判，由双方共同签署的，在国际法上是合法的，然而从本质上讲是以强凌弱、以大欺小的产物。

传统的主权平等原则主要侧重于政治上的平等。进入 20 世纪 70 年代以后，由于南北之间的矛盾日渐突出，世界面临的发展问题异常尖锐，捍卫发展中国家的经济主权、争取南北之间经济上的平等地位成为国际社会面临的重要课题。正如政治独立与经济独立紧密相关一样，经济平等与政治平等也是不可分割的。发达资本主义大国正是利用了它们在国际经济中的优势地位，剥削、控制发展中国家，从而加剧了各国政治上的不平等。

5. 和平共处原则

和平共处原则是上述四项原则的总结，既是它们的基本目的，又是它们的必然结果。和平共处包括两层含义：首先，它是指各个国家，无论其政治、经济制度和发展水平如何，都应相互尊重、友好相处。其次，它是指国家之间的一切问题，都应以和平方式妥善解决，反对诉诸武力或武力威胁。它是当今世界一项根本性的国际准则。

和平共处原则最早是由列宁提出来的，作为一项对外政策的基本原则，它主要是指社会主义首先在一国或数国取得胜利之后，社会主义国家必须同社会制度不同的国家和平共处。

第二次世界大战后，和平共处原则得到了越来越多的国家的支持和承认。《联合国宪章》中提及的“力行容恕，彼此以善邻之道，和睦相处”，实际上是与和平共处原则相一致的。20 世纪 50 年代，中国政府首次将和平共处原则与其他四项原则联系起来，作为一个整体而提出了和平共处五项原则，并把它从不同社会制度国家间相互关系的准则，扩大为所有国家（包括社会主义国家）间相互关系的普遍准则，从而确立了其在国际交往中的应有地位。目前，和平共处原则不仅出现在众多国家间双边条约和协定中，而且被作为一项基本准则而写入各种国际组织与国际法的文件中，例如：1961 年 9 月的《不结盟国家和政府首脑会议宣言》、1970 年 10 月的《国际法原则宣言》、1974 年 12 月的《各国经济权利和义务宪章》等。不结盟国家会议还将和平共处原则作为参加不结盟运动的五项条件之一。

四、国际法在国际政治中的作用

既然国际法是主权国家之间为协调彼此之间的相互关系而通过的国家间的协议，是通过对历史上国际交往所形成的惯例的一种国际认同而形成的国际法律规范和行为准则，那么，国际法一经确立，甚至在其确立的过程中，就对国家间的相互关系起着重要的影响，并成为国际政治研究中的一个重要内容。

1. 国际法对国际政治的影响途径

国际法对国际政治的影响和作用主要是通过三种方式实现的。

首先，国际法为国家间的相互关系提供了一系列基本的法律规范和原则。这些规范和原则是在长期的国际政治实践中总结和归纳出来的，并为国际社会的大多数成员所普遍接受或认可，作为指导主权国家和其他国际行为体对外行为和对外关系的基本指导规范。例如，互相尊重主权与领土完整原则、互不侵犯与和平解决国际争端原则、互不干涉内政原则、平等互利原则、和平共处原则等。在这里，国际法原则和国际关系准则或国际行为准则是一回事。

其次，为国际社会通过谈判、协商、调解、斡旋、调查等方式解决国际争端提供基本的法律依据。国家间的争端各种各样，解决争端的方式也各不相同。有些争端是双边的、地区的，有的则是多边的、全球性的；有些争端是政治性的，有些则是法律性的；有的争端依靠争端双方或各方的努力就可以解决，有的则需要整个国际社会的共同努力才能解决。国际法不仅为争端各方提供基本的行为规范，而且为争端的解决提供基本的规则、途径以及范例和样式。

最后，为协调国家间的相互关系提供基本的仲裁、审判等司法程序和机构。国际法不仅包括一系列的国际惯例、规则和规范，而且包括一定的国际司法程序、制度和机构。如国际法院和国际法庭，包括：全球性的国际法院、国际刑事法庭、国际劳工组织的行政法庭等，地区性的欧洲法院、欧洲人权法院、美洲人权法院等。此外，还有一些具有国际司法功能的委员会，如欧洲人权委员会、美洲人权委员会等。国际司法组织和机构依照国际法的基本原则，对国家间以及国际组织间的争端进行审理、裁定、判决或仲裁，并向有关国家和国际组织提供咨询。

2. 国际法在国际政治中的作用的发展变化

由于国际法本身所具有的时代特征，国际法在国际政治中的作用经历了一个不断变化发展的过程。主要有四个发展阶段，各有其不同的作用方式及特点。

第一阶段，资本主义形成以前。在奴隶制和封建制时代，国际法已有了雏形，出现了一些有关国家间交往的最初规范。但是，由于国家间的交往尚处于不完全的时期，国际社会尚未形成，因而这个时期的国际法主要是部分国家之间的行为规范或本国人与外国人之间的关系的规范。这个时期，国际法的内容涉及的主要是战争问题和外交使节问题，前者成为古代国际法的核心，由于“国际社会”处于相互隔绝和分散的状态以及连年不断的征战，国际法对国际政治和国家间关系的作用主要表现为相邻国家间统治阶级相互关系的协调，以共同对付各自国内的奴隶或农民的反抗，是统治阶级借以维护其对内统治的工具。

第二阶段，资本主义时代。资本主义的发展使国际社会得以形成，国际法从内容到形式都有了巨大的发展。资产阶级的主权、平等、自由、博爱等学说，为近代国际法注入了新的内容。特别是主权原则的确立，为国家间的相互交往奠定了最基本的行为准则。同时，资本主义的自由竞争和自由扩张，也使国际法作为协调国家间关系的基本规范的功能大大加强。与之相适应，作为国际法具体表现形式的国际条约大大增加，从 1815 年至 1924 年间，国家间缔结的条约有 16 000 个。此外，作为制定和实施国际法的基本形式的国际组织、国际司法机构也发展起来，例如1900年成立的常设仲裁法院（Permanent Court of Arbitration，PCA）和1907年成立的中美洲法院（Central American Court of Justice，CACJ）以及各种国际或混合委员会等。这个时期，国际法在国际政治中的作用主要表现为对资本主义大国之间的关系的协调。在资本主义的条件下，主权原则实际上只适用于资本主义文明国家。“英、美、法三国的商人在国外甚至比在家里更能自由行动。他们的大使馆保护他们，必要时还有几艘军舰来保护他们。”① 在涉及资本主义国家与殖民地国家间的关系时，特别是当资产阶级的根本利益受到严重威胁时，就没有国际法可言了。资本的殖民扩张充满着暴力与杀戮。国际资本对巴黎公社的联合镇压，也是对国际法的公然践踏。马克思在《法兰西内战》中指出：“普鲁士和巴黎公社之间没有发生过战争。相反地，公社接受了初步和约，普鲁士宣布了中立。因此普鲁士不是交战一方。它扮演了杀手的角色，而且是一个怯懦的杀手，因为这不会带来危险；它是一个受雇的杀手，因为事先商定了巴黎陷落后要付给它5亿行凶酬金。这样，上天为惩罚不信神的荒淫堕落的法国而授命虔诚的仁义道德的德国进行的那场战争，其真正的性质终于暴露无遗了！”② 当然，正如资本主义对整个社会的发展所起的积极推动作用一样，资本主义时代的国际法对于促进国家间的正常交往，对于推进国际争端的和平解决，仍有其积极的进步作用。尽管它主要是资本主义大国手中的工具，但它对限制和约束大国的行为也有一定的作用。

第三阶段，第一次世界大战至第二次世界大战。世界大战的爆发是帝国主义国家公然无视国际法的具体体现，也反映出资本主义时代国际法的局限性，即在帝国主义强权政治的条件下，国际法并不能保障国家间的正常交往和避免人类的相互残杀。第一次世界大战以后，国际社会的有组织化有了新的发展，出现了第一个全球性的国际组织——国际联盟；国际法的普遍原则因世界大战的出现而得到越来越多国家的重视；国际司法机构的形式及职能均有重大发展。1920年建立的常设国际法院是第一个正式的国际法院。1928年通过的《非战公约》对现代国际法的发展具有重要意义。1930年在海牙召开了第一次编纂国际公约的国际会议。在这个时期，国际公约的数量远远超过以往，参加各类公约的国家也大大增加了，仅《非战公约》就有63个国家参加。特别是十月革命胜利后，第一个社会主义国家的建立，给国际法的发展注入了新的内容。苏维埃俄国为争取和平解决国际争端进行了不懈的努力，把民族自决权确立为主权原则中不可分割的重要内容，并确定了和平共处的基本原则。但是，在垄断资本主义大国占统治地位的国际社会，国际法仍然不能摆脱作为强权政治的工具的依附地位。在两次世界大战的间隙，国际法主要是大国用以协调新老帝国主义国家之间、战胜国和战败国之间的关系，用以重新分割世界的工具，国际法并未能阻止1931年日本对中国、1935年意大利对埃塞俄比亚、1939年德国对波兰的入侵以及第二次世界大战的爆发。

第四阶段，第二次世界大战以后。第二次世界大战以后，国际社会发生了根本性的变化，国际法作为协调国家间相互关系的基本规范和制度的作用也有了重大的变化与发展。

---

① 马克思，恩格斯. 马克思恩格斯全集：第21卷. 北京：人民出版社，1965：466.

② 马克思，恩格斯. 马克思恩格斯选集：第3卷. 2版. 北京：人民出版社，1995：79.

首先，国际法主体的迅速增加，使国际法的制定和实施逐渐摆脱了为极少数大国垄断的局面，使国际法成为国际社会用以协调各类国家间关系的法律形式。国际法的原则及内容更多地体现为整个国际社会的共同利益，因而得到了更为广泛、普遍的接受和运用。其次，强权政治与国际社会多元化的同时并存，使国际法由过去大国控制下的用以为其垄断地位服务的工具，逐渐变为广大中小国家用以反对强权政治、制约大国行为、维护自身利益和国际正义的重要武器。国际法的原则及内容，越来越朝着国际民主化、平等化的方向发展，并成为改革国际政治旧秩序的重要内容。最后，第二次世界大战后世界经济政治化和国际政治经济化的发展，使国际法的内容从维护和平和反对战争这一主题，逐渐扩展到各个领域，特别是扩展到国际经济领域。维护中小国家的经济独立和经济权益，改革不合理的国际经济旧秩序等，成为当前国际立法与司法的重要内容，从而使其在促进世界发展方面发挥着越来越大的积极作用。

当然，国际法本身的特性，使其作用的发挥仍具有很大的局限性。特别是在强权政治依旧存在的今天，它的作用受到超级大国、经济发达的垄断资本主义国家以及一些地区性军事大国的束缚，有时仍不免成为某些国家推行其霸权主义、扩张主义和新殖民主义的工具，特别是对于那些违反国际法的行为尚不能采取强制、有效的制裁措施。但是，国际法律关系和国际司法行为毕竟已成为国际政治的重要组成部分，成为制约国际行为的重要因素。

第三节　文化因素对国际政治的影响制约

历史唯物主义认为，人类的文化与社会意识形态无不依赖于社会存在，随着社会存在的发展而发展。同时，它们在发展中，又对社会存在表现出一定的独立性和反作用。19世纪末20世纪初，美国的人类学家弗兰茨·博厄斯开始系统探讨文化对人类行为的影响问题。他提出并创立的“文化决定论”认为：文化因素是分析一个社会、一个民族行为特点的不可忽略的基础与条件。此后，这种研究逐渐扩大到政治学领域。当今许多政治学家都将文化因素作为政治学研究的重要内容，如美国著名的政治学家阿尔蒙德提出的政治文化理论等。这种现象反映了以下这样一种现实，即人类的政治行为和政治关系在一定程度上都要受政治文化的影响。与此同时，文化、宗教和意识形态也对国际政治行为和国际政治关系产生制约作用和深刻影响。

一、文化因素日益参与国际政治

1. 国际政治中的文化因素

所谓文化，从广义上说，是指人类社会历史实践中创造的物质财富和精神财富的总和；从狭义上说，则专指社会意识以及与之相适应的制度和组织机构，即政治、法律、道德、哲学、艺术、宗教等社会意识的各种形式。我们在国际政治中所研究和分析的文化，主要是指狭义上的文化。数千年来，各民族在相对独立的环境中逐步形成了具有鲜明的民族性和地域性的民族文化，这些复杂多样的文化不仅是各国对外行为赖以生存的土壤与重要根源，也是国际政治发生、发展的广泛背景和现实基础。历史唯物主义认为，社会存在决定社会意识，而社会意识又对社会存在表现出相对独立性，给予一定的社会政治经济关系以巨大的作用和影响。在当今国际政治中，文化因素的影响正逐渐扩大并日益重要了。

2. 文化因素对国际政治的影响

文化因素对国际政治的影响表现在以下几个方面：

首先，文化因素是构成国家综合国力的基本要素之一。国家综合实力的构成，除了经济、军事等可见的物质要素以外，还包括民族特征、民族性格、国民士气和民族凝聚力等精神要素，而这些都与民族文化有着密切的关系。在以现代民族国家为核心的国际社会中，由于各民族的历史背景和地理环境不同，文化也随着民族的产生和发展而具有明显的民族特性。这种长期形成的民族文化是决定一个民族凝聚力强弱的重要因素。文化上的悠久历史会产生民族自豪感，而文化上的统一性又能增强民族整体的行为能力和社会结合程度。与此同时，文化因素还能够对各项物质要素本身产生制约作用。所有这些都对一国的综合国力产生着重要的影响。

其次，文化上的差异和矛盾是导致国际政治冲突的重要原因。由于各民族文化在历史过程中各自形成的特点，各民族国家之间必然存在着文化上的差异和矛盾，这种差异和矛盾造成了对相同问题的不同观点和价值观，这种世世代代遗留下来的歧异是很难改变的，它已经成为一种民族感情和民族心理，如果不能及时通过交流加强相互了解并达成共识，那么在特定的条件下，往往会产生隔阂并导致尖锐的对立和冲突。西方大国推行文化沙文主义，将自己的民主和自由价值观作为普遍的原则加以推广，并采用各种强制手段来迫使发展中国家接受，这已经引起了发展中国家的抵制和反抗，加深了南北矛盾。在世界各热点地区，战争和冲突连绵不断，其重要的原因就是文化上的矛盾。在国际经济关系中，美日之间的经济摩擦和经济冲突同样也有文化冲突的背景。日本历史学家渡部升一在与石原慎太郎等人合著的《日本还要说“不”》一书中说道：美国和西方文化的根基是一种白人种族优越的朴素进化论思想以及企图征服无限空间的利己主义，它已经走向了没落和“末世”，而日本文化的根基则是一种“纯自然文化”，“只要地球不毁灭，日本文化就将永世长存”。因此，美国人的征服和扩张必然会与日本“迎头相撞”①。由此可见，文化因素对国际政治经济的影响是何等的重要。正因为如此，美国哈佛大学的塞缪尔·亨廷顿教授预言：“世界正进入一个新阶段。在这个阶段，冲突的根源既不是意识形态方面的，也不是经济方面的，而是文化方面的。全球政治的主要冲突将在不同文明的国家和集团之间发生。”“下一次世界大战（如果可能发生的话）将是文明之间的战争……未来的冲突将由文化因素而不是经济或意识形态因素引起，最危险的文化冲突是沿着文明的断层线发生的那些冲突。”②

最后，文化关系是实现国家对外政治经济目的的手段和工具。一方面，文化上的交流和沟通是国家间政治联系的重要渠道。随着国际社会联系的日益增强，各国之间展开的文化交流是促进相互了解、增进友谊、沟通思想的有效途径。通过文化交流，能够改善和促

---

① 石原慎太郎，等．日本还要说“不”．北京：军事科学出版社，1992：64-75.

② 亨廷顿．文明的冲突与世界秩序的重建．北京：新华出版社，1998：5-7.

进双方的政治经济关系，特别是当它们之间的政治经济联系不正常或遇到麻烦的时候更是如此。文化交流能够突破政府间关系的制约，起到独特的作用。如 20 世纪 50 年代中期，中日之间的文化交流协定，通过文化、艺术和体育的交流，最终为中日恢复邦交、建立正常的政治经济关系做出了贡献。中美恢复政治经济关系之前的“乒乓外交”也证明了这一点。另一方面，通过文化交流和文化渗透，可以控制和干涉别国的内政。西方国家经常通过各种形式的文化交流，如教师与学生的访问交流，电影、电视、广播和文学作品的交流等，来宣传自己的价值观和生活方式，培养亲西方的势力，促使别国的政治经济按照自己的意愿发展。此外，在当今国际政治中，文化交流和文化关系已经日益表现出与政治经济关系的相互依存性，文化功能政治化，成为国际政治斗争的工具。

二、意识形态在国际政治中的作用

1. 国际政治中的意识形态因素

意识形态，主要是指关于某一社会制度或生活方式的一系列根本的政治、经济及社会的价值观念。它是我们上文所说的文化因素的一部分，是有关政治、法律、道德和哲学等社会意识的形式。

美国著名的政治学家阿尔蒙德较为系统地提出了政治文化的概念。他认为：“政治文化是一个民族在特定时期流行的一套政治态度、信仰和感情。”① 显而易见，政治文化是支配人类政治行为的各种主观因素的总和，其核心是意识形态体系，即包括了政治理想、观念、道德等因素的政治思想体系，其外延比狭义的文化更为狭窄。政治文化的基本功能有三个方面：变革政治体系、维持政治关系、指导政治行为。因此，作为一种政治文化的意识形态在国际政治体系内的功能也大致如此。意识形态作为一种政治思想体系，指导着人的政治行为的目标选择和具体方式。同时，意识形态又作为一种政治道德和价值体系，影响着人们对政治利益的判断和评价。

2. 意识形态影响国际政治力量的分化组合和国际政治格局

作为政治思想体系的意识形态，产生于各国对自身利益的认识，并与阶级利益有着不可分割的联系。当今世界有广泛影响的意识形态，按其阶级性质划分，主要分为社会主义与资本主义两大思想体系。意识形态使同属一种意识形态体系的国家之间产生亲近感，成为加强它们之间相互联系的基本纽带，促使国际政治中的政治同盟和国际政治组织的出现，产生了超国家的作用。而属于不同的意识形态体系的国家之间，更应求同存异，努力寻求利益交汇点，实现互利双赢。此外，在相同类型的意识形态内部存在的分歧与矛盾，也能导致国家间关系的对立与冲突。在国际政治中，意识形态的实质反映为一国统治阶级对本国国家利益的认识。因而意识形态是阶级利益与国家利益的统一，对国际政治力量的分化组合产生着重要的影响。

3. 意识形态影响着国家对外政策的制定

在制定对外决策的过程中，重要的一环是决策理论与决策方法的制定。而决策理论与决策方法在很大程度上是同意识形态密切相关的。意识形态是对外政策的指导思想，因为

---

① 阿尔蒙德，等. 比较政治学. 上海：上海译文出版社，1987：29.

一国的对外政策的基础就是正确地认识其国家利益。意识形态作为一种思想体系，反映了一国统治阶级对本国国家利益的系统认识，对国家对外政策目标的判断和评价，以及对外行为的内容和方式都起着重要的思想指导作用。因此，意识形态成为各国对外政策制定的理论基础，它决定着一国对外决策的性质和趋向。例如，美国在第二次世界大战后的遏制与冷战政策的出笼，以及对苏联、中国等社会主义国家先后实行的封锁与制裁等政策，都与意识形态因素有着密切的关系。此外，意识形态还决定着决策的信息评估，影响着决策的运行过程。在决策程序中，决策者和决策机构每日每时地得到大量的国际信息，对这些信息迅速做出判断和处理，表明本国的态度并采取相应的行动，其中起关键作用的是决策者的思想方法和思想深处的意识形态因素。没有成熟的意识形态的决策者绝不是高明的、有效率的决策者，不同意识形态的决策者所做出的决策判断和反应也必然有所区别。

4. 意识形态是国际政治斗争的手段

意识形态在国际政治领域作为手段运用，构成了国际政治行为的一种表现形式。意识形态的这种作用主要表现在以下几个方面：

（1）意识形态作为一种政治信念对统一和团结本国人民起着重大的精神作用。按照美国学者克莱因的观点，一个国家可动员的民众对政府外交与国防政策的信心和支持程度，即贯彻国家战略的意志，是国家实力构成的重要精神因素。全国人民团结一致的程度是衡量一个国家在国际社会中的地位与实力的重要因素。世界上没有哪个国家在人民离心离德、缺乏共同政治信念的情况下，能够在国际政治中实现自己的国家利益。因此，利用政治信仰和政治思想等意识形态因素来动员和团结本国人民，鼓舞决心和斗志，从而提高民族的凝聚力和国民士气，是国际政治中的常见手法。苏联在第二次世界大战中，通过“保卫祖国”“保卫社会主义”等政治口号来进行政治信仰的宣传，激发了苏联红军和苏联人民的巨大精神力量，为彻底消灭法西斯创造了有利条件。

（2）利用意识形态的宣传，抵制和削弱敌对意识形态的渗透。例如，第二次世界大战后，美国政府在其政治宣传中，一直将共产主义思想体系和社会主义制度视为洪水猛兽。他们打着资产阶级的“自由、民主和人权”的旗号来宣扬资产阶级的政治价值观念，并以此诋毁社会主义思想体系的传播和影响。而社会主义国家则往往通过揭露资本主义的阴暗面来教育本国人民，并同资产阶级的价值观念进行针锋相对的斗争。这种意识形态领域里的斗争反映了国际政治关系的现实。

（3）利用意识形态为本国的对外政策进行解释，这是意识形态制约国际政治的重要方式之一。在国际政治中，国家的任何一种政治行为、政治目标和计划都需要政治道德和政治价值这些意识形态因素来为其正当性、合理性进行解释和论证，以期最大程度地获得国内民众以及国际舆论的同情与支持，从而保障其国家利益和对外战略目标的实现。例如，美国在第二次世界大战后采取冷战与遏制政策时，一再强调这是因为共产主义的不断扩张正威胁着整个自由世界的和平与安全。杜鲁门在美国国会的一次演讲中说：“世界各地自由民族均期望吾人之支持，以维持彼等之自由。”[①] 通过这种思想体系的宣传，来论证美

① 现代国际关系史参考资料（1945—1949）：上册．北京：高等教育出版社，1995：265.

国对外政策的合理性与必要性。苏联则曾用“有限主权论”和所谓“国际主义援助”的理论，来为其入侵捷克斯洛伐克和侵占阿富汗的政策进行辩解。第三世界国家则利用反对集团政治与大国政治的主张为其不结盟政策寻找理论根据。

综上所述，意识形态是国际政治内部的重要制约因素之一，意识形态之间的相互关系本身直接反映了国际政治关系的现实。当前，随着国际政治中相互依存局面的出现，争取国家间关系非意识形态化的呼声日益高涨。这种呼声反映了当前国际政治格局由两极走向多极的发展趋势和各国之间相互依存的关系，反映了世界面临着和平与发展的共同主题等现实，同时也是对国际政治交往中将意识形态作为国际合作的先决条件等现象的否定，因而具有一定的积极意义。国家间关系的非意识形态化意味着，意识形态的不同不应成为国与国之间发展正常友好关系和进行经济文化往来的障碍。它反映了国际政治的一种发展趋势和各国人民的普遍愿望。但在当前以及可以预见的将来的国际政治实际生活中，不管人们是否愿意，意识形态因素仍然是国际政治发展的众多制约因素之一。在特定的历史条件下，这种制约作用甚至还会表现得十分明显。

三、宗教对国际政治的影响

1. 国际政治中的宗教因素

宗教是社会意识形态的一种表现形式，同时，也是文化因素的一个组成部分。恩格斯说过：“一切宗教都不过是支配着人们日常生活的外部力量在人们头脑中的幻想的反映，在这种反映中，人间的力量采取了超人间的力量的形式。”①

宗教自从在原始社会中产生以来，逐步地由部落宗教向民族宗教乃至世界宗教的方向发展。宗教在世界各国、各民族的历史和现实中，是一种普遍存在的社会现象。根据盖洛普国际调查联盟的“全球宗教信仰和无神论指数”，2014 年底，世界上信奉各种宗教的人口占全球人口总数的 61%②，已超过 40 亿，其中影响最大的是基督教、伊斯兰教和佛教这三大世界性宗教，它们拥有的信徒已超过了世界信教人口总数的 80%。此外，还有一些影响较大的民族宗教，如印度教、犹太教、道教和神道教等。各大宗教又拥有无数的教派，并都建立了自己的宗教组织。这些宗教组织既有一国内部的，又有跨国的和世界性的，如梵蒂冈的罗马教廷、世界基督教协进会、世界佛教联谊会、穆斯林世界联盟等。

2. 宗教因素日益介入国际政治

宗教作为一种特殊的文化形态，又拥有如此众多的教徒和相当严密的组织机构，必然会对国际政治产生影响。特别是世界性的宗教和跨国宗教组织对国际政治不可避免地产生着自己独特的影响。由于科学技术的发展和世界形势的变化，现代宗教面临着重大的冲击，进而开始了其世俗化的进程。因此，当代宗教与人类政治经济活动的关系更加密切了。除了少数宗教激进主义之外，宗教更多是作为一种精神寄托和自由选择的信仰而存在的。随着国际交往的发展和世界人口的迁徙，各种宗教并存的局面也加深和促进了各民族

---

① 马克思，恩格斯. 马克思恩格斯选集：第 3 卷. 2 版. 北京：人民出版社，1995：666-667.

② 加润国. 全球信教人口有多少. 中国民族报，2015-05-26.

宗教文化的交流与交融。同时，一些宗教内部也出现了适应时代发展，并将各自教义中关于原始平等思想与当代国际政治现实紧密相结合而形成的一系列新的思潮和流派。一些国际性的宗教组织也积极地参加到和平与发展的世界性运动之中。

3. 宗教影响国际政治的具体途径

第一，宗教本身作为社会意识形态的一种形式，同样具有动员和团结本国人民的作用。特别是在教徒众多、政教交融和政教合一的国家里，宗教的这种作用表现得更为强烈。而且因其具有精神上的力量，其鼓动性也比一般意识形态更强。因此，宗教便成为统治阶级控制民众的重要手段。在人类发展的历史过程中，各种不同的宗教之间，同一宗教不同派别之间形成了强烈的对立性和排他性，使得宗教在加强同一宗教和教派的国家及地区间的政治经济合作的同时，也加深了不同宗教和教派的国家及地区间的政治经济矛盾和冲突，阻碍了国家及地区间的政治经济关系的发展。同时，虽然宗教能在同一宗教和教派的国家之间起到一种加强联系的纽带作用，但是这种宗教纽带与国家利益相比是不稳定的。在当代国际社会里，国家之间的合作是基于对国家利益的认同或部分认同。宗教之所以能够成为某种加强合作的纽带，就是因为同一宗教和教派的国家往往具有历史和文化上的共同性，由此而产生了一种民族亲近感，并对当前世界的重大问题和自身的发展道路有着较为一致或接近的观点。所有这些都促成了国家利益的认同，进而促进了国家之间的合作。

第二，宗教矛盾和冲突是导致国家间冲突和战争的一个重要原因。第二次世界大战以来持续时间最长、规模最大的世界热点莫过于中东地区。作为世界宗教的发源地之一，这一地区的宗教和教派林立，而且历史积怨较深。特别是犹太教徒和穆斯林之间的宗教之争已经直接与其各自的生存利益结合在一起了，表现为一场争夺生存空间的你死我活的斗争。民族国家的利益冲突一旦与宗教冲突联系在一起，就会和漫长的历史、民族感情、民族传统等结合在一起而变得更加复杂和难以解决。1947 年巴勒斯坦分治以来的几十年间，阿拉伯国家与以色列之间进行了五次中东战争，致使数十万人死于战乱，数百万阿拉伯人丧失家园、沦为难民，战争费用和物资损失达数千亿美元。长期的战乱不仅给冲突双方带来了严重的政治动乱和经济损失，而且由于冲突地区是资源丰富和扼守世界重要通道的战略要地，因此这一地区的战乱对整个世界的政治经济都产生了恶劣的后果。加上一些超级大国插手其中，使中东问题的解决变得更为困难。

第三，宗教和教派争端乃至战争是造成相当一部分发展中国家内乱与经济落后的重要根源。在许多发展中国家，宗教和教派林立，由于历史上的宗教纠纷和政治经济发展的不平衡，各宗教与教派之间的矛盾和冲突也往往表现得十分尖锐，以致酿成长期的内乱和战争。如在印度这个被称为民族与宗教博物馆的国家，印度教、伊斯兰教、锡克教和基督教等数百种宗教之间的宗教矛盾与种族矛盾、民族矛盾纠缠在一起，宗教骚乱和种族冲突连绵不断，给当地的政治稳定和经济发展都带来了严重的影响。在旁遮普邦，锡克教与印度教居民之间为了家庭财产、居住地、寺庙占地等长期骚乱和冲突不已。

第四，宗教极端势力与国际恐怖主义相结合。由于宗教与国际政治的密切联系，在当前国际政治错综复杂的矛盾斗争中，宗教因素的介入越来越深。特别是在一些国际政治经济矛盾尖锐的地区，宗教极端势力抬头，并出现了宗教极端势力与恐怖主义相结合的倾向。恐怖主义利用宗教的精神力量团结和聚合力量，鼓舞斗志，在一系列恐怖活动中，宗教激化矛盾冲突和鼓舞动员这两个方面的作用都得到充分的发挥。这种现象强化了国际政治中的冲突，给宗教活动的正常发展也带来了消极的影响。

国际政治的发展趋势

重点问题

- 经济全球化的发展
- 相互依赖与复合相互依赖
- 反全球化与逆全球化
- 区域化和区域主义
- 区域化与区域一体化
- 区域化的发展阶段与进程
- 全球政治的兴起与特点
- 全球性问题的挑战
- 全球治理的发展

当前国际政治发展的首要趋势就是世界范围内社会关系不断加强，从而形成了一个相互依存的统一的整体。"全球化"一词在20世纪80年代中后期迅速流行开来，取代"国际化""跨国化""一体化"等术语，成为描述这一现象的首要概念①。全球化浪潮在第二次世界大战后开始涌动酝酿并在后冷战时代席卷整个世界，对包括国家间关系在内的全部人类社会关系带来了巨大的冲击。世界各国的相互依赖关系不断加深，整个世界的联系日益密切，在国际政治的一系列重要领域出现了全球性的问题。所有这些问题的解决都不能由一国独自完成，必须通过超国家层面的相互合作才能得到根本解决。全球化是国际社会的发展趋势，但全球化的发展是一个过程，它首先在一些区域取得发展和突破，表现为区域化的加速推进和区域主义的兴起。区域化的发展和区域主义的兴盛在解决区域层面问题的同时，依然面临着应对全球层面问题所导致的力所不逮。为解决日益严峻的全球问题，在全球主义关怀下催生的全球治理成为当今国际政治在传统国家间的权力政治领域以外开

① 王逸舟. 全球化时代的国际安全. 上海：上海人民出版社，1999：2.

拓出的新议题和新挑战。

第一节　全球化与相互依赖的发展

全球化是一个历史发展的过程。虽然“全球化”这一概念是在 20 世纪 80 年代中期以后才流行开来，但全球化作为一种现象和趋势的存在却已有数百年的历史。一般认为，全球化缘起于世界各国在物质层面的交流与互动，最初指的是货物与资本越境流动，在经历跨国发展、特定地区的多边互动后，进入全球领域的过程。在此过程中，参与全球互动、合作与竞争的国家和地区，在经济、社会与文化各领域逐步发展出相应的地区性或全球性国际组织、互动规则及跨国联合实体，同时也逐渐在社会文化、生活方式、价值观等精神领域出现跨国互动、碰撞，乃至冲突与融合①。可见，全球化的过程就是多维度相互依存提升的过程。

一、经济全球化及发展

1. 经济全球化

全球化是指随着人类社会的联系不断增强和各国相互依存，整个世界日益成为一个整体的现象。经济全球化主要指商品、技术、信息、服务和资本等要素跨国和跨地区的流动，也就是世界经济日益成为紧密联系的有机整体，其突出的表现是生产、贸易和金融的全球化。全球化的基础是经济的全球化，但经济全球化必然对包括政治生活在内的全部社会生活产生深刻的影响。根据政治经济相互联系和相互作用的原理，全球化既有经济层面的全球化，也有政治层面的全球化。政治全球化主要表现为各国间的相互依存不断增强，既包含国内政治的国际化，也包括国际政治的国内化，国内政治与国际政治的相互渗透和相互作用不断增强。

当今全球化的发展是多方面的，但首先取决于经济全球化的发展。马克思、恩格斯尽管没有使用过“全球化”的概念，却深刻揭示了资本主义生产方式所具有的全球扩展的本性及其内部矛盾。马克思的世界历史思想把资本主义生产方式的全球扩张看作民族历史向世界历史转变的首要动力。马克思写道：“资产阶级在它已经取得了统治的地方把一切封建的、宗法的和田园诗般的关系都破坏了。”②“不断扩大产品销路的需要，驱使资产阶级奔走于全球各地。它必须到处落户，到处开发，到处建立联系。资产阶级，由于开拓了世界市场，使一切国家的生产和消费都成为世界性的了”③。“它迫使一切民族——如果它们不想灭亡的话——采用资产阶级的生活方式；它迫使它们在自己那里推行所谓文明，即变成资产者。一句话，它按照自己的面貌为自己创造出一个世界。”④ 因此，经济全球化的出现和发展是整个全球化进程的基础和原动力。马克思的这一思想得到了世界体系论代表人物伊曼纽尔·沃勒斯坦和美国全球史学家斯塔夫里阿诺斯的继承和发展。

---

① 《国际政治学》编写组．国际政治学．北京：高等教育出版社，2019：214.

② 马克思，恩格斯．马克思恩格斯选集：第 1 卷．2 版．北京：人民出版社，1995：274.

③④ 同②276.

2. 经济全球化的发展

对于经济全球化发展的看法，极端的观点或是将之追溯至人类学意义上人种的扩散迁移，或是将其严格限定到第二次世界大战以后特别是20世纪70年代以后全球商业和金融服务市场的一体化。根据马克思主义的观点，一般认为作为一种本质现象的经济全球化起源于15世纪的地理大发现，并经历了三个递进的发展时期。

第一个时期是从早期资本主义国家对外殖民扩张开始到第一次工业革命。这一时期，世界经济开始突破地域限制走向全球。16世纪中叶以来，世界就已经开始一个“压缩”的过程。新兴的资本主义国家在新航路开辟的新世界里，仰仗坚船利炮横冲直撞，借助自由贸易突破国家的地理和政治边界，建立起了散布全球的贸易网络，使各地区的经济联系大大提升，世界市场得以开拓。“美洲的发现、绕过非洲的航行，给新兴的资产阶级开辟了新天地。东印度和中国的市场、美洲的殖民化、对殖民地的贸易、交换手段和一般商品的增加，使商业、航海业和工业空前高涨，因而使正在崩溃的封建社会内部的革命因素迅速发展。”① “旧的、靠本国产品来满足的需要，被新的、要靠极其遥远的国家和地带的产品来满足的需要所代替了。过去那种地方的和民族的自给自足和闭关自守状态，被各民族的各方面的互相往来和各方面的互相依赖所代替了。”②

第二个时期是从第一次工业革命到第二次世界大战结束。这一时期，两次工业革命奠定的绝对技术优势确立了全球的产业、贸易分工格局，也确立了东方从属于西方的世界格局。“单是大工业建立了世界市场这一点，就把全球各国人民，尤其是各文明国家的人民，彼此紧紧地联系起来，以致每一国家的人民都受到另一国家发生的事情的影响。”③ 早在19世纪的时候，全球化和经济相互依存就已经发展得十分迅速，那时的国家奉行了比较自由的贸易、投资和移民政策。到19世纪末20世纪初，跨国企业兼并达到高潮，为争夺原料产地，西方列强加紧了瓜分殖民地的进程，资本主义的全球经济开始进入列宁称之为“帝国主义”的发展阶段，全球化的深度和广度都得到了进一步的发展。事实上，只是20世纪上半叶的两次世界大战和经济萧条，才使得这一长期的发展趋势受到了阻碍。

第三个时期是从第二次世界大战结束至今。这一时期的全球化进程又可以细分为四个阶段。第一个阶段是从第二次世界大战结束到1973年第一次石油危机爆发。这一阶段由于美苏战时同盟关系的破裂和冷战的爆发，经济全球化一度也在政治分裂下裂解为两条平行发展的阵线，并随着经互会的成立最终形成了以美苏为首的两个平行市场。第二个阶段是从石油危机爆发到苏联解体。这一阶段西方世界的全球化进程大大加快，在全球层面，石油危机刺激下国际能源机构（IEA）和七国集团（G7）的建立增强了西方发达国家经济政策的协调，发达工业化国家发展进程中日益严峻的环境问题引发了西方世界环境意识和全球主义意识的普遍觉醒；在区域层面，战后成立的欧洲共同体得到进一步发展，在不断扩大成员国范围的同时，也在发展关税同盟、达成《申根协定》的基础上开始着手迈向统

① 马克思，恩格斯．马克思恩格斯选集：第1卷．2版．北京：人民出版社，1995：273.

② 同①276.

③ 同①241.

一大市场。同期社会主义阵营的经济全球化则由于政治上的分裂和苏联经济模式日益陷入困顿而趋于停滞。第三个阶段是从冷战结束到2008年国际金融危机的爆发。这一阶段是迄今全球化发展势头最为迅猛的20年，甚至被认为是“真正全球化”的起步阶段，随着苏东集团和苏联本身的解体，政治分歧对市场的区隔被彻底打破，西方世界的经济发展、生产生活方式在信息革命的助推下加速扩张，但同时全球化就是西方化的疑虑和看法也加剧了。第四个阶段是从2008年国际金融危机爆发至今。这一阶段是对上一阶段西方占优势的全球化进程的深度回调，特别是出现了产业外移导致的国内蓝领劳工阶层利益受损，作为全球化引领者和助推者的美国出现了民族主义的回摆等问题，以中国为代表的新兴国家开始成为捍卫经济全球化进程的旗手和协调改进全球经济治理的积极倡导者，这标志着经济全球化开始进入一个新的发展阶段。

二、相互依赖与复合相互依赖

相互依赖也称相互依存，是指国家及国际行为体之间相互影响和相互制约的现象和历史进程。全球化与相互依赖是相伴而生、相互推动的。随着全球化的发展，人类社会的相互依赖不断发展和深化，而相互依赖的不断深化又反过来推动了全球化进一步发展。相互依赖理论就是对全球化现象进行研究的具体成果。从相互依赖到复合相互依赖的发展既是对全球化这一进程的概括，也反映了理论研究的发展进程。经济全球化是全球化进程的基础也是根本动力，对全球化现象的理论研究也在经济层面最早出现，并逐步向其他领域扩展。相互依赖的思想最早出现于马克思主义经典作家的论述中。但系统的相互依赖理论第二次世界大战后首先由经济学家从国际经济现象中捕捉提炼出来，而后由国际政治学者加以完善发展。前者以著名经济学家理查德·库珀（Richard Cooper）及其经济相互依存理论为代表，后者以著名国际政治学者卡尔·多伊奇的相互依赖理论与罗伯特·基欧汉和约瑟夫·奈的复合相互依赖理论为代表。库珀的主要贡献在于提出了“相互依赖”这一抽象的学术概念，而卡尔·多伊奇将这一理论运用到国际关系分析之中，基欧汉和奈则将这一理论发展成型并予以深化。

1. 相互依赖理论

库珀在1968年出版的《相互依存的经济学：大西洋共同体的经济政策》一书中，以新古典经济学的比较优势理论为立足点，从战后二十余年的经济现象，特别是20世纪60年代以来世界经济中各国之间人、财、物、信息交流量猛增的经济现实中发现了第二次世界大战后世界经济“相互依赖”的新特征。他把相互依赖界定为“一国经济发展与国际经济发展之间的敏感反应关系”，强调研究这一敏感反应关系是正确了解和理解国与国之间关系的关键。他看到，这种相互依赖的发展使得国家主权不可侵犯的理想原则受到明显侵蚀。国家在经济结构、经济目标和经济手段上都表现出高度的相互依存性，国家的独立性、政策的自主性都明显下降。随着20世纪60年代美日欧贸易摩擦的表面化、国际货币体系的动荡和欧洲联合趋势的加强，经济问题越来越无法在经济领域内获得解决，而是需要政治领导人频繁地加以干预，传统的将安全和经济问题区分为“高级政治”和“低级政治”的两分法越来越不符合现实的发展。库珀的分析带有鲜明的贸易和平论倾向，也被视为相互依赖的古典式分析。

卡尔·多伊奇在《国际关系分析》一书中论述了国际关系中的相互依存关系，他说：如果 A 国的变化，如总的物价水平上涨之以 B 国的某些可以预见的变化，如那里的物价水平也上涨，这两国就是相互依存的[①]。“相互依存这个词提出了一个双向的进程。在国家或其他国际行为者之中，它提醒我们这种关系是相互的……”[②] 他进一步分析了相互依存的不对称性和不平等性问题：当一个大国和一个较小国家相互依存时，大国相对小的变化可能导致小国大的变化。……如美国与危地马拉、法国与象牙海岸、苏联与蒙古，或者印度与尼泊尔，相互依存仍远非对称[③]。不仅如此，多伊奇还对相互依存的积极性和消极性、相互依存的幅度与范围、得与失，以及相互依存与依赖、一体化的关系等进行了深入的分析。卡尔·多伊奇是最早在国际政治学意义上对相互依存进行全面和系统研究的著名学者，引领并推动了国际政治学的相互依赖理论的进一步发展。

基欧汉和奈 1977 年的《权力与相互依赖》一书是相互依赖理论发展进程中最重要的里程碑。他们在书中提出的复合相互依赖理论是对经济相互依赖理论的政治分析，核心是探讨国际关系中经济上的相互依存性与政治权力上的相互竞争之间的关系。作为一个分析词汇，相互依赖指的是一个体系中行为体或事件相互影响的情势。这些影响源自国际交往——跨越国界的货币、商品、人员和信息流动。这样一个情势本身无所谓好坏，只有程度大小之分。当交往产生需要有关各方付出代价的相互影响时，相互依赖就出现了，而不再只是相互联系。付出代价的结果既可能是另一行为体直接或有意强加所致，也可能只是缺乏协调所致。相互依赖并不局限于互利的情景。古典相互依赖分析认为各方共同获益的观点忽视了利益分配问题，相互依赖并不意味着没有冲突，多数情况下存在着相对收益和相对受损。相互依赖和传统国际政治的区别不在于“非零和”与“零和”。同样，相互依赖也并不意味着完全平等。相互依赖的不对称性会产生权力。敏感性和脆弱性是分析使用这一理论的两个核心概念。所谓敏感性，是指在某种政策框架内各国之间的相互反应程度，即一国变化导致另一国有代价变化速度的快慢；所谓脆弱性，是指在相互依赖被切断时所蒙受的损失的程度，取决于各行为体获得可替代选择的相对能力以及为此付出的代价。可见，脆弱性更具政治和战略含义。

2. 复合相互依赖的特征和过程

复合相互依赖理论认为，以摩根索为代表的现实主义理论有三个基本假设，即国家的主要和决定性行为体地位、军事力量的有效性以及世界政治中军事安全问题与经济社会问题的高低等级之分。但在基欧汉和奈看来，战后二十多年现实世界的发展更加符合复合相互依赖的理论模型。为此，他们针锋相对地提出了复合相互依赖模型的三个特征。

第一，社会联系的多渠道性。它包括：国家间联系，即政府精英之间的非正式联系或对外部门的正式安排；跨政府联系，即非政府精英之间的非正式联系（包括面对面的交流或通过网络联系）；跨国联系，即跨国组织（如多国银行或多国公司）；等等。如果我们放宽现实主义关于国家作为整体单位而行动的假设，则跨政府联系将出现在我们的视野之内；如果我们放宽现实主义关于国家是唯一行为体的假设，则跨国联系将出现在我们的视

① 多伊奇. 国际关系分析. 北京：世界知识出版社，1992：349.

②③ 同①358.

野之内。

第二，国家间议程等级之分的消失。军事安全并非总是国家间关系的首要问题，所有问题都附属于军事安全的时代不复存在。外交议程——政府所关注的一系列与对外政策相关的问题——变得更为广泛、更具多元化。许多问题由通常被视为国内政策的事务引起，国内问题与对外问题的区别越来越模糊。

第三，军事力量不再起主要作用。当复合相互依赖普遍存在时，军事力量并非总是被当作一国反对另一国的主要力量。在联盟与敌对集团的政治和军事关系上，军事力量仍起着主要作用，但在解决盟国间的经济问题时，军事力量就失去作用。

复合相互依赖的三个特征导致了不同于现实主义模型的将权力资源转化为控制结果的权力的政治过程。

第一，联系战略。传统方法将一切问题与占支配地位的军事与经济能力联系在一起，世界政治被看成一张权力无缝对接的网。但在复合相互依赖模型中，武力效用的降低和问题等级的平行化，使得联系战略实际效果更加复杂化，代价也变得过高，有效性大大降低了，政治谈判的结果越来越因为问题领域的不同而各异。

第二，议程设置。在复合相互依赖模型看来，传统政治分析过于注重军事安全事务，总是以军事安全为主来确定国际关系的议题，忽视了国际关系中诸如国际金融政治、商品贸易条件、石油、粮食和跨国公司等非军事问题，也忽视了国际关系中议题的形成过程。随着行为体的多元化和国际、国内界限的模糊，议题形成的政治更加微妙和多样化。

第三，跨国及跨政府关系。社会联系渠道的多元化模糊了国际、国内的分野，政治联盟伙伴不再局限于现实主义模型下的国界以内。国内行为体与国外同行之间有组织或无组织的交往，对其态度和政治立场产生着影响。跨政府政策网络的存在模糊了传统的国家利益的理解方式。国家利益的界定越来越因时间、问题和部门的不同而迥异。第四，国际组织的作用。传统现实主义模型不相信国际组织的利益整合与协调功能，但在复合相互依赖的世界里，各种问题之间联系的不完整性，跨国、跨政府间形成的各种联盟，使得国际制度在政治谈判中的潜在作用大大增强。它们协助制定国际议程，并成为促成联盟建立的触媒和弱国提出政治倡议、推行联系战略的场所，帮助促成世界政治里的潜在联盟。

3. 相互依赖对国际政治的影响

相互依赖的发展不仅加深了世界各国的相互联系，而且加速并强化了国内政治国际化和国际政治国内化的发展趋势，推动了全球化的发展。在当今国际社会，这一趋势主要表现在以下几个方面：

（1）当今世界各国之间的交往日益频繁，相互依赖不断加深，国家之间相互影响和相互制约的作用明显加强，因此，一国内部的政治经济情况对其他国家也会产生巨大的影响。一国内部的政治动荡、内战以及经济危机和经济衰退等，都会使周边国家或与之有联系的其他国家产生连锁反应，甚至是对其他国家产生重大的影响，因此，一些国家也试图主动影响别国政治经济发展的方向，以维护和扩大自己的国家利益。当今国际舞台上的一些国家内部发生的重大事件，其背后都有一定的国际背景。

（2）国际政治的基本特点和发展趋势直接影响了世界各国国内政治经济的发展，一国内部的政治经济不再是孤立的，而总是与其他国家相互影响和相互作用，因此，一国在国内政治、经济和外交等方面的决策不得不更多地考虑当今的世界潮流、国际舆论和其他国家的反应。任何国家的政策和行为都日益受到其他国家和国际社会的关注和干预。各国的政治家们日益发现，纯粹的内政问题已经变得越来越少。

(3) 由于国家间的交往频繁，加上其他地缘或历史的原因，各民族在世界范围内的迁移也不断加速，因此，在一个多民族国家里，许多民族在国外有大量的同胞，甚至有以本民族为主体的国家，出于民族对血缘和文化的认同，一国内部的民族矛盾和民族问题自然会对其他国家产生影响，同时也受到其他国家的影响和制约。

(4) 由于国家内部民族分离和民族独立意识的抬头，一些国家出现了分裂，原先国内的民族问题变成了民族独立国家之间的问题。所有这些都使得国内政治与国际政治的边界日益模糊，它们之间的相互影响和相互渗透将随着国际社会的相互依赖趋势的发展而得到进一步加强。

三、全球化的波动与曲折

全球化的发展并非一帆风顺。全球化过程本质上是一个内在充满矛盾的过程，它是一个矛盾的统一体：包含一体化的趋势，同时又包含分裂化的倾向；既有单一化，又有多样化；既有集中化，又有分散化；既有国际化，又有本土化①。20 世纪 90 年代以来一路高歌猛进的这轮全球化进程遭遇的主要反对来自世纪之交兴起的反全球化运动和 2008 年国际金融危机以后逐步显现的并以英国脱欧和美国的“特朗普现象”为代表的逆全球化现象。

1. 反全球化运动的兴起

20 世纪 90 年代，当全球化在冷战结束后的世界获得迅猛发展的同时，反全球化运动也相伴而生。1999 年 11 月 30 日，世界贸易组织部长级会议在美国西雅图举行，来自多个国家和地区的数百家非政府组织和 5 万多名反全球化人士齐聚会场外，打着“关闭 WTO”等反全球化旗号，占据交通要道，进行游行示威。这是迄今最大规模的一次反全球化运动，也使得反全球化运动第一次引起全世界的广泛关注，被西方媒体称为“西雅图之战”或“西雅图风暴”，是反全球化运动发展的标志性事件。自此而后，反全球化运动风起云涌，在世界贸易组织、世界银行、国际货币基金组织、八国集团峰会、世界经济论坛等重大国际会议期间如影随形。反全球化已经成为一场全球运动。

罗伯特·吉尔平将反全球化人士归结为有组织的劳动者、经济民族主义者和由环保主义者、人权鼓吹者和其他认为全球化造成以环境污染、等级和剥削为特征的世界秩序的人组成的“主张公有社会者”②。在西雅图的抗议中，劳工、人权和环保组织及其支持者要求将劳工标准、环境保护等议题纳入贸易自由化的谈判和进程，以避免发展中国家以低工资、破坏环境，甚至雇用童工、服刑者为代价，对发达国家的低技能劳工的工作岗位和现有收入水平构成威胁。劳工、人权和环保组织的这些抗议为主张贸易保护的经济民族主义者提供了反对全球化的经济社会理由，他们把国内发展中出现的社会、经济、政治弊端，

---

① 俞可平，等. 全球化与国家主权. 北京：社会科学文献出版社，2004：1.

② 吉尔平. 全球资本主义的挑战：21 世纪的世界经济. 上海：上海人民出版社，2001：293-295.

特别是福利下降、失业率上升、贫富分化扩大等问题归咎于全球化。此外，他们还谴责WTO代表的国际经济组织存在的“民主赤字”，要求扩大决策的公众知情权，允许更多非政府组织参与其中。其他左派人士批评全球化是资本主义生产方式的全球扩张，真正支持和主张全球化的只不过是新自由主义者和全球逐利的跨国公司，这一进程削弱了社会的力量，增强了资本的力量，这样的全球化实际上只是“公司的全球化”“资本的全球化”。

总结反全球化者的诉求可以发现，大多数反全球化者实际上并不反对全球化本身，他们反对的是全球化造成的负面经济社会问题。而从运动本身的发展和组织情况来看，反全球化本身也是一种全球化，是全球化的产物。世界范围内的反全球化运动存在以下几个特点：第一，反全球化行为主要发生在西方发达国家，发展中国家态度较为复杂，更多的是反霸权而非反全球化；第二，就运动发生的地区而论，东亚不如欧美，东欧不如西欧；第三，就产业而言，反对力量更多来自旧经济部门而非新经济部门；第四，运动的发展与全球范围上升的民族主义、排外情绪普遍联系在一起；第五，一些从全球化进程中受益较多的发展中国家的反对力量相对较小；第六，反全球化作为新的政治意识形态与作为政治意识形态的全球化针锋相对，形成了冷战结束后新的意识形态分野；第七，全球化的负面后果催生了许多以反全球化为宗旨使命的非政府组织①。

2. 逆全球化现象的出现

反全球化与逆全球化既相互联系又相互区别。从联系的角度，逆全球化本质上也可以认为是一种反全球化行为。就其政策本质来讲，逆全球化也可以被理解为一种“去全球化”，即对商品、资本、人员的自由流动施加限制。从区别的角度，反全球化与逆全球化是两个不同的概念，反全球化是一种运动，而逆全球化是一种现象；反全球化是一种社会力量作用的非政府行为，逆全球化则是一种直接产生影响的政府行为。著名的现实主义国际政治经济学家吉尔平在世纪之交就明确预言：“全球化程度取决于政治基础，如果大国不能加强它们之间的经济和政治联系，这种政治基础很可能瓦解。虽然导致全球化程度提高的技术是不可逆转的，但每个国家推动全球化进行的政策在过去曾经逆转过，将来也仍有可能逆转。”② 2008年国际金融危机以后，经济上的逆全球化的主要表现有：贸易保护主义卷土重来，国际贸易大幅缩减，国际贸易与全球国内生产总值的增长之比由2∶1降为1∶1；跨国投资显著下降，资本流动性降低，2010年后即便有所恢复但仍未回到危机前水平；全球性大银行开始收缩其在全球的业务，以往充当全球化运动先锋的跨国资本出现“银行逆全球化”；WTO等多边自贸组织搁浅或遇挫折。

2016年，英国公投选择脱离欧盟，美国大选特朗普获胜，欧洲一些国家民粹主义政党强势崛起。美欧这种政治变动，折射出经济全球化在这些国家的民意基础发生了深刻变化。由于国内阶层分化、社会分裂日益严重，人们开始质疑甚至反对全球化，于是民粹主义、保守主义、孤立主义等呼声四起。当这股思潮通过民众的选票上升为国家意志和政治行动的时候，就演变成了“逆全球化”现象。

---

① 庞中英．另一种全球化：对“反全球化”现象的调查与思考．世界经济与政治，2001（2）．

② 吉尔平．全球资本主义的挑战：21世纪的世界经济．上海：上海人民出版社，2001：291．

全球化是一把“双刃剑”，在推动世界经济、政治、科技、文化、交往等飞速发展的同时，也在世界范围内埋下若干发展的“苦果”。这些“苦果”在经济繁荣时期被掩藏，在世界经济出现危机、下行发展的时候便暴露出来，在危机爆发之际成长成熟，使世界政治、经济、社会问题凸显。个别国家试图通过“逆全球化”走出危机的泥潭，从而成为全球化进程中的“减速路障”。

与此同时，我们也应该看到，尽管当前出现了那些曾经是全球化引领者的主要大国以从多边机制大范围“退群”和与主要贸易伙伴频繁爆发贸易摩擦和冲突为特征的逆全球化现象，但其意图并非要彻底退出全球化进程，更多是一种以退为进谋求对自身更为有利的利益分配格局的战术手段。所谓以“公平贸易”取代“自由贸易”的口号并没有排斥贸易本身，所图的只是从“自由”到“公平”的旗帜背后利益分配格局的变化。这既证明了全球化进程本身的历史趋势性，也生动反映了全球化进程的非均衡性和历史曲折性。

第二节 区域化与区域政治

区域是历史形成的，但成为国际关系中一个独立的分析层次是第二次世界大战以后才开始出现的新现象。全球化的发展在一些区域内国家间表现出了强于与区域外国家的互动交流，呈现出区域化的历史进程。区域主义的萌发推动了区域化进程从较低级别的区域合作走向涉及敏感主权问题的较高级别合作，丰富了区域政治的表现形式，也对全球政治产生了新的影响。

一、区域与区域主义

1. 区域的内涵

区域的概念是地区分析中最基本的概念。对区域的界定大体存在着地缘主义、建构主义和行为主义三种路径，以及在此基础上不同的组合、取舍与折中①。

地缘政治学是最早把作为自然地理概念的“区域”引入国际政治研究的理论，作为传承的地缘主义路径，强调区域在地理上的接近性（proximity）与邻近性（contiguity），基本上与地理学上对区域的划分无异，强调的是区域的先天区位性（locality），纯粹的地缘主义路径坚持地缘本身就揭示了区域的存在。这一路径虽然不能反映区域主义的动态，但它有助于把区域主义从其他形式的全球以下的体制中区分出来，如果没有地理上的限制，区域主义就会变得弥散而难以操作②。

建构主义则强调区域的认同性与区域意识的觉醒及交融，没有这种认同和意识就不能称其为区域。区域与民族国家一样是可以依靠历史的再发现、神话制造和重新解读创造的

---

① 卡赞斯坦将区域定义方式区分为物质主义的传统地缘政治理论的定义、理念主义的批判地缘理论的定义和行为主义理论的定义三种。参见：卡赞斯坦．地区构成的世界：美国帝权中的亚洲和欧洲．北京：北京大学出版社，2007：6－14．

② HURREL A. Explaining the resurgence of regionalism in world politics. Review of international studies，1995，21（4）：333.

"想象的共同体"。这一路径的最大意义在于，它预示着既然区域可以被建构，那么同样也可以在观念和物质上被解构，整合与解体的可能性携手并进，在每个阶段都存在着回溢的可能性①。

行为主义路径强调的是区域内交往和要素流动的密集度，只有当一组国家间交往与要素流动的密集度高于与其他国家交往时才能构成区域，这一路径既为渴望对区域化程度做出精确测算的行为主义者所倚重，也为关注经济贸易的区域主义研究者所强调②。

由于概念争执的长期存在，越来越多的学者倾向于一种基于三者的综合定义。通常认为，区域就是"一定地域内一些地理上相邻的国家组成的、有着相互了解的历史和文化背景、内部流动超过外部流动，并依据这些也被外部行为体划为同一群体的国家群体"③。但也应当注意到，如同诺曼·帕尔默所指出的那样，即使如南亚这样缺少社会和文化上的同质性、东亚这种与国际制度而非区内制度具有更高程度联系性的，明显不符合建构主义和行为主义路径定义的地区，仍然被人们视为一个区域。区域的首要含义仍然是在地理这一最普遍、最传统和最容易理解的意义上被使用的④。对于界定区域而言，地缘主义是基础性的，而建构主义、行为主义的路径虽然重要却是补充性、发展性而非替代性的。

2. 区域与区域主义

区域主义是指与区域的概念直接相关的主张、政策与进程 ，其概念基础分别是"区域"和"主义"。日本学者初濑隆平就指出："一般来说，区域主义这个词语，即便采用了'主义'的提法，但事实上更多是在'区域化'的概念上被使用的。在使用区域主义用语时，应注意它在意识形态与实施两个层面上的差异。"⑤ 作为一种"主义"的区域主义首先是一种有价值取向的意识形态、一种思想理论主张，而非作为其派生物的政策、制度、体系与现象。我们可以把意识形态和思想理论主张的区域主义称为狭义的区域主义，虽然区域主义必然以某种区域组织或区域合作机制的形式出现，但区域合作的现象本身并不必然意味着存在狭义的区域主义，缺乏狭义区域主义的区域合作是很难走向深入和长远的，只能是一种有限的、致力于解决短期具体问题的区域合作。

首先，区域主义实践的发生需要不同国家间共享"区域优先"的信仰和意识形态。区域主义是处理对外政策的一种有效途径，它对"区域"寄予厚望，要求有关国家越来越戴上"区域"眼镜来看待和处理对外政策问题。厄恩斯特·哈斯在 20 世纪 70 年代反思区域一体化理论的失败时就意识到"国家间面临的诸多共同问题在本质和范围上是全球性的而不仅仅是区域性的"⑥，那么，单纯以共同问题和需求来解释区域主义的兴起就会存在缺陷，因为国家除了传统的双边渠道，完全可以在全球层面或者超越地区的更广泛层面去寻求解决问题的方法。因此，国家区域主义偏好的形成就不能仅仅以成本-收益的单纯理性

---

① HETTNE B，SODERBAUM F. Theorising the rise of regionness. New political economy，2000，5（3）：470.

② MANSFIELD E D，MILNER H V. The new wave of regionalism. International organization，1997，53（3）：590－592；NYE J，ed.. International regionalism：readings. Boston：Little，Brown and Company，1968：Introduction，vii.

③ 俞正樑，陈玉刚，苏长和，等. 21 世纪全球政治范式. 上海：复旦大学出版社，2005：20.

④ PALMER N D. The new regionalism in Asia and the Pacific. Lexington：Lexington Books，1991：6－7.

⑤ 星野昭吉. 全球化时代的世界政治：世界政治的行为主体与结构. 北京：社会科学文献出版社，2004：243－244.

⑥ 同④10.

主义逻辑去理解。如同欧洲在战后寻求和平的努力中，通过北约的传统结盟方式显然要比当时前所未有的、充满不确定性的，并且时至今日仍在继续探索发展的区域主义方式要简单有效且确定得多。但这并未能阻止欧洲国家开启这一艰难事业的决心和意志，而这正是作为政治信仰和意识形态的区域主义所具有的独特力量。此外，哈斯还发现，一体化进程即便启动，如果得不到深层次的意识形态或哲学信念的支持，建立在实用主义利益基础上并以此为出发点的政治进程必定是脆弱和容易出现反复的①。

其次，作为政治信仰和意识形态的区域主义是先于区域主义的实践而存在的。换言之，目的先于存在。从逻辑上，理论来自实践，且是对实践经验的归纳总结。但人的思维往往并不按这种逻辑展开，人们往往首先需要一个目的。这样，他们的分析才会有原始动力和发展方向，目的激活了思想，愿望是思想之父②。区域主义的核心是对合作有意识地进行设计和提出对策，通过这种设计使所有的参与国均能平等地获益。正如在欧洲一体化中，联邦主义是目的、功能主义是途径、政府间主义是发展动力的实际进程所揭示的那样。对于功能主义最多只能说它给了参加国政府、社会精英和人民以更多时间，以逐步学会更加深远、稳定和有益的一体化的习惯与技能③。哈斯的一个错误在于其忽视了表面的功能"外溢"背后政治精英的人为设计因素。

最后，就是区域主义与多边主义之间的关系问题。多边主义是一种在普遍的行动原则基础上协调三个或者更多国家之间关系的制度形式，核心是按照某种原则来协调三个或者更多国家之间的关系④。通过与区域主义定义的对照可以发现，如果把"优先通过区域内国家间平等、持久和深入合作，在区域层面上协调解决以政治安全为基础的共同问题，并在此基础上培育和强化区域政治意识、政治认同的一种政治信仰和意识形态"定义为普遍的行动原则，那么区域主义确实是一种有限制的、高标准的多边主义，是多边合作的一个重要领域与形式。两者的最大区别在于这种高标准多边主义是否遵循地区的地理性限制。当然，区域主义的发展也可能导致多边主义的"退化"，因为区域主义是有可能通过聚合为单一行为体或者"地区制度性政体"而超越多边主义的。这也从另一个侧面再次强调了区域范畴界定之于区域主义的重要意义。

二、区域化的发展

1. 区域化与区域一体化

区域化是经济发展到一定程度，对市场、技术、自然禀赋、社会劳动分工提出比国家更大范围的配置组合要求的必然产物，是一定区域内的国家之间采取的广泛的协调与合作行为。作为当代国际政治的重要组成部分，区域化主要是在第二次世界大战结束以后出现的，发轫于战后重建中的欧洲，并在 20 世纪五六十年代以及冷战结束后掀起过两轮发展高潮。

区域化包括但不等同于区域一体化。通常而言，区域化包含着两个程度和性质不同的

---

① 多尔蒂，普法尔茨格拉夫．争论中的国际关系理论．北京：世界知识出版社，2013：545.

② 卡尔．20 年危机（1919—1939）：国际关系研究导论．北京：世界知识出版社，2005：4-6.

③ 多伊奇．国际关系分析．北京：世界知识出版社，1992：340.

④ 鲁杰．对作为制度的多边主义的剖析//鲁杰．多边主义．杭州：浙江人民出版社，2003：12.

阶段，即区域合作与区域一体化。区域合作是指一个区域内的国家就某些问题进行对话协商、政策协调、开展共同项目，但并不涉及主权让渡的问题，也即参与合作国家并不因为参加合作而失去决策权。区域一体化则是指地理上相邻的国家将部分国家主权让渡给一个地区组织的现象。厄恩斯特·哈斯就强调，是否让渡主权是判断区域一体化与区域合作的根本区别。

2. 区域化的经济发展阶段

从经济学的角度对区域化程度进行测量，一般可以将其分为五个阶段，依次是特惠贸易协定（PTAs）、自由贸易区（FTA）、关税同盟（CU）、共同市场（CM）、经济货币联盟（EU）。

（1）特惠贸易协定是组织松散、操作简单、层次最低的区域化形式。任何两个或两个以上国家通过条约组成的特惠贸易区内，成员方之间的产品享受比非成员方都要低的关税壁垒。

（2）自由贸易区是在特惠贸易协定基础上形成的，它取消了各成员方之间的关税，但对外仍旧保持各自原有的统一或者差别化的关税壁垒。由于相互给予关税豁免的成员之间对外仍保持着各自的关税主权，区外国家的产品、服务可以选择关税“洼地”国家上岸进入自贸区，造成参加自贸区成员方之间可能的关税竞争压力。

（3）关税同盟作为自由贸易区的进一步升级则彻底解决了成员方间的这一竞争，它实现了成员方间共同的关税政策，不仅对内相互取消关税，对外还奉行统一的关税政策（CET）。

（4）共同市场是两个或两个以上成员方通过签订地区合作协议建立统一市场，对外实行统一的关税政策，对内实现商品、资本、服务、人员四个市场要素的全部自由流通，实现“单一市场”。

（5）经济货币联盟不仅要在成员方之间实现商品、资本、服务、人员的自由流通，还要在货币和财政政策上实现协调一致。迄今只有欧盟达到了经济货币联盟这一经济区域化的最高形式阶段，但欧盟在这一阶段也仍处于“半截房屋”架构，即只在欧元区国家实现了货币统一而没能同步实现财政政策的统一。这种财政-货币主权归属的失衡是欧债危机在2009年爆发并延烧的制度根源，这也表明经济层面区域一体化发展程度最高的欧盟也并没能达到经济一体化的最高阶段。

当然，这五类经济区域化的不同等级形式也并非必须逐一经历，也可以作为单个的地区安排直接付诸实现，作为欧盟前身的欧共体就是从关税同盟起步。从区域化的程度来讲，特惠贸易协定、自由贸易区和关税同盟这三个属于相对较浅层次的合作，仍然属于区域合作的范畴；共同市场和经济货币联盟则已是较深程度的合作，已经属于区域一体化阶段。从这五个层次的递进关系来讲，区域合作与区域一体化虽然在性质上完全不同，但也紧密相连、步步递进。从理论上来讲，区域合作可以成为区域一体化的基础，或是准备阶段。

3. 区域化的政治发展进程

从政治学的角度对区域化程度进行测量，最简单的方法可以通过区域组织的决策程序进行衡量。由于主权原则的存在，一般国际组织的决策都是采用政府间方法，也即一致决定方法，赋予每个国家否决权。但区域一体化最重要的特征就是主权让渡，虽然区域一体化组织形式各异，结合程度有松有紧，共同目标有高有低，但一个共同特点就是一体化组织机构汇集了成员方的某一部分权力，在"超国家"的地位上对成员方进行某种程度的管辖或协调。由于超国家治理是通过建立共同体，把有关事务的决策权转移到共同机构中进行，这种决策方法也被称为"共同体方法"。在现实层面，只有欧盟及其前身欧共体在特定领域贯彻了共同体方法，其实质就是在特定领域内取消了成员国的"一票否决权"。当然，即便是欧盟也只是实现了部分经济事务决策上的共同体方法，在敏感的政治事务领域也依然秉持政府间方法。其他地区组织如东盟、非盟等，尽管都提出了实现区域一体化的目标，但在核心的表决机制上都没能突破主要体现区域合作性质的传统政府间方法。

新地区主义理论则发展出一个类似经济学的五阶段递进阶梯来描述地区化的过程，提出了一个"区域性"的概念。区域性就是区域在多大程度上能被看作一个世界政治的重要行为体的衡量依据。根据赫特和索德伯姆的理论，从纵向看，区域从松散的联系向实体化的发展依次存在着前区域地区（pre-region zone）、区域复合体（region complex）、区域社会（region society）、区域共同体（region community）和区域国家（region state）五个阶段。

（1）前区域地区是一种客观存在的区域，是有意识区域化开始之前的自然状态。在这一阶段，区域化的程度非常低，同一区域内不同人群之间只有非常零星、偶然的交往。

（2）区域复合体被视为区域化进程的真正开始，意味着区域内人们之间经济、政治、军事、文化联系的不断扩大，积极或消极相互影响的不断增强。

（3）区域社会是借鉴了英国学派"国际社会"概念的区域形式，在此阶段大量国家以外的非国家行为体加入了区域跨国主义的发展行列，区域性得到了质的提升。

（4）区域共同体除了国家的融合，区域社会的形成，还有区域社会的形成，当然最重要的是区域认同的产生和过程中区域制度框架的形成。

（5）区域国家则是这一进程发展的最高阶段，虽然其过程与国家形成相类似，但却是一个不以暴力和权力为基础的新的政治实体①。

以经济、政治两个维度的标准，从横向看，达到区域一体化程度的只有欧盟，绝大多数区域仍然在为实现经济层面的自由贸易区而努力着；从纵向看，以冷战结束为分野的两代"区域化"实际上存在着质的区别，以欧共体为代表的表现为经济融合的安全驱动的区域一体化在冷战结束时已经达到了顶峰，而冷战结束前后兴起的所谓"新地区主义"本质上是经济全球化竞争压力驱动的区域经济合作。区域化的发展尽管改变了国际关系的形态，但其意义不应被盲目拔高，即便是发展程度最高的欧盟也正经受着"逆全球化"浪潮里的挑战。

三、区域政治与全球政治

1. 区域政治

全球化孕育了全球政治，区域化孕育着区域政治。区域政治是区域内及相关国家之间

---

① 赫特，索德伯姆．地区主义崛起的理论阐释．北京：世界经济与政治，2000（1）；俞正樑，陈玉刚，苏长和，等．21世纪全球政治范式．上海：复旦大学出版社，2005：20-26.

的政治现象和政治关系，它在国际关系史上一直存在，只是随着全球化、区域化的发展而得到了加强。冷战结束后，两极格局解体，各国在两极格局下被压抑的活力主要释放在了所在区域。世界发展进程中的多数事态更具区域化而非全球化意义。对于多数人和多数国家而言，全球事务过于遥远空泛，远不如以区域化形式呈现的全球化影响更具现实性。区域政治的最大特点在于其区域性。这种区域性，类似于“国家性”“民族性”，是区域对自身利益的明确表达。

区域政治主要是国家推动下产生的一种选择与方案，在一个日益相互依赖的世界中它是补充、加强或保护国家地位和政府权力的一种工具。全球化的动力主要来自跨国公司，区域化的动力则源于国家策略。跨国公司要在全球范围内实现最佳资源配置，不愿意受区域化对其全球规划形成的障碍。所有国家也都无意放弃主权，同时又都想减少他国主权对自己的约束，于是区域化就成为平衡两种需求的有效方法。在区域内允许生产要素自由流动、实现经济资源有效配置就成了国家联合自强的策略。

2. 区域政治的发展趋势

冷战结束以来，区域政治的发展呈现出三个新的特点①。

第一，区域政治覆盖南北国家。区域政治原来大多在发达国家间和发展中国家间互不关联地并行发展，如西欧发达国家的欧洲一体化，发展中国家组成的拉美国家南方共同体和东南亚国家联盟。20 世纪 90 年代后，区域政治明显地出现把发达国家与发展中国家结合在一起的趋势。如亚太经合组织囊括了太平洋两岸不同类型的国家或地区，北美自由贸易区由高度发达的美国、加拿大和作为发展中国家的墨西哥组成；欧盟东扩把众多落后的东欧国家带入欧洲一体化进程。区域政治的这一发展特征，为在全球范围内解决日趋尖锐的南北关系问题提供了新的思路和动力。

第二，区域政治走向制度化。制度化已成为各种区域合作的重要建设内容。欧盟的制度化建设成效最为卓著，已经发展出一种独特的兼具国家性和超国家性的政治体制。东盟在逐步提高内部制度建设的同时，也在更广的范围寻求经济、政治领域的制度性合作，“10＋1”“10＋3”“10＋8”机制先后出现。此外，欧洲安全与合作会议过渡到欧洲安全与合作组织、“上海五国”会晤机制发展为上海合作组织、非洲统一组织更新为非洲联盟，都体现了区域政治的制度化发展趋势，起到了加强区域整合、产生更大合作效应的作用。

第三，区域政治走向混合型发展。过去的区域合作关注的领域比较单一，区域经济、区域政治和区域安全类型的组织较易得到区分。冷战结束后随着全球经济竞争的加剧和国际安全形势的变化，区域组织的职能也走向综合化。除了欧盟继续按照早期欧洲联合主张者刻意设计的人为外溢方式扩张领域外，东盟在着眼东南亚国家间的政治合作、平衡大国关系的传统目标外，也积极提升区域内经济共同体和社会文化共同体的建设水平；非盟除早期的政治协调目的外，还要建设非洲自贸区促进非洲大陆的经济一体化；上合组织从起始的稳定边界形势、打击“三股势力”，发展到建立开发银行、设立自贸区。这都说明区域政治已经与经济、文化、社会事务等混合在一起，不再以单一的形式出现。

---

① 夏安凌，戴轶，王学军. 国际政治学导论. 武汉：武汉出版社，2007：211-212.

3. 区域政治与全球政治

正如区域政治是指区域内及相关国家之间的政治现象和政治关系一样，全球政治则是指全球维度的政治现象与政治关系。具体说，全球政治就是以人类整体论和共同利益论为轴心，以全球为舞台，以全球价值为依归，体现全球维度的性质与特点的政治活动与政治现象①。区域政治与全球政治分别以区域化和全球化为其产生基础，二者之间的关系实质上是全球化与区域化的关系问题，学术界大体有冲突论和兼容论两种观点。冲突论认为区域政治导致区域集团的建立，形成区域分割，区域之间的相对封闭性将成为全球化的阻碍。兼容论认为，区域化和区域经济集团的发展，并不必然带来区域对抗和出现世界经济的地区分割，持开放立场的区域政治可以成为推动经济全球化的有利平台，例如亚太经合组织。从当前国际现实看，经济全球化与经济区域化出现平行发展趋势，全球性国际组织也注重发展与区域性国际组织的合作，全球化并没有排斥区域化，区域化在推动局部融合上比全球化更有优势。具体分析区域政治与全球政治的关系还要注意以下两点②：

第一，区域政治是全球政治浪潮中的独立变量。在全球化浪潮中，全球政治是发展的大势所趋，但区域政治的崛起为其增添了一个有着丰富内涵的新的结构层面。在传统的国际关系结构中，区域只是作为国家、国家间关系和全球范畴中的互动背景或场所存在，并不是一个完整独立的体系单位，也没有作为一个独立的自变量参与到国际政治中来，人们对于国际政治的理解和解读一般也只着眼于区域的两个端点——国家和体系。现在，尽管国际政治的全球属性日益凸显，全球化对国际政治的塑造能力不断增强，但区域政治的发展表明，在区域主义的作用下，全球事务已经越来越具有区域属性，受到区域结构和区域特征的制约。无论是亨廷顿以文化区域为基础提出的"文明的冲突"，还是巴里·布赞等将区域视角带入传统的国际安全研究领域形成的"地区安全复合体"理论，以区域视角重新审视国际政治安全问题成为冷战结束后学术发展的一个风潮和增长点。在全球政治的发展大潮中，区域政治显示出了强大的生命力。

第二，区域政治对全球政治的作用具有两面性。总的来看，区域政治在加强区域内部整合、推动全球合作与一体化发展的同时，也具有一定条件下将世界推向分裂的潜在可能性。如果说评价区域化是否有利于全球化的经济标准在于看其是导致贸易创造还是贸易转移，那其政治标准则集中体现在"开放型"与"封闭型"两种区域政治取向上。"开放型"的区域政治不但注重加强区域内部的整合，也注重对外部世界的开放与合作，是一种包容性的多边主义理念。它既能增强区域内部的共同利益与互动关系，也能接受外部地区与国家的参与，从而为管理全球化和增进区域利益注入更多积极因素，有助于全球政治的发展。但区域开放的政治后果就是排斥区域一体化的可能性。"封闭型"的区域政治则试图建立一个地区堡垒，将其作为抵御世界经济与政治挑战的绝缘体，奉行的是一种放大的国家保护主义——对内自由、对外封闭，持有冲突性的地缘政治理念，以特定国家为排斥和遏制对象，试图确立起长期的优势权力结构——使世界面临碎片化的风险挑战，但非如此无以融合建立起一个新的行为体。从这点来讲，这种两面性一定程度上取决于区域化的性质。

---

① 蔡拓．全球化与政治的转型．北京：北京大学出版社，2007：246-258.

② 夏安凌，戴轶，王学军．国际政治学导论．武汉：武汉出版社，2007：213-214.

第三节 全球问题与全球治理

全球化孕育全球政治，全球政治以全球主义为价值导向聚焦全球层次的问题。全球问题则是全球政治的中心议题，推动着全球机制的生成。全球政治倡导全球治理，以实现对全球问题的全球治理为目标导向。

一、全球政治的兴起与特点

1. 全球政治的兴起

自 1648 年威斯特伐利亚体系建立以来，主权原则已成为国际政治的基本准则。主权原则的确立既意味着平等行为体之间没有更高权威的无政府状态的确立，也意味着相互间不干涉内政原则的确立。政治领土化、主权至上性和国家中心主义成为传统国际政治研究的三大支柱。因而，传统上，国际政治研究意味着研究被分化成国家集合的国际体系，即国家间政治。这种国家中心论方法经常以所谓的“台球模式”（billard ball model）为例证。这表明，国家像台球一样是无法渗透的独立单位，以外部压力的方式彼此碰撞影响着，国际体系中互动着的主权国家被视为台球桌上滚动且彼此碰撞的台球①。这一理解国际政治的“台球模式”日益受到全球化带来的国际问题国内化、国内问题国际化以及经济问题政治化、政治问题经济化所造成的“复合相互依赖”模式的瓦解，“威斯特伐利亚神殿的台柱正在朽化”②。

20 世纪六七十年代为了及时捕捉和反映由国际组织、跨国公司等非国家行为体的跨国互动带给传统国际关系的丰富和发展，出现了“跨国政治”的新概念，几乎同时期出现的“世界政治”概念则被用来描绘由“国家间政治”和“跨国政治”组成的国际关系的总和。因而，就涵盖和容纳的范围而言，世界政治就是全球政治。世界政治的合理性在于打破了国家在国际关系中的唯一性，为非国家行为体及其相应的机制、议程能够进入国际关系的视野与议程提供了论证与说明。但之所以在有了“世界政治”这一新概念后还要提出“全球政治”的提法，在于世界政治侧重于对零碎的各种国际政治现象的描述，本质上是一种拼盘式的国际政治，全球政治则试图克服世界政治的模糊性，强调在世界政治的图景或拼盘里生成一种以全球为本体和向度的新政治。

2. 全球政治的特点

全球政治不同于传统国际政治的特点在于③：

第一，行为体对象与领域的不同。如何看待世界政治中的行为体，特别是国家行为体与非国家行为体的关系，是区分全球政治与传统国际政治的一个关键。传统国际政治以主权国家和政府间国际组织为主要对象，国家间的权力和利益关系是其主要内容，政治、外交与安全是其主要研究领域。传统国际政治的研究即便涉及“一体化”“国际化”“国际社

① 海伍德．全球政治学．北京：中国人民大学出版社，2013：5-8.

② 罗西瑙．没有政府的治理．南昌：江西人民出版社，2001：63.

③ 李东燕．全球政治与全球问题研究的兴起．教学与研究，2001（9）；夏安凌，戴轶，王学军．国际政治学导论．武汉：武汉出版社，2007：208-209.

会”等跨国政治议题，也仍坚持国家中心主义视角。全球政治则超越了国家间关系，不再以主权国家为中心，将其视为全球众多行为体之一，重点关注诸如跨国公司、非政府组织、社会运动甚至个人等由跨国行为体和次国家行为体组成的非国家行为体参与国际互动关系。全球政治抛开了国家主权和边界的制约，其研究领域不仅涉及国家之间的关系，也涉及社会与社会、人与社会、人与人以及人与自然之间的关系，以诸如环境政治、人权政治、跨国有组织犯罪等问题等进入全球政治的议题。这些问题都具有超国家性，无法依靠单个国家来解决，只有通过全人类共同努力才能有效应对。

第二，利益观和价值取向的不同。传统国际政治是以国家利益为依归，以权力界定利益。与之相适应的价值取向强调地域、边界、民族，特别强调对国家的政治认同和忠诚。全球政治关注全人类共同利益、全球层次合作，涉及人类共同资源、共同财产的分配、使用和保护。全球政治承认世界上存在一个客观的超越民族国家、超越意识形态的代表全人类共同利益的全球利益，全球政治试图探讨并唤醒对“全球意识”“全球认同”“全球价值”的高度重视。全球政治的切入点是所谓的“全球化”和国家间的相互依赖现象，同时也为国际关系研究提供了一个“全球的和超国家的研究范式”①。

第三，问题和治理主张的不同。传统的国际政治关注战争与和平问题，特别是主要大国间的权力消长与关系变化，对大国兴衰表现出特别的研究兴趣。全球政治注重超越国界的具有全球背景、全球影响、全球作用的诸如人口增长、贫富差距扩大、能源危机、暴力与犯罪、政治腐败恐怖主义等被传统国际政治视为低级政治的问题。以何种方式治理这些问题，或如何描述和预测未来世界的模式和秩序，也是两者的重要分歧点。传统的国际政治注重大国关系，以权力优势或均势为解决手段，无论主张“单极”还是“多极”，都是基于国家间的权力分配提出治理主张。全球政治探索并关注各种全球行为体之间关系的发展，注重发展它们之间的合作关系，试图重新定义主权和主权国家，探索“没有政府的治理”之道，描绘后主权时代的治理蓝图。“全球市民社会”“全球伙伴关系”“全球治理”主张，都是全球政治视域下的治理主张。

二、全球问题及其特征

1. 全球问题

所谓全球问题，是指人类在自身发展过程中所共同面临的超越国家和地区界限、关系到人类生存和发展的共同性问题。这些问题单靠一个或少数几个国家不能妥善解决，需要世界各国政府、国际组织和全社会共同解决。

全球问题是时代的产物，有其历史必然性。第二次世界大战后，科学技术的发展不断加快，世界经济全球化和国际社会相互依存的趋势不断加深。所有这一切使人类比以往任何时候都更加连为一体，全球问题在国际政治经济中占据了越来越重要的地位，人类也因此面临着一系列全球问题的共同挑战。

全球问题研究始于20世纪60年代，全球问题这个概念，最早是由罗马俱乐部于20世纪60年代末首先提出的。罗马俱乐部是由欧美学术界、企业界、政界人士于1968年4

① 王逸舟．西方国际政治学：历史与理论．上海：上海人民出版社，1998：136-137.

月成立的一个未来学研究机构，也是世界上最早的全球问题研究中心。根据罗马俱乐部的见解，全球问题就是困扰当代人类的“总问题”“世界性问题”“全球危机”。

关于全球问题的具体内容，罗马俱乐部发起者兼首任主席、意大利著名企业家和社会活动家佩西（Aurolio Peccei）将其概括为“衰退的十点表现”，即人口爆炸、缺乏满足人民生活需求的计划和规划、生物界受到掠夺和退化、世界经济危机、军备竞赛、根深蒂固的和被忽视的社会邪恶、无政府状态的科技发展、陈旧和过时的制度、东西方对抗与南北分歧、缺乏德道和政治上的领导①。因此，全球问题是人类在自身发展过程中所共同面临的超越国界的、非单个国家所能解决的，具有全球背景、全球影响、全球作用的世界性问题。

在全球化和全球治理的概念进入中国官方的话语体系之前，所谓世界主题的提法实质上就是指全球问题，是指世界范围内的基本矛盾和根本问题，是国际社会面临的主要任务和主要课题。和平与发展是世界主题的表述，是对第二次世界大战后苏美对抗的东西矛盾威胁世界和平、发展中国家和发达国家的南北矛盾阻碍经济发展这两大世界性现实问题的理论概括，是对世界各国人民反对战争、争取和平、振兴经济、促进发展等共同努力的肯定。邓小平说：“现在世界上真正大的问题，带全球性的战略问题，一个是和平问题，一个是经济问题或者说发展问题。和平问题是东西问题，发展问题是南北问题。概括起来，就是东西南北四个字。”② 由此可见，所谓世界主题，是世界人民的共同心愿和普遍要求，是世界各国的奋斗目标和努力方向，也是国际政治的发展趋势和潮流，而不是已经达到的客观现实。从这个意义上讲，和平与发展是世界的两大主题不仅没有过时，而且具有更为重要的现实意义。

2. 全球问题的基本特征

（1）世界性。全球问题的规模超过了一国国界，涉及全人类几乎所有国家的利益，而不管这些国家领土面积的大小、居民人数的多少、社会经济发展水平的高低以及社会制度的性质如何。因此，要解决这些问题，必须通过所有国家和全人类的共同努力与广泛合作。

（2）综合性。全球问题涉及政治、经济、军事、文化等诸多领域，各种问题之间相互交叉和渗透，环环相扣，每个问题都与其他问题有着千丝万缕的联系，孤立地解决某一领域的问题只能是徒劳的。

（3）挑战性。全球问题制约和威胁着人类的生存和发展，如果不能妥善解决这些问题，将会引起人类生存条件的退化和社会生产力的倒退，全球问题关系到整个人类文明的发展前景。因此，各国在这些挑战面前找到了人类的共同利益，并由此促进了国际政治经济关系中合作的发展。

（4）超意识形态性。全球问题在表现形式上具有一定的民族特点，在解决途径和发展前景上也会受到社会制度的制约。但全球问题本身是超民族、超意识形态的。无论是社会主义国家还是资本主义国家，无论是发达国家还是发展中国家，都存在寻求可持续发展、

---

① 佩奇．世界的未来：关于未来问题一百页．北京：中国对外翻译出版公司，1985：41-43.

② 邓小平．邓小平文选：第3卷．北京：人民出版社，1993：105.

保护生态环境等人类生命系统的普遍问题。

3. 全球问题的基本类型

当前，人类面临的全球性挑战或者说造成的全球问题大致有三种基本类型。

（1）人类社会中的政治斗争和社会矛盾。至20世纪80年代末冷战结束前，人类一直面临着自己制造的核灾难的威胁。根据“核冬天理论”的推算，目前地球上的核武器足以将整个人类毁灭数十次。20世纪90年代以来，随着苏联的解体和冷战的结束，世界并没有变得更加太平，国家之间的民族矛盾、宗教矛盾、领土争议、资源争夺以及其他形式的政治经济的矛盾与对抗日益凸显，局部战争和地区冲突也日益频繁。这些局部战争和地区冲突加剧了国际政治的紧张局势，阻碍了世界经济的发展，并给世界人民带来了深重的灾难。

（2）世界经济发展中存在的贫富分化和南北冲突。由于在历史上长期遭受殖民掠夺，又由于受制于不平等的国际经济旧秩序以及国内经济体制和经济政策上的弊端，发展中国家的处境极为艰难。发展中国家的人口占世界总人口的4/5，收入却只占世界总收入的1/5。发达国家的人均收入是发展中国家的50倍以上。知识经济时代的到来和经济全球化的深入发展在近期给发展中国家带来的挑战仍十分严峻。实现全球经济可持续发展，创造南北经济“双赢”，仍是人类面临的重大课题。发达国家放任的资本造成的国际金融危机使发展中国家受到更严重的冲击。如何实现世界经济的再平衡和政策协调催生了二十国集团等新兴全球性组织的兴起。

（3）全球范围内的人口爆炸、资源短缺、生态失衡和粮食匮乏造就了人类生存的危机。人类在自身的繁衍过程中，以及在利用自然和改造自然的过程中，产生了一系列人类自身始料不及的严重问题。第一，人口爆炸。目前世界人口过度增长，影响了世界经济的发展，已经使地球不堪重负。第二，资源短缺。由于非可持续经济发展战略的影响，矿物资源以及其他自然资源日益枯竭。第三，生态系统失衡。自工业文明以来300多年的人类活动（污染、植被破坏等）导致地球生态系统面临失衡的危险，气候变化导致的全球变暖、海平面上升是其中最热门的议题。第四，全球流行性传染病疫情暴发的频率、速度不断提升，范围不断扩大，重大自然灾害时有发生，这些也产生了世界性的影响。所有这些给世界各国的人民生命安全、经济发展和社会安定带来了严峻的挑战。

4. 全球问题的影响

当代全球问题的发展对国际政治产生了十分重要的影响。首先，全球问题的涌现导致国际政治内容的调整。面对日益困扰人类的全球问题，军事安全等“高级政治”问题已不再始终居于国际政治议事日程的首位，经济、社会发展以及环境保护的问题等“低级政治”问题的重要性日趋凸显。人们逐渐认识到：不仅要从政治、军事的角度把握国际政治问题，还要从经济、环境的角度来审视和处理当代国际政治问题。

其次，全球问题的发展促进了当代国际政治行为体的多元化。传统的国际政治行为体主要是国家。随着全球问题的凸显，国际组织、跨国公司等非国家行为体的作用日趋增强，涉及经济、政治、环境等人类生活各个领域，诸如国际货币基金组织、世界银行等已经进入当代国际政治的运作，并对国际政治产生着重要的影响。

最后，传统的国家主权正受到全球问题的侵蚀。随着全球问题的发展，原来认为完全是各个国家主权范围内的国内政策正受到国际条约的制约，如在对各国温室气体排放量加以限制的《联合国气候变化框架公约》框架下先后达成的《京都议定书》《巴黎协定》。在现有能源结构下，温室气体排放实际上关乎国家的发展权特别是工业发展权，传统的主权观面临着人类全球问题的挑战。

三、全球治理的进展与未来

全球化进程中诞生的全球问题随着各国相互依赖程度的提升和全球意识的觉醒而越来越受到重视，“世界事务从来没有像今天这样需要治理过”①。全球治理概念的兴盛和发展史反映了全球治理的发展之道及其艰辛探索。

1. 治理与全球治理

全球治理的兴起是全球化发展的必然结果，全球问题的不断增加和累积使全球治理变得日益必要和紧迫。虽然人们对“全球治理”的认识还存在分歧，并使用诸如“国际治理”“世界范围的治理”“全球秩序的治理”等不同概念来表述，但一般而言，“全球治理”是“治理”理念在全球层面的拓展和运用，二者在基本原则和核心内涵上是一致的，人们总是通过理解“治理”的理念来理解“全球治理”。

治理的出现同20世纪80年代后西方多个国家大范围出现的诸如大面积失业、财政赤字、政府效率低下等普遍性的经济、社会问题的产生有关。面对传统统治方式失灵的窘境，各国政府陆续开启公共管理改革，调整政府职能定位，探索新的管理模式。1989年，世界银行在讨论撒哈拉以南非洲的发展问题时提出了“治理危机”的说法，从此“治理”这一新的管理模式开始进入人们的讨论视野。治理（governance）一词的拉丁文原义是指国家机器的某些职能部门管理国家公共事务的活动，与指导、管理和统治意思相近；但在20世纪90年代新自由主义风潮对于“治理”的重新发现运动中，这一词汇却在与传统的政府“统治”“管理”活动相区别的意义上使用。治理理论的主要创始人，也是后来全球治理理论的主要倡导者詹姆斯·罗西瑙认为：“治理指的是一种由共同目标支持的活动，这些管理活动的主体不一定是政府，也未必要依靠国家的强制力来实现。尽管两者都涉及目的性行为、目标导向的活动和规则体系的含义，但政府统治意味着由正式权力和警察力量支持的活动，以保证其适时制定的政策能得到执行；治理则是由共同的目标所支持的，这个目标未必出自合法的以及正式规定的职责，而且它也不一定需要依靠强制力量克服而使别人服从。与统治相比，治理是一种内涵更为丰富的现象。它既包括政府机制，也包括非正式、非政府的机制。随着治理范围的扩大，各色人等和各类组织得以借助这些机制满足各自的需要、并实现各自的愿望。”②

“全球治理”（global governance）的提法最早由联邦德国前总理勃兰特在20世纪90年代初所提倡。1992年，他同瑞典前首相卡尔森等28位国际知名人士发起成立“全球治理委员会”，由卡尔森和圭亚那前外长兰法尔任共同主席，该委员会在1995年联合国成立五十周年之际发表了著名的《天涯若比邻》（Our Global Neighborhood）报告，把治理界

① 扬. 世界事务中的治理. 上海：上海人民出版社，2007：1.
② 罗西瑙. 没有政府的治理. 南昌：江西人民出版社，2001：4-5.

定为“各种各样的个人、团体——公共的或个人的——处理其共同事务的总和”①。用罗西瑙在《全球治理》杂志创刊号上的话说，全球治理“可以被设想为包括通过控制行为来追求目标以产生跨国影响的各级人类活动——从家庭到国际组织——的规则系统”②。实际上，全球治理就是指在全球化和全球问题的发展日益复杂的时代，通过建立和运用规则、机制、规范和制度等途径和手段，处理跨国共同事务和解决全球问题的方式和进程。全球治理的行为体既包括民族国家、政府部门和次政府部门，也包括从基层民众、社区组织到包括跨国公司、跨国政府或非政府组织等跨国机构的多种行为体。

可见，全球治理概念的核心是制度，即成体系的规则，关键是要找到并动员起有能力解决问题的责任承担者、规则执行者和组织协调者。当然，除了参与治理的行为体的多元化，全球治理的研究对象也更多指向国际组织、跨国公司等的活动，以及它们在国际规制方面所做的贡献，主要形成了以多层治理和多元治理为标志的全球治理理论。全球治理理论的提出既是现实发展的需要，也是以相互依赖为起点的新自由制度主义理论在全球化发展进程中的逻辑延伸。全球治理的提出打破了国家政府对国际公共事务的垄断，促进了非国家行为体参与到全球问题治理的多元新格局的形成；打破了领土政治的束缚，拓展了新的权威空间；为多元行为体合作应对全球问题提供了新视角、新动力，提供了国际关系理论研究的新领域和新议题。

2. 全球治理的不同路径

关于全球治理的具体实施路径，大致有全球主义、国家主义和跨国主义等三种不同的立场和主张。

全球主义是全球治理的最激进的主张。所谓全球治理的全球主义就是主张以全球主义为指导原则实施全球治理。全球主义要求摆脱国家中心论的束缚，代之以人类中心论、世界整体论，强调全球契约关系，致力于全球层面的价值共识和公共舆论，推动建立自上而下的全球治理体制，在根本而有效的全球政府建立以前试图通过具有强制力的法律条约实现没有政府的治理目标。尽管全球政府的设想尚无法实现，但全球契约下的全球治理取得过一些进展，国际刑事法院的建立和控制温室气体排放的《京都议定书》和《巴黎协定》的达成曾一度带给其希望。然而，2016 年以来国际刑事法院遭遇的“退出潮”和美国宣布退出《巴黎协定》，再次证明了全球主义的理想主义性质。

国家主义是全球治理的现实主义学派，所谓全球治理的国家主义严格说来就是坚持国家中心主义传统的“国际治理”。国际治理是指民族国家组成的国际体系对全球问题的管理。国家主义提倡“国际治理”的潜台词则是不认为 1945 年以后形成的国际体制需要因为全球问题的大量出现和增长而被取代，适度的修补完善，也即“大国合作”，就足以应对和解决问题。在国家主义学派看来，在极端的霸权治理以外，历史上的“欧洲协调”就是今天全球治理的古典实验和起源③，今天国际秩序的失调需要中美两个大国带头达成新的主要大国之间的协调。尽管“两国集团”（G2）、“中美国”（Chimerica）的倡议先后失

① 卡尔松，兰法尔．天涯若比邻：全球治理委员会的报告．北京：中国对外翻译出版公司，1995：2.

② ROSENAU J. Governance in the twenty-first century. Global governance，1995，1（1）：13.

③ MITZEN J. Power in concert：the nineteenth-century origins of global governance. Chicago：University of Chicago Press，2013.

败，但二十国集团（G20）在应对金融危机的世界经济治理中的表现和发展让国家主义的支持者找到了最近的现实例证。由此可见，国家主义的国际治理与全球主义的全球治理有着明显的对立。全球治理试图超越民族国家体系和国际制度的局限性将更多的非国家行为体纳入全球问题的解决过程，全球主义视民族国家体制为当前全球问题泛滥的一大根源。

跨国主义是介于全球主义和国家主义的中间立场。它既尊重且认可民族国家的独特地位，也重视体系中多元行为体的力量，主张强化国际机制，改造国际组织，把问题的焦点从是否需要让渡主权的空洞讨论中转移到提升国际组织的代表性和缓解民主赤字上来，在强化国际机构、国际法的同时，引入更多的非国家行为体参与其中。建立以志愿、平等的跨国网络成为跨国主义的主要行动模式。基于特定项目共同合作、利益共享、风险共担的公私合作关系（public private partnerships）模式在以气候变化和联合国后发展议程为代表的应对全球问题的各个领域的兴起就是跨国主义下跨国网络路径的主要体现。跨国主义的务实立场为其在国家治理与狭义的全球治理之间找到了立足之地。

3. 全球治理的未来

全球治理的未来既面临着既有的理论上的挑战，也需要应对来自国际关系变动的现实挑战。在理论上，虽然全球治理的概念已成为最时髦的学术潮流而被广泛使用，但正如有学者指出的，全球治理的概念含混不清、并不精确，更糟糕的是具有误导性，到金融危机爆发过去 20 年的全球治理实际上是新自由主义的全球治理，服务于资本在全球范围内的自由流动。因此，现在有必要思考一种新的全球治理。也有学者指出，全球治理成了一个无所不包的概念，“似乎什么都是”的潜台词就是它没什么用，过于广泛和复杂。因此，有必要从否定的反向视角，也即从“非全球的治理”（non-global governance）和“全球的无治理”（global non-governance）来思考“什么不是全球治理”。真正厘清全球治理的内涵、边界、重点和价值诉求，依然是社会科学家而不仅是历史学家的事情①。与此同时，在现实层面，现有的全球治理也依旧面临着长期以来存在的合法性、参与和责任三大“赤字”。随着国际社会面临的全球风险和治理难度的持续性加大，传统西方以外的新兴大国力量走上全球治理舞台的中央，全球治理也需回应现实力量政治异动的挑战。

尽管全球治理的进展并不顺利，全球治理的未来也充满不确定性，但全球性问题大量涌现，呼唤全球治理。人类进入新世纪后，随着经济全球化和相互依存的发展，全球性问题也变得更加突出。事关世界和平与发展的全球性问题仅靠一国或少数国家的努力无法彻底解决，只有通过国际社会的通力合作和共同努力才能加以改善和逐步解决。实际上，全球性问题体现的就是全人类的共同利益。从这个意义上讲，全球治理与人类的利益共同体和命运共同体已经紧密地联系在一起。因此，全球治理的重要性和必要性将会日益被国际社会重视。

---

① 丁沃斯，帕特博格. 如何“全球”与为何“治理”：全球治理概念的盲点与矛盾//陈家刚. 全球治理：概念与理论. 北京：中央编译出版社，2017：46-57.

基本阅读书目

1. 汤普森. 国际关系中的思想流派. 北京：北京大学出版社，2003.

2. 汤普森. 国际思想大师. 北京：北京大学出版社，2003.

3. 多尔蒂，普法尔茨格拉夫. 争论中的国际关系理论：第5版. 北京：世界知识出版社，2013.

4. 摩根索. 国家间政治：寻求权力与和平的斗争. 北京：北京大学出版社，1990.

5. 多伊奇. 国际关系分析. 北京：世界知识出版社，1992.

6. 华尔兹. 人、国家与战争：一种理论分析. 上海：上海人民出版社，2012.

7. 华尔兹. 国际政治理论. 上海：上海人民出版社，2008.

8. 基欧汉，奈. 权力与相互依赖：转变中的世界政治. 北京：北京大学出版社，2002.

9. 基欧汉. 霸权之后：世界政治经济中的合作与纷争. 上海：上海人民出版社，2017.

10. 基欧汉. 新现实主义及其批判. 北京：北京大学出版社，2002.

11. 鲍德温. 新现实主义和新自由主义. 杭州：浙江人民出版社，2001.

12. 米尔斯海默. 大国政治的悲剧. 上海：上海人民出版社，2003.

13. 温特. 国际政治的社会理论. 上海：上海人民出版社，2000.

14. 亨廷顿. 文明的冲突与世界秩序的重建. 北京：新华出版社，1998.

15. 李少军. 国际政治学概论. 4版. 上海：上海人民出版社，2014.

16. 倪世雄. 当代西方国际关系理论. 上海：复旦大学出版社，2001.

17. 阎学通，孙学峰. 国际关系研究实用方法. 2版. 北京：人民出版社，2007.

18. 陈岳，田野. 国际政治学学科地图. 北京：北京大学出版社，2016.

后　记

《国际政治学概论》第三版自2010年出版发行已有9年，这几年来，国际形势的发展出现了前所未有的深刻变化，国际体系的结构与秩序正经历着重大的变革，国际政治学科也取得了新的进展。因此，根据现实与理论的发展再次修订本书已成为学校教学的迫切需要。然而，由于本人作为首席专家和主编的马克思主义理论研究与建设工程重点教材《国际政治学》正值编写、审定与修改工作进入关键阶段，只得将本书的修订工作暂时搁置。直至2019年1月《国际政治学》一书出版，这才能集中精力修订本书第三版。经过一个暑假的集中工作，终于完成了修订，也再次体会到了如释重负的感觉。喘息之余，回想起中国人民大学国际关系学院《国际政治学概论》教材的编写修订过程，有几点感想与大家共享。

第一，《国际政治学概论》教材是随着国际政治学课程教学的进展而不断完善的。国际政治学概论课程是中国人民大学政治学类本科生的学科基础课程，自1986年开设此课至今已有33年。随着课程教学的进展，教材建设也不断强化。先后有《国际政治概论》(1992年)、《国际政治学概论》(2000年)、《国际政治学概论（第二版）》(2006年)、《国际政治学概论（第三版）》(2010年）等多次修订，每次修订无不反映了课程建设和课堂教学提出的建设性意见。本书第三版出版发行9年来，本校师生及使用本教材的全国数十所高校师生均提出了许多很好的修改意见。本人也结合国际形势与国际政治学理论的进展，在备课和课堂教学的过程发现了教材中存在的各种问题与不足，将这些意见和问题及时地在教材中做出修改标记和批注。现在翻看手中第三版教材，几乎一大半页码均有修改批注意见。也正是这种在平时教学过程中积累的修改意见和批注，才使得本次集中修订工作针对性更强，进展也更为顺利。

第二，《国际政治学概论》教材是随着中国国际政治学科的发展而与时俱进的。回想1992年《国际政治概论》编写出版时，中国的改革开放开始才10多年，中国的国际政治学科建设也刚刚起步，当时的教材也反映了这种现状，甚至没有命名为“国际政治学”，只采用“国际政治”这一学科意义不甚明确的概念。进入21世纪后，中国国际政治学学科经过了20世纪90年代吸收和批判西方理论的阶段，开始进入探索和创建的阶段，国际政治学的教学研究取得了长足的发展，2000年的《国际政治学概论》也就应运而生了。21世纪的头十年，一批最新的国际政治著作被系列介绍到中国，中国学者运用国际关系理论分析国际问题的著作也不断出现。因此，2006年的《国际政治学概论（第二版）》和2010年的《国际政治学概论（第三版）》的修订反映了当时中国国际政治学科的发展。2010年后，随着中国综合国力的发展，中国日益走向世界舞台的中央，中国国际关系学科也获得了强劲的发展动力。据统计，目前中国高校建立国际政治学科的有100多所，在校本科生10 000人以上，在校研究生3 500多人。中国学者创建的中国风格、中国气派和中国特色的国际政治学理论流派已经初显轮廓。所有这些，对中国国际政治学基础教材建设提出了更高的要求，《国际政治学概论（第四版）》就是在这样的背景下开始修订的。

第三，《国际政治学概论》教材是经过中国人民大学几代学者的共同努力而日益成熟的。中国人民大学国际关系学院是我国高校中最早成立国际问题教学研究的机构之一。基于近70年的学术传统和历史积淀，历经几代学者的持续努力和学术创新，已经成为具有国内领先地位和重大国际影响的国际关系学科的人才培养基地和学术研究中心。在长期的人才培养和科学研究中，国际关系学院十分重视国际政治学基础理论的课程教学和教材建设，在长期进行国际政治学教学科研和学科建设的基础上曾经先后推出四个不同版次的国际政治学教材。1992年出版的《国际政治概论》主编为我国老一代国际政治研究的学科带头人冯特君教授和当时年轻一代学术带头人宋新宁教授，该书基本创立了人大版国际政治学概论教材的逻辑结构、学术风格和理论优势。2000年版的《国际政治学概论》由宋新宁和陈岳合著，在继承和发扬1992年版教材的优点的基础上，在结构上进一步调整和优化，加强了国际政治理论性。2006年第二版和2010年第三版因编写任务的分工，改由陈岳著，在吸收原有教材特色和优势的基础上，主要在逻辑结构和基本理论方面进行了调整，并吸收了部分青年教师参与修订工作。本次修订工作仍然由陈岳负责统修，同时也有青年教师参与了部分章节的修订工作。纵观27年来的编写修订工作，《国际政治学概论》能有今天的成就和影响，确实是凝结了几代人大国关学者的心血和努力。

总结本次修订，主要有以下几个方面的调整与修改：

首先，对教材的结构进行了进一步调整。尽管前述的几次修订都不同程度地对教材的结构进行了优化和调整，但教材的逻辑结构仍然存在不尽合理之处。此次结构调整主要有：一是将“国际政治学的形成与发展”从第一章第一节调整到导论的第二节，使第一章国际政治学的思想理论的主题更为集中，也使导论部分更加丰满与完善。二是将第四章第二节“国际政治中的权力与实力”中的实力部分调整到第三章第二节“国家行为体及其特征”部分，原有教材中这两部分的内容交叉重叠，此次合并将逻辑关系基本理顺。三是将第四章第二节中的权力部分与第三节国家利益对换，这是基于对利益是更为基础性的直接动力，而权力是界定利益的内涵的理解的考虑。四是将第七章第三节的第二目中的世界宗教因素和第三目中的意识形态因素进行对换，这是基于对宗教是一种特殊意识形态的考虑。五是增加了第八章“国际政治的发展趋势”。这些调整有可能使本教材的逻辑结构更加合理。

其次，对教材的部分内容进行了修改与补充。由于国际形势的发展和国际政治理论的进展，部分内容已显得相对陈旧。此次修改主要体现在以下几点：一是在第一章第三节的第二目“中国共产党领导集体的国际政治学思想理论”部分增加了“建设和谐世界”和“推动构建人类命运共同体”两部分内容。二是对第二章第二节国际政治格局的构成要素“国际政治力量”的定义进行重新表达。将国际政治力量分为“一般力量”“重要力量”“力量中心”等不同类型。三是将第二章第三节“国际政治体系与国内政治”改为“国际政治系统与互动单元”，从系统结构与单元的双向互动视角说明两者之间的辩证关系，拓展了原先仅限于国内政治的局限。四是将第四章第一节的生产力因素、世界基本矛盾因素和国家间互动因素等分为根本动力、主要动力和直接动力，对第三节第二目“国际政治中的权力关系”部分重新改写，从权力的界定、权力关系、权力的基本属性等三个要点进行了重写。五是对结束语部分进行改写与补充，将全球化与区域化作为国际政治的发展趋势，扩充为第八章。这些修改将使本教材的内容更加丰富。

最后，根据新的国际政治现实、新的理论成果和新的数据对原有的观点、材料和数据进行更新。全书引用的数据均尽可能地查证了最新的权威资料进行更新，同时增加了一些对当前国际政治新现象的分析。对一些传统的提法也进行了再斟酌。如“国际政治”与“国际关系”的叠用一律改为“国际政治”，“行为主体”的提法主要是借鉴国际法的，此次一律改为“行为体”。这些更新也将使本教材能够与时俱进。

在本书即将付梓之际，我从内心里感谢冯特君教授和宋新宁教授，正是由于他们编著的前两个版次的教科书所具有的较高的学术质量，为修订工作奠定了良好的学术基础；感谢田野教授，他不仅参与了“国际政治学概论”课程的教学工作，并对本书第二版、第三版的修订都提出了许多建设性的意见，而且参与了本书第二版的部分修订工作；感谢莫盛凯博士，他曾为本书修订提出了具体的修改建议，并参与了本书部分章节的修订工作。感谢中国人民大学出版社的郭晓明副社长及策划编辑余盛，他们为本书的修订和再版付出了辛勤的劳动。

由于本人才学所限，本书肯定还有错误和疏漏，欢迎同行批评指正，以推动我国国际政治学科的发展。

陈　岳

2019 年 9 月于中国人民大学明德国际楼

图书在版编目（CIP）数据

国际政治学概论/陈岳著. --4 版. --北京：中国人民大学出版社，2020.8
新编 21 世纪政治学系列教材
ISBN 978-7-300-28379-1

Ⅰ.①国… Ⅱ.①陈… Ⅲ.①国际政治-高等学校-教材 Ⅳ.①D5

中国版本图书馆 CIP 数据核字（2020）第 124365 号

普通高等教育“十一五”国家级规划教材
新编 21 世纪政治学系列教材
国际政治学概论（第四版）
陈岳 著
Guoji Zhengzhixue Gailun

出版发行	中国人民大学出版社		
社　址	北京中关村大街 31 号	邮政编码	100080
电　话	010－62511242（总编室）		010－62511770（质管部）
	010－82501766（邮购部）		010－62514148（门市部）
	010－62515195（发行公司）		010－62515275（盗版举报）
网　址	http://www.crup.com.cn		
经　销	新华书店		
印　刷	北京溢漾印刷有限公司	版　次	2000 年 1 月第 1 版
开　本	787 mm×1092 mm　1/16		2020 年 8 月第 4 版
印　张	14.25	印　次	2024 年 11 月第 5 次印刷
字　数	340 000	定　价	39.00 元

教学支持说明

（教学课件）

中国人民大学出版社政治与公共管理出版分社秉承“出教材学术精品，育人文社科英才”的出版宗旨，多年来，出版了大批高质量的公共管理、教育学、政治学、政治理论公共课教材和学术著作。

我们为本教材制作了相应的 PPT 教学课件，任何一位采用本书作为授课教材的教师均可免费获得该课件。为了确保该课件仅为授课教师获得，烦请您填写如下材料，并将相关信息通过 E-mail 发送给我们，我们将在收到相关信息后通过 E-mail 给您发送该课件。欢迎您加入我们的 QQ 群（全国政管教师交流群，群号为 236159213），或登录我社官方网站（www. crup. com. cn），注册并认证成为教师会员，以获得更好的服务。

我们的联系方式：

地址：（100872）北京市中关村大街甲 59 号文化大厦 1202 室
　　　中国人民大学出版社政治与公共管理出版分社

电话：（010）82502724　62514775（传真）

E-mail：ggglcbfs@vip. 163. com

QQ 群：236159213

兹证明__________大学/学院__________院/系__________专业__________学年第__________学期开设的__________课程，采用中国人民大学出版社出版的____________________（书名、作者）作为本课程教材。授课教师为__________，授课班级共______个、学生______人。授课教师需要与本书配套的教学课件。

联 系 人：____________________

通信地址：____________________

邮　　编：____________________

电　　话：____________________

E-mail：____________________

系/院主任：__________（签字）

（系/院办公室章）

______年_____月_____日